Ruth Gall

Wege aus der Schwiegermutter-Falle

Sich aus Verstrickungen befreien

Ausführliche Informationen zu jedem unserer lieferbaren und geplanten Bücher finden Sie im Internet unter www.junfermann.de – mit ausführlichem Infotainment-Angebot zum JUNFERMANN-Programm … mit Newsletter und Original-Seiten-Blick …

Besuchen Sie auch unsere e-Publishing-Plattform www.active-books.de – mittlerweile rund 300 Titel im Angebot, mit zahlreichen kostenlosen e-Books zum Kennenlernen dieser innovativen Publikationsmöglichkeit.

Übrigens: Unsere e-Books können Sie leicht auf Ihre Festplatte herunterladen!

**Eine Auswahl von e-books
bei www.active-books.de**

- Viehweger, Tina: „Was Frauen stark macht!" (kostenlos)
- Damm, Marcus: „Konflikte und Störungen in Partnerschaften" (kostenlos)
- Besser-Siegmund, Cora: „Coach Yourself" (kostenlos)

Ruth Gall

Wege aus der Schwiegermutter-Falle

Sich aus Verstrickungen befreien

Junfermann Verlag • Paderborn
2008

Copyright © Junfermannsche Verlagsbuchhandlung, Paderborn 2008
Coverfoto: © Thierry Vivies FOTOLIA
Covergestaltung/Reihenentwurf: Christian Tschepp

Dieses Buch ist eine überarbeitete und aktualisierte Version des 1996 bei Goldmann erschienenen Buches „Problemfall Schwiegermutter".

Satz: www.etherial.de– Peter Marwitz, Kiel

Bibliografische Information der Deutschen Bibliothek

Die Deutsche Bibliothek verzeichnet diese Publikation in der Deutschen Nationalbibliografie; detaillierte bibliografische Daten sind im Internet über http://dnb.ddb.de abrufbar.

ISBN 978-3-87387-678-1

Inhalt

Meinen Dank sagen möchte ich ...

meinem Ehemann, dafür, dass er mich meinen Weg gehen lässt. Seinen eigenen zielstrebig verfolgt und dabei nicht vergisst, mich immer an der Hand zu halten. Für das Verständnis und die Unterstützung, die er mir täglich bei meiner Arbeit mit und für Schwiegerkinder angedeihen lässt. Danke!

Meiner Freundin, der Diplom-Psychologin Monika Gerstendörfer. Für ihr offenes Ohr und für stetes Mutmachen. Dafür, dass sie mir Einblicke gibt in die psychischen Verstrickungen, in krankhafte Verhaltensweisen. Sie hat mir viel beigebracht, ohne zu belehren. Von ganzem Herzen Danke!

Meinen Mitstreiterinnen und Freundinnen Angela, Inge und Ruth, die mich seit Jahren begleiten. Die sich mit engagieren und mir immer verlässliche Stützen und Austauschpartner sind. Für euer Vertrauen und für die Auseinandersetzungen, für unser Miteinander. Euer Einsatz im und für unser Forum, das Mitgefühl, die Empathie für die Menschen dort, dafür gebührt euch meine größte Anerkennung und Wertschätzung. Ich danke euch von ganzem Herzen!

Angela Carstensen möchte ich auch noch extra danken. Dafür, dass sie vor Jahren das erste Internet-Forum für Schwiegertöchter gegründet und damit den Grundstein gelegt hat für einen geschützten und kreativen Austausch. Dadurch erst wurde es möglich, so viele Menschen gleichzeitig anzusprechen und anzuregen, etwas für sich zu tun und tun zu können. Herzlichen Dank, Angela!

All den Schwiegertöchtern und Schwiegersöhnen, den Kindern und Enkelkindern übermächtiger Eltern und Großeltern, die sich voller Vertrauen mit ihrer Lebensgeschichte an mich gewandt haben. Wir haben miteinander geweint und gelacht, waren kreativ und haben miteinander viel gelernt. Ihr habt es mir erst möglich gemacht, Erfahrungen zu sammeln für alle diejenigen, die noch kommen werden und Rat, Hilfe und Anregungen suchen. Von euch habe ich so viel Ermutigung, Kraft und Vertrauen erhalten. Euch allen meinen herzlichsten Dank! Dieses Buch ist von euch, für euch geschrieben. Ich hoffe, ihr seid zufrieden mit der Art und Weise, wie ich euch mit diesem Buch eine Stimme verschafft habe.

Einführung

Die Würde des Menschen ist unantastbar! So steht es im Bürgerlichen Gesetzbuch der Bundesrepublik Deutschland. Des Menschen! Doch gilt das auch innerhalb eines Familienverbundes? Gilt es auch für die Kinder, die erwachsenen Kinder und die Schwiegerkinder? Gilt es für Jüngere genauso wie für die Älteren und Eltern?

Eltern – und da gerade die Mütter – wollen nur das Beste für ihre Kinder. Sind immer gut, lieb und uneigennützig – und in unserer Gesellschaft schier unantastbar. Doch ist das wirklich so? Gerade in letzter Zeit werden wir auf diesem Gebiet durch grausame Schlagzeilen eines Besseren belehrt. Wir lesen vom Verhungern, Misshandeln, Missbrauchen der eigenen Kinder. Wer allerdings nie in den Schlagzeilen auftaucht, sind die Kinder, die „nur" psychisch misshandelt werden, die geradezu dressiert werden, die unter einer „gut bürgerlichen" Maske gedemütigt und betrogen werden. Auch diese Kinder werden einmal erwachsen. Suchen sich Partner – und dann haben wir diese Elterngeneration als Schwiegermutter und Schwiegervater. Eltern, die wieder ihre Kinder knechten, für die Kinder ein Ersatz für Mängel in ihrem Leben sind. Die Kinder wie Sklaven zu ihrer eigenen Bequemlichkeit und Unterhaltung benutzen. Die niemals zulassen, dass ihr Kind ein eigenständiges Leben führt.

Die eigenen Kinder gewöhnen sich an diese Machenschaften der Eltern. Entwickeln ihre eigenen Schutzschilde, um psychisch zu überleben. Doch kommt dann ein Schwiegerkind dazu, ist dies nicht abgestumpft und angepasst. Vielmehr glaubt es an die Unfehlbarkeit und Güte der Partner-Eltern. Sucht lieber ein Versagen, eine Unfähigkeit, sogar Schuld bei sich selbst, als diese Eltern anzuzweifeln. Und schon sitzt Frau oder Mann mitten drin in der Falle der Schwiegermutter!

Klischee „böse Schwiegermutter"

Als ich im April 1995 den Entschluss fasste, die bundesweit erste Selbsthilfegruppe für Schwiegertöchter zu gründen, tat ich das zuerst nur, um meine eigene Hilflosigkeit und Betroffenheit zu bewältigen. Die Resonanz jedoch ist nach wie vor überaus groß. Mehr als 90 000 Schwiegertöchter und Schwiegersöhne haben sich bis heute bei mir gemeldet.

„Die will doch nur die Schwiegermütter schlecht machen". – „Ein Feindbild ‚böse Schwiegermutter' soll da geschaffen werden." – „Da sollen nur die jungen Frauen gegen ihre Schwiegermütter aufgehetzt werden." Dies sind Sätze, die ich immer wieder zu hören bekomme.

Dabei meine ich keinesfalls die Schwiegermutter schlechthin. Im Gegenteil! Dieses Witzblatt-Klischee der bösen Schwiegermutter will ich ausräumen. Wobei in den Witzen merkwürdigerweise fast immer die Mutter der Frau gemeint ist. Selten die des Mannes – obwohl die Männermütter eindeutig mehr an den Söhnen klammern. Meiner Meinung nach war und wird dieses Böse-Schwiegermutter-Klischee bewusst aufrechterhalten, um es sich wie einen Deckmantel überzustülpen: *„Es heißt ja sowieso immer ‚böse Schwiegermutter‘."* Vieles lässt sich so wunderbar verstecken und kaum jemand kommt auf die Idee, etwas zu hinterfragen.

Den Schwiegermüttern, die anständig und achtsam mit ihren Schwiegerkindern umgehen, möchte ich sagen, dass sie hier nicht gemeint sind. Viele werden ohnehin erkennen, dass sie nicht zu den von mir geschilderten Schwiegermüttern gehören und dass sie keinen Grund haben, sich von diesem Klischee der bösen Schwiegermutter angesprochen und diffamiert zu fühlen.

Familiäre Verstrickungen

Aufmerksam machen will ich auf die andere Seite: auf Frauen und Männer, die ihre Kinder als Besitzstand betrachten. Sie haben schon von klein an die eigenen Kinder dressiert und manipuliert. Haben Kinder nicht als Menschen, sondern als für sie funktionierende Wesen herangezogen. Eine solche Sichtweise wird später wie selbstverständlich auf die Familie des erwachsenen Kindes übertragen.

Die mir von Schwiegerkindern anvertrauten Geschichten sehe ich als Verpflichtung, umfassend und sachlich den „Problemfall Schwiegermutter" und somit diese übermächtigen Eltern zu betrachten und deren gestörte Verhaltensweisen aufzuzeigen. In zahllosen Gesprächen und Briefen haben mir Schwiegertöchter und -söhne erzählt, was sie denken, fühlen, was sie bewegt und wie sich ihre Lebensumstände darstellen. Es ist mir ein persönliches Anliegen, diesen Schwiegerkindern eine Stimme zu geben, die entweder als nicht glaubwürdig angesehen werden, oder die sich schämen auszusprechen, dass eine Mutter ihrem eigenen Kind und dessen neuer Familie Schaden zufügt.

Der „Mythos Mutter" erschwert ein sinnvolles Aufarbeiten, stellt bisweilen ein schier unüberwindliches Hindernis dar. Dies gilt sowohl für die Schwiegertöchter und Schwiegersöhne, die eigenen Kinder als auch für politisch Verantwortliche, Beratungsstellen und nicht zuletzt, vor Jahren inmitten meines eigenen Problemfalls Schwiegermutter, für mich selbst. Ich möchte jedoch konstruktiv mit diesem gesellschaftlich brisanten Thema umgehen, will den Problemfall Schwiegermutter und die Auswirkungen auf die Schwiegertöchter, Schwiegersöhne sowohl die eigenen Töchter und Söhne aufzeigen. Ebenso Wege aus der Krise.

Woher rührt das Leiden der Schwiegerkinder?

Schwiegertöchter, die sich bei mir melden, kommen aus allen sozialen Schichten. Was sie – und mich selbst einbezogen: uns alle – verbindet, ist unsere Wertewelt, die Vorstellung vom ordentlichen Mädchen, das für die Harmonie in der Familie geradezu haftbar gemacht wird bzw. sich selbst diesem Funktionsdruck aussetzt. Wir glauben fest daran, dass eine Mutter **nie** etwas Böses tun kann. Wir sind die „perfekte" Schwiegertochter und der festen Meinung, dass es geradezu unsere Pflicht ist, die Mutter unseres Partners voller Liebe anzunehmen und uns gänzlich in unsere neue Familie zu integrieren. So hat man es uns beigebracht und so ist es für uns selbstverständlich. Dies gilt auch dann, wenn wir von Anfang an abgelehnt werden. *„Wenn ich mich mehr anstrenge, kann ich die Schwiegermutter schon von mir überzeugen."*

Es gibt auch Schwiegertöchter, die ein gestörtes Verhältnis zu der eigenen Mutter haben oder diese durch einen frühen Tod verloren haben. Sie sehnen sich daher nach einer Art Ersatzmutter, wodurch ein Konflikt geradezu vorprogrammiert ist: Sie sind nur allzu bereit, die Schwiegermutter sofort als Mutter anzuerkennen, erwarten aber auch vonseiten der Schwiegermutter dieses Mutterverhalten.

Geht es um den Problemfall Schwiegermutter, werden – um nur ja die eigentliche Verursacherin nicht nennen zu müssen – allzu leicht andere zu Schuldigen gemacht: z.B. die Söhne, die sich vermeintlich von ihrer Mutter nicht lösen können. Diese These, zu sorglos angebracht und falsch interpretiert, bedeutet für so manche an sich harmonische Ehe das sichere Ende. Würden hingegen die unglücklichen Verstrickungen mit der Mutter erklärt, bearbeitet und aufgelöst, könnten viele Partnerschaften erhalten und die Lebensqualität für das jüngere Ehepaar deutlich verbessert werden.

Überzogene Vorstellungen von Begriffen wie Anstand und Ehre, Fürsorge und Verantwortung, die vielen von klein auf eingetrichtert werden, machen den Konflikt überhaupt erst möglich – wenn nämlich Männer und Frauen sich später verpflichtet fühlen, all diese Wertvorstellungen peinlich genau einzuhalten und danach zu leben. Andere wiederum benützen eben diese Werte, um ihre egoistischen Ziele durchzusetzen. Dann fehlt es an Ausgewogenheit, an einer Balance von Freiwilligkeit und Verpflichtung. Regeln, die an und für sich für ein ausgewogenes Miteinander notwendig und gut sind, werden in extremen Fällen eingesetzt, um nur eine Seite, das Kind bzw. das Schwiegerkind, in die Pflicht zu nehmen. Dass die so ständig Gebenden, Geforderten und Pflichterfüllenden schließlich Schaden nehmen, ist unumgänglich. Maßvoller Einsatz und nicht exzessives Nur-für-andere-da-Sein sind die Grundvoraussetzung dafür, dass auch erwachsene Kinder mit ihren Familien eigenständig und selbstbestimmt leben können.

Was ich mit diesem Buch erreichen möchte

Die Betreuung und Beratung der Schwiegerkinder ist mittlerweile zu meinem Lebens-
inhalt geworden. Mit meinem Fachwissen und der zwölfjährigen Erfahrung werde ich
in diesem Buch informieren, Betroffenen Denkanstöße geben und Lösungswege aufzeigen. **Jede** Schwiegertochter ist in der Lage, sich selbst wieder aufzurichten! Für Ehepartner bieten sich Wege an, um gemeinsam den Konflikt zu bewältigen. Wichtig ist nur,
das Problem erst einmal zu erkennen und sich ihm zu stellen: Das Ziel muss sein, ganz
offen über das Tabu Schwiegermutter zu reden, dass die Probleme gesehen und anerkannt werden, dass es qualifizierte Hilfestellung gibt. **Niemand** soll sich mehr schämen
müssen, wenn es darum geht, den Schwiegermutterkonflikt mithilfe von Außenstehen-
den zu besprechen und zu bewältigen.

Um niemanden zu denunzieren, wurden sämtliche Namen der Betroffenen geändert.
Auch habe ich Details so weit verändert, dass zwar die Fakten der Vorkommnisse iden-
tisch geblieben, aber keinerlei Rückschlüsse auf die betreffenden Schwiegerkinder mehr
möglich sind. Außerdem verwende ich nur solche Geschichten und Beispiele, die mir
von Hunderten von Schwiegertöchtern und Schwiegersöhnen in vom Inhalt ähnlicher
Form erzählt wurden. Es ist mir wichtig, nicht einzelne Menschen vorzuführen, sondern Tendenzen aufzuzeigen, die eine Vielzahl von Familien betreffen.

Auch erhebe ich keinen Anspruch auf Vollständigkeit und kann natürlich keine Garan-
tie für die Wirksamkeit meiner Ratschläge geben, selbst wenn diese bereits tausendfach
erprobt sind und mit sehr gutem Erfolg angewandt wurden. Deshalb möchte ich sie gerne an Sie als Leserinnen und Leser zwecks Anregung zur Selbsthilfe weitergeben. Mein
Buch wird denen guttun, die sich darin wiederfinden können. Es wird helfen zu erkennen, eigenes Verhalten zu ändern und sich zu schützen. Auch wenn die Betroffenen
ihren Konflikt nur selbst lösen können und müssen, sollten sie für das Wann, Wie und
Wodurch sich so viel Anregung, Erklärung und Hilfestellung wie möglich einholen.

In meinem Text werden Sie hauptsächlich die Bezeichnungen „Schwiegertochter“ und
„Schwiegermutter“ finden. Aus gutem Grund: Zum einen bin ich selbst Schwiegertochter, zum anderen haben sich viel mehr Schwiegertöchter (ca. 80 %) als Schwiegersöhne
bei mir gemeldet. Ich fokussiere auf die Schwiegermütter, weil sie häufig die Aktiven
sind, von denen Leid erzeugende Machenschaften ausgehen. Und doch gilt alles, was Sie
lesen, auch für Schwiegersöhne und Schwiegerväter. Der besseren Lesbarkeit und Über-
sichtlichkeit halber beschränke ich mich jedoch – auch wenn es auf beide Geschlechter
zutrifft – auf „Schwiegertochter“ und „Schwiegermutter“. Bei speziellen Auswirkungen
erwähne ich die männlichen Beteiligten extra.

Häufig verwende ich die „Wir"-Form. Das ist begründet in der Tatsache, dass ich eine von diesen gedemütigten Schwiegertöchtern bin. Nach wie vor fühle ich mich solidarisch mit den Schwiegerkindern und vieles von dem, was ich berichte und erkläre, stimmt mit meinem früheren Denken und der für mich damals verbindlichen Wertewelt völlig überein. Viele dieser aufgezwungenen ungesunden Denk- und Verhaltensweisen habe ich mittlerweile zwar korrigieren können, doch werde ich niemals vergessen, wie es sich für mich angefühlt hat, darin wehr- und hilflos gefangen gewesen zu sein.

Teil I.
Der Konflikt:
Worum **geht es** eigentlich **?**

Gefühle einer Schwiegertochter

In diesem Kapitel möchte ich zunächst meine eigene Geschichte beschreiben. Heute weiß ich, dass es den meisten Menschen, die mit dieser Problematik zu tun haben, so geht, wie es mir damals ergangen ist, als ich schier an meiner Überzeugung, ich mache etwas (alles) falsch, zugrunde ging.

Wenn früher unter Arbeitskolleginnen oder im Bekanntenkreis über die Schwiegermutter geschimpft wurde, stand ich meist daneben und habe die Nase gerümpft. *„Die können doch froh sein, dass ihr Mann noch eine Mutter hat. So schlimm ist es doch wirklich nicht, auf einen älteren Menschen Rücksicht zu nehmen und auf dessen Rat zu hören"*, habe ich dabei gedacht. Da ich meine eigene Mutter mit zwölf Jahren verloren hatte, empfand ich es als etwas Besonderes, wenn jemand, zumal schon erwachsen, noch eine Mutter hatte. Meine Sehnsucht und das Gefühl, dass ich meine Mutter vermisste, ließen es mir wunderbar erscheinen, eine Mutter zu haben. Eine Mutter bedeutete für mich Liebe, Trost, Anerkennung, Güte, Verständnis und Geborgenheit.

Diese Verklärung des Mutterbildes habe ich heute nicht mehr. Inzwischen weiß ich, dass eine Mutter ein ganz normaler Mensch mit guten und schlechten Seiten ist. Mir wurde nur zu bewusst, dass auch eine Mutter lügt, stiehlt, misshandelt und betrügt. Sicher werden jetzt einige denken: *„Was für eine Binsenweisheit."* Doch gerade diese Erkenntnis hat mich unendlich viel Kraft und Mut gekostet. Zu erkennen, wie einseitig verzerrt mein Mutterbild war und wie grausam die Wirklichkeit dagegen sein kann, hat mich verwirrt und tief bestürzt. Weder meine Sichtweise noch die Wertewelt, in der ich bisher gelebt hatte, hatten mich darauf vorbereitet, auch nur im Entferntesten einen „Problemfall Mutter" zu erkennen und wahrhaben zu wollen.

Besonders schwer war für mich die Erkenntnis, dass meine Orientierung an bestimmten Wertvorstellungen, nach denen ich mein Leben bis dahin ausgerichtet hatte, mich beinahe erdrückt hätte. Es ging um Begriffe wie Achtung und Ehre, Harmonie und Bravsein, Demut und Gehorsam, Respekt und Anstand. Von Kopf bis Fuß in moralische Fesseln gelegt, blieb mir anfangs keine Chance zur Vorsorge oder gar Gegenwehr. Blind auf das vertrauend, was mir schon als Kind an Verhaltensmustern mitgegeben wurde, war ich einfach unfähig, sachlich und mit Vernunft und ohne die „Mütterleinverklärtheit" an eine Mutter heranzutreten: Ich war prädestiniert, eine willige Schwiegertochter zu sein.

Als die ersten Anzeichen für Schwierigkeiten im Umgang mit der Schwiegermutter deutlich wurden, gab ich selbstverständlich mir selbst die Schuld. Trotz wohlgefälligen Verhaltens, trotz Anerkennung und Beachtung sämtlicher „braver" Umgangsformen: Auf einmal hatte ich ein Mutterproblem. In nichts wurde ich der Schwiegermutter gerecht, ich konnte nicht gewinnen – sie nicht für mich gewinnen. Je mehr ich allerdings versuchte, mein Verhalten an die Erwartungen anzupassen, desto mehr beschlich mich das Gefühl, dass ich mich gar nicht so weit anpassen könnte, dass es keine Ablehnung mehr geben würde. Ich saß in der Falle. Als ich schier an der Situation zu zerbrechen drohte, weigerte ich mich trotzdem, ein Fehlverhalten seitens der Schwiegermutter einzugestehen. Erst allmählich begann ich zu begreifen und konnte mich dann mit der Antwort: *„Du hast halt eine von den in Witzen dargestellten ‚bösen Schwiegermüttern‘ bekommen"* in keinem Fall zufriedengeben. Zu quälend waren das Wieso? – Warum? – Weshalb? Warum ich? Und der Ehemann? Warum diese Schwiegermutter? Weshalb verhielt sie sich so? Befriedigende Antworten zu finden wurde für mich geradezu (über)lebensnotwendig.

In zahlreichen Gesprächen mit Sozialpädagogen und Psychologen, mit anderen Betroffenen und durch Bücher und Recherchen gelang es mir, diese quälenden Wieso? – Warum? – Weshalb? zu klären. Begleiten Sie mich auf meinem Weg, der dem Weg vieler Tausender Betroffener gleicht, in die größte Krise und heraus aus der größten Krise meines Lebens.

Die Schmerzgrenze ist überschritten

Da saß ich nun und starrte schon seit zwei Stunden in den Garten. Was ich sah, nahm ich nicht wahr. Nur diese innere Unruhe, diesen Schmerz in meiner Brust. In meinem Kopf drehte sich alles nur um die Fragen: *„Warum, wieso und was war mit mir los?"* Etwas war geschehen, das mir die Freude am Leben nahm, das mich wie gelähmt hier sitzen ließ. Ein erdrückendes Gefühl der Niederlage, der grenzenlosen Demütigung, des *Nichts-Wert-Seins* erfüllte mich.

Schon immer war ich mir bewusst, dass ich nicht gerade fehlerfrei bin. Wer ist das schon? Meine Schwächen sind mir gut vertraut, ebenso auch meine Stärken. Manch Schwaches konnte ich im Laufe der Zeit mildern, manche Stärke konnte ich ausbauen. Der Zusammenhalt innerhalb der Familie hatte für mich jedoch zu jeder Zeit höchste Priorität. Daran glaubte ich so sehr – auch wenn ich mich selbst dafür zurücknehmen musste.

Vom ersten Tag unseres Kennenlernens an war die Mutter meines Partners für mich etwas ganz Besonderes. Sie war eben eine Mutter! Sie gehörte sofort selbstverständlich zu meinem Leben. Für mich war es keine Frage, dass sie an unserem Leben aktiv teilnahm. Durch den frühen Tod meiner eigenen Mutter hatte der Personenkreis Mutter immer eine besondere Bedeutung für mich gehabt. Wie viel Wehmut hatte ich gespürt, wenn ich mich nach dem Beistand meiner Mutter gesehnt hatte. In meinem Bekannten- und

Freundeskreis erlebte ich des Öfteren mit, wie schön und harmonisch der Umgang mit der Mutter sein konnte. Wie glücklich war ich deshalb, eine Mutter angeheiratet zu haben.

Von Anfang an bestand für mich kein Zweifel, dass ich für diese Partnermutter all meine Liebe, Zuwendung und Loyalität geben würde. Mehr noch, es war für mich eine freiwillige Verpflichtung und Selbstverständlichkeit, ihr all meine Zuneigung entgegenzubringen. Voller Anerkennung und Dankbarkeit nahm Mutter meine angebotene Fürsorge und Freundlichkeit dann auch auf. In diesem Glauben wähnte ich mich jedenfalls und Mutter tat ihr Bestes, mich ständig zu loben und in diesem Glauben zu lassen. Mehr und mehr gelangte ich zu der vermeintlichen Gewissheit, dass ich für sie eine genauso wertvolle Bereicherung darstellte, wie sie es für mein Leben geworden war.

Wir unternahmen gemeinsame Ausflüge, nahmen sie im Auto zum Einkaufen mit, luden sie zum Essen ein. Jedes Wochenende verbrachten wir mindestens einen Tag mit Mutter. Bis in den Abend hinein habe ich sie bekocht, bemuttert und war ihr eine aufmerksame Zuhörerin. Auf manchen für sie unangenehmen Wegen habe ich sie begleitet, ihr so manche Unannehmlichkeit aus dem Weg geräumt. Kurz, sie hatte einen festen Platz in unserem Leben, war stets willkommen und es bereitete mir große Freude, dass wir uns vermeintlich näherkamen und freundschaftlich vertraut miteinander umgingen. Mit dieser Entwicklung war ich so weit ganz zufrieden und glücklich. Bis ... Ja, bis mich Leute darauf ansprachen, wie grässlich ich aussähe, wie schlecht ich koche, dass ich nur aus Geldgier geheiratet habe, wie furchtbar ich die Mutter meines Partners behandle usw. ... Langsam wachte ich auf.

Zuerst habe ich dem Gerede nicht sehr viel Beachtung geschenkt. Ich dachte zu Anfang eher daran, dass irgendwelche Neider nicht ertragen konnten, dass es der Schwiegermutter gut ging und wir uns liebevoll um sie bemühten. Dieser Verdacht lag mit darin begründet, dass ich von Schwiegermutter viele unschöne Geschichten über das Benehmen einiger Familienmitglieder zu hören bekam, sodass ich mir dachte: *„Von nun an wird es ihr ein wenig besser gehen, denn bei mir kann ihr das nicht passieren."* Schließlich bin ich immer gut mit älteren Menschen ausgekommen. Habe Respekt und Achtung vor dem Alter, bin mütterlich und zeige gerne, wenn ich jemanden mag. Ganz glücklich war ich, dass ich dieser alten Dame durch meine Art, sie zu akzeptieren und in unser Leben zu integrieren, das geben konnte, was sie bisher anscheinend so sehr vermisst hatte. *„Meine liebe Ruth, ich bin so froh, dass ich dich habe"*, pflegte sie zu sagen und ich war selig.

Als sich die Klagen verstärkten, tat ich genau das, was man naturgemäß immer macht – ich suchte die Schuld vor allem bei mir. Voller Verzweiflung weigerte ich mich zuzugeben, dass dieses Gerede von Mutter ausging, und selbst wenn, gab es doch nur die eine

Möglichkeit: Die Schuld lag bei mir! An meinem Verhalten musste etwas grundlegend falsch sein. Warum sonst hatte sie den Eindruck, ich würde sie bevormunden? War ich so ablehnend, dass sie sich nicht traute, ihre Kritik an mich persönliche heranzutragen? Noch mehr als vorher versuchte ich auf sie einzugehen und ihr zu zeigen, wie wichtig sie für mich war. Es folgten noch mehr Einladungen zum Essen und zu Ausflügen, zum Einkaufen und zur Zerstreuung. Da wir uns immer gut unterhielten und uns im besten Einvernehmen trennten, nahm ich an, akzeptiert und gemocht zu werden. Bestimmt brauchte sie nur etwas Zeit, sich an mich zu gewöhnen. Mit der Zeit würde sie sehen, dass ich zu ihr stand und sie nicht enttäuschte. Dann würden diese kleinen Unaufrichtigkeiten schon aufhören, dachte ich. Weit gefehlt! In den Geschichten die ich über mich zu hören bekam, wurde ich in meinem Verhalten immer grässlicher dargestellt. Auf einmal wurde erzählt, dass ich angeblich Dinge getan habe, die mir mein ganzes Leben vorher zuwider waren.

Wie im Schock nahm ich jede neuerliche Behauptung wahr. Mir gelang es nicht, mit jemandem darüber zu sprechen. Mein Hals war wie zugeschnürt. Schon allein der Gedanke, jemand könnte denken, ich würde solch garstige Dinge tun, trieb mir die Schamröte ins Gesicht. Aus diesem Grund konnte ich über manche der Vorkommnisse erst ein halbes Jahr später reden. Bis ins Mark trafen mich diese unhaltbaren Beschuldigungen. Die roten Bäckchen und der gelöste Gesichtsausdruck nach einem Tag bei uns – *„Danke, danke, danke"*, – bildete ich mir das alles nur ein? Dieses Verhalten war mir unerklärlich. Wie Zuckerbrot und Peitsche. Ein Lob für uns – und die Beschwerde an Dritte, wie übel wir doch mit der Ärmsten umgegangen seien. Was hatte ich bloß falsch gemacht? Was konnte ich noch versuchen, um meiner Schwiegermutter alles recht zu machen? Was an meinem Verhalten musste ich ändern, um ihre Erwartungen zu erfüllen?

Trieb sie vielleicht ein falsches Spiel? Nein, das konnte nicht sein, durfte nicht sein! Sie war doch eine Mutter! Diese sich ständig in meinem Kopf wälzenden Fragen und die Angst vor jeder neuen Konfrontation (die immer nur hinter meinem Rücken stattfand), stürzten mich in eine tiefe Krise. Lange hatte ich alles geschluckt und meinem Mann meine Probleme verschwiegen. Krampfhaft suchte ich nach meiner Schuld. War ich denn so unfähig, für Harmonie zu sorgen? Was um alles in der Welt lief da so entsetzlich schief?

Auf einmal war es mir nicht mehr möglich stillzuhalten. Ich war innerlich durcheinander und tief verletzt, kam weder bei Tag noch in der Nacht zur Ruhe. Schließlich wurde mir schon am Morgen mein Tag zu viel und ich war unfähig, auch nur die kleinsten Arbeiten zu erledigen. Hatte ich bis dahin die Hausarbeit mit Freude getan, so erschien mir jetzt eine schmutzige Tasse schon als unlösbares Problem. Mein Selbstvertrauen war auf dem Nullpunkt. Die innere Unruhe steigerte sich zu massiven Herzbeschwerden.

Abends fand ich keine Ruhe, um einzuschlafen. Stundenlang saß ich grübelnd in der Wohnung. Geplagt von schrecklichen Albträumen, in denen mich die Schwiegermutter immer wieder einen Abhang hinunterschubste oder, als ich am Abgrund hing, mir auch noch auf die Hände stieg, damit ich abstürzen sollte, erwachte ich schweißgebadet mitten in der Nacht. Dabei befand ich mich in einem Zustand äußerster Erregung. Herzrasen und Schweißausbrüche, ständig die gleichen Gedanken, die wie in einer Waschmaschinentrommel in meinem Kopf rotierten, wurden zur Normalität.

Im Laufe der Wochen und Monate wurde das Gefühl, innerlich zu zerbersten so schmerzhaft und unerträglich, dass ich mich entschloss, einen Arzt aufzusuchen. Im Sprechzimmer war es mir sehr peinlich, den Grund meiner Beschwerden anzugeben. *„Herr Doktor, ich schäme mich furchtbar, aber ich habe solche Probleme wegen meiner Schwiegermutter, dass ich beinahe durchdrehe."* Es hat mich meine ganze Überwindung gekostet, diesen Satz auszusprechen. Der Arzt lachte mich an und sagte, ich brauche mich nicht zu schämen, dieses Problem sei weitverbreitet. Damit ich vorläufig etwas Ruhe finden konnte, verschrieb er mir ein leichtes Beruhigungsmittel. Anfangs klappte es auch ganz gut damit, und ich holte etwas an Schlaf und Ruhe nach. Schnell besorgte ich mir ein zweites Päckchen der Tabletten. Als ich damit nach Hause kam, setzte ich mich zuerst einmal wieder in Grübelposition. Die Packung mit den Pillen drehte ich eine Zeit lang gedankenverloren in meiner Hand. Plötzlich hatte ich das Gefühl, dieses kleine Schächtelchen wiege zentnerschwer. Als hätte ich heiße Kohlen in die Hand genommen, ließ ich die kleine Tablettenschachtel fallen. Gleichzeitig wurde ich furchtbar wütend. *„Das geht zu weit! Nur weil eine andere Person sehr übel mit dir umgeht, brauchst du dich doch nicht mit irgendwelchen Tabletten vergiften!"*, schrie es in mir. Nein! Diese Pillen, so wurde mir überdeutlich, sind nicht mein Weg! Das Problem liegt nicht bei mir und ich kann es auch nicht mit Medikamenten bei mir bekämpfen!

Doch was tun? Eines war mir klar: Ich brauchte Hilfe. So wandte ich mich an Beratungsstellen. Von einigen wurde ich wie eine Exotin behandelt. *„Für so ein Problem haben wir kein Angebot."* Allerdings fand ich auch Gehör und begann eine Therapie bei einer Familienberatungsstelle. Dabei fiel es mir jedoch sehr schwer, über das Verhalten der Schwiegermutter zu berichten. Über eine ältere Dame, eine Mutter schlecht zu sprechen bereitete mir Magenschmerzen. So ging ich einerseits erleichtert nach Hause, andererseits war dieses ungute Gefühl da, über Dinge reden zu müssen, für die ich mich schämte sie auszusprechen.

Nach dem Satz der Therapeutin: *„Sie haben zu viel Verantwortung übernommen und müssen diese an Ihren Mann zurückgeben"*, habe ich die Therapie abgebrochen. Wie eine geprügelte Katze schlich ich nach Hause. Was half mir das neu gewonnene Bewusstsein, dass mir übel mitgespielt wurde? Was nutzte es mir, zu wissen, dass ich das Verhalten der Schwiegermutter nicht akzeptieren musste? Wie um alles in der Welt sollten mein Mann und ich denn unseren Problemfall in den Griff bekommen? Indem ich alles auf meinen Mann abschob? Er konnte doch auch nicht mehr tun, als seiner Mutter deutliche „Stoppschilder" zu zeigen. Wieder verfiel ich in eine Lethargie. Mir schien, dass ich mich im Inneren einer Kugel befand und sich alles, egal was immer ich auch versuchte, wieder und wieder im Kreis drehte. Es war mir unmöglich, den kleinsten Riss in dieser Kugel zu finden, durch den ich hätte herausschlüpfen können.

Den Kontakt zur Schwiegermutter hatte ich vorläufig abgebrochen. Ihr falsches Getue, die Süße ihrer Stimme konnte ich nicht mehr ertragen. Dennoch war ich nahe am totalen Nervenzusammenbruch. Es wollte mir einfach nicht gelingen, wieder eine gewisse innere Ruhe zu finden. Tag und Nacht stand ich unter einer Hochspannung, die aber gleichzeitig jede Aktivität lähmte. Von Freunden, Bekannten und meiner Familie zog ich mich mehr und mehr zurück, wusste ich doch zu genau, dass ich keine weitere Enttäuschung verkraften konnte. An manchen Tagen spielte ich sogar mit dem Gedanken, mich vor einen Zug zu werfen, nur um endlich Ruhe zu haben.

Hilflos, wie ich mich fühlte, suchte ich buchstäblich Streit mit meinem Mann. Wegen jeder Kleinigkeit habe ich ihn angeschnauzt. Unsere kleinen Alltagsprobleme wurden zum Nebenschauplatz meines Dilemmas mit der Schwiegermutter. Wäre denn eine Zerrüttung der Ehe nicht auch eine Möglichkeit, mich aus der Affäre zu stehlen, ohne die Schwiegermutter direkt anzugreifen? Ja, in meiner Verzweiflung habe ich wirklich und ernsthaft versucht, meine Ehe zu zerstören, nur um aus dem Wirkungskreis dieser Frau zu kommen. Dabei hatte ich immer häufiger das Gefühl, auf einem schmalen Grad am Rande des Wahnsinns zu gehen. Mein gepeinigter Verstand würde sich eines Tages einfach ausklinken, dessen war ich mir sicher. Ich war am Ende.

Ganz genau erinnere ich mich noch an den Morgen des 20. April 1995, als das Telefon klingelte. Zitternd nahm ich den Hörer ab. Die Angst, was wieder sein könnte, wenn es läutete, beherrschte mich auch diesmal. Eine mir unbekannte ältere Dame meldete sich: *„Sie Miststück! Wenn sich Ihre Schwiegermutter umbringt oder einen Herzinfarkt bekommt, sind Sie ihre Mörderin! Und wir alle wissen das!"* Mir blieb zunächst die Luft weg. Doch nach diesem völlig unsinnigen Vorwurf war meine Schmerzgrenze eindeutig überschritten. Von jetzt ab musste ich etwas für mich tun.

Das trifft doch nur naive Dummchen

Für mich war dieser Tag der Tag der Grundsteinlegung für eine Gesprächsgruppe von Schwiegertöchtern. Ich war mir sicher, dass es andere Frauen geben musste, die Ähnliches erlebt hatten und sich genauso isoliert und alleingelassen fühlten wie ich. Und so war es auch: Binnen kürzester Zeit entwickelte sich die Selbsthilfe-Initiative für Schwiegertöchter. Die Frauen und Männer, die sich bis heute bei mir melden, sind – genau wie ich damals – psychisch und oftmals auch physisch am Ende. Krank vor Kummer, hilflos, deprimiert und nicht selten voller Wut und Hass auf die Frau, die sie maßlos gedemütigt und erniedrigt hat.

Wie muss man sich diese verzweifelten Schwiegertöchter und Schwiegersöhne nun vorstellen? Es sind Frauen und Männer im Alter zwischen 14 und 88 Jahren. Wobei es bei den ganz jungen Menschen in erster Linie um Prävention geht. Manche erkundigen sich bei mir, wie sie es vermeiden können, mit einer „bösen Schwiegermutter" Schiffbruch zu erleiden. Einige rufen an, um sich für ihre eigene Mutter, die in einer Schwiegermutterkrise lebt, Rat zu holen. Wieder andere erzählen mir Geschichten von der Oma. Wie sie die Mutter bekämpft und schlechtmacht. Oder wie ungerecht sie mit ihnen umgeht, dass die Kinder der Tante oder des Onkels einen größeren Stellenwert bei der Oma haben.

Seniorinnen rufen meist aus zwei Gründen bei mir an: Zum einen geben sie an, noch immer unter den Auswirkungen des jahrzehntelangen Konfliktes zu leiden, obwohl die Schwiegermutter schon vor Jahren gestorben ist. Zum anderen wollen sie durch ihr Schicksal die jüngeren Schwiegerkinder bei der Bewältigung ihrer Probleme unterstützen und stärken.

Häufig werde ich gefragt: *„Was sind das eigentlich für Frauen und Männer, denen so etwas passiert? Wer erduldet denn jahrelang solche Torturen?"* Die anfängliche Meinung meiner Gesprächspartner/innen tendiert eher dahin, dass wir einfältig und naiv sind. Viele sehen uns auf der Schiene des biederen, treuherzigen und schwachen Weibchens.

Schon allein mit Sicht auf meine Person muss ich solch groben Einschätzungen deutlich widersprechen. So leicht habe ich mich nie unterkriegen lassen! Bis zu diesem Problemfall habe ich durchaus mit beiden Beinen auf der Erde gestanden. Betrachte ich die anderen Betroffenen, so stelle ich fest, dass es durchaus gefestigt im Leben stehende Frauen und Männer sind. Vom Ausbildungsstand ist alles vertreten: von der Verkäuferin bis zur Geschäftsfrau, von der Friseuse bis zur Pädagogin. Menschen mit einfacher Bildung und Ausbildung, doch auch mindestens genauso viele mit Studium und in leitender Position: Anwälte/Anwältinnen, Ärzte/Ärztinnen, Politiker/Politikerinnen. Bildung und Lebensstandard lassen keinerlei Schlüsse darauf zu, ob es sich um für diese Problematik prädestinierte Frauen- oder Männertypen handelt.

In den Gesprächen wird jedoch deutlich, dass diese Frauen und Männer allesamt streng nach ihren bzw. den ihnen antrainierten Wertvorstellungen leben, wozu ein ausgeprägter Sinn für Familienharmonie gehört und die Auffassung, die Frau sei dafür verantwortlich. Alle sind zu Respekt und Achtung vor dem älteren Menschen – und noch mehr: vor den Eltern – erzogen worden und leben dementsprechend aufopfernd für die Familie. Sie respektieren Regeln, nach denen sie Eltern oder Älteren gegenüber nicht kritisch sein dürfen, nicht zweifeln oder infrage stellen dürfen.

Wie müssen wir uns solche Wertvorstellungen, die über allem, auch über der eigenen Befindlichkeit stehen, nun vorstellen? Als eine breite Palette: Treu und Redlichkeit, Demut, Ehrlichkeit, Harmonie, Gehorsam und Perfektion als (erwachsenes) Kind. Sofern es die „weiblichen" Pflichten innerhalb der Familie betrifft, gelten diese Ideale trotz Emanzipation und Selbstbewusstsein im Berufsleben: Daheim angekommen, gibt es sehr viele Frauen, die sowohl Selbstständigkeit als auch Selbstsicherheit wie einen Mantel an der Garderobe abhängen und familienintern „nur" noch ihre Funktion als „Weibchen" leben können bzw. meinen, diese leben zu müssen.

So leben viele Frauen: durchaus in der Lage, ihr Leben zu gestalten und auch mal etwas durchzuboxen, doch Familienmitgliedern gegenüber absolut unfähig, für die eigenen Bedürfnisse einzustehen. Geht es allerdings um Ungerechtigkeiten gegenüber anderen, wird schon mal die „gute Erziehung" vergessen und man legt sich ins Zeug – auch wenn es unpopulär ist. Für andere wohlgemerkt, nicht für sich selbst.

Glücklich, einen Partner an der Seite zu haben und eine eigene Familie zu gründen, wähnen wir uns am Ziel unserer Wünsche. Dann kommt da auf einmal eine Schwiegermutter, die sich in unsere Privatsphäre drängt. Von haltlosen Angriffen bedrängt und einem mächtigen Druck im sozialen Nahfeld kann auch ganz schnell die stärkste Frau von den Beinen geholt werden. In Untersuchungen über Frauen, die in der Familie der Gewalt ihres Ehemannes ausgesetzt sind, wurde festgestellt, dass diese Frauen keinen sozialen Ruheraum, den jeder Mensch braucht, mehr haben. So werden die Fähigkeit zur Selbstbehauptung und die Widerstandskraft systematisch abgebaut und diese Frauen noch schneller und leichter in die Opferrolle gedrängt, aus der sie sich dann nur noch mit Mühe befreien können. Schnell lernen sie, sich das Leben als Opfer zu gestalten und dies als selbstverständlich anzusehen. Da es sich nicht gehört, gegen Eltern vorzugehen, beginnt man schnell zu resignieren.

Ein Ausstieg aus diesem Opferdilemma kann zum einen nur auf eine uns als „unnett" erscheinende Art geschehen. Diese verbieten wir uns also, weil sie im Ansatz unserem Verständnis, unserer Pflicht und Rolle als Frau widerspricht. Zum anderen erfordert so ein Ausstieg ein ungeheuer konsequentes Verhalten, das uns anfangs große Mühe macht. Immer und immer wieder der Schwiegermutter die Grenze aufzeigen ... Müssen wir uns nicht auch noch zusätzlich aus dem Berg an ordentlichem Verhalten und Dingen, die sich für uns als brave „Kinder" gehören, mühsam herauswursteln?

Was für die Gewaltsituation mit einem rabiaten Ehemann gilt, nämlich der fehlende soziale Ruheraum, trifft auch auf Schwiegerkinder zu, die der passiven und manchmal sogar aktiven Gewalt ihrer Schwiegermutter ausgesetzt sind. Dies erklärt, warum auch und gerade Frauen, die durchaus gefestigt sind und ihren „Mann" stehen, oder Männer, die beruflich etwas darstellen, sehr schnell zu Opfern werden und die Kraft zur Gegenwehr verlieren. Wie dieses Opferverhalten greift, möchte ich am Beispiel der Aussagen zweier junger Frauen demonstrieren.

Melanie: *Als ich die ersten schlechten Erfahrungen mit meiner Schwiegermutter gemacht hatte, war es mir unmöglich, mich weiterhin in räumlicher Nähe zu ihr aufzuhalten. Mit meinem Baby war ich deshalb ständig auf der Flucht. Nur wenn es unbedingt erforderlich war, habe ich mich in meiner Wohnung aufgehalten. Lange Zeit hatten ich und das Baby kein Zuhause mehr. Bei Freunden und Verwandten habe ich als Gast die Tage verbracht. Schon der Gedanke, auch nur in der Nähe der Schwiegermutter zu sein, war für mich unerträglich. Zu groß war meine Angst vor neuen Übergriffen und davor, ihr ausgeliefert zu sein.*

Anmerkung: Melanie und ihr Mann haben das Haus verkauft und sind umgezogen. Inzwischen ist sogar wieder eine Annäherung an seine Eltern erfolgt und ein reduzierter, achtsamer Umgang entstanden.

Angelika: *Höre ich meine Schwiegermutter in der Wohnung unter der unseren rumoren, sitze ich oft stundenlang wie gelähmt in einer Ecke und bekomme Panikattacken. Sobald sie aus dem Haus geht, erledige ich in aller Schnelle die nötigen Hausarbeiten. In den Keller gehe ich nur im Laufschritt und wenn ich weiß, dass sie nicht daheim ist. Der Gedanke, ihr zufällig in die Arme zu laufen, ist für mich so quälend, dass ich kein normales Leben mehr führen kann.*

Anmerkung: Angelika ist mit ihren zwei Kindern, anfangs ohne ihren Mann, ausgezogen. Ihr Mann hat sie über die Wochenenden besucht und ist noch eine Zeit lang im Elternhaus geblieben. Inzwischen leben sie glücklich und weit entfernt von den Schwiegereltern.

Verständlich, dass so ein Leben, wie ein Tier auf der Flucht oder ängstlich in die Ecke gedrängt, tiefe Spuren hinterlässt. Keine Minute der Freiheit und des Aufatmens! Die Beispiele machen aber auch deutlich, wie schnell sich eine Frau anpasst, um Konfrontation und Konflikte zu vermeiden. Beide Frauen sind allerdings sehr unglücklich mit ihrem eigenen Verhalten. Die Kritik, die sie wegen ihres Verhaltens an sich selbst üben, demontiert sie seelisch noch mehr, und mit der Zeit fühlen sie sich zu nichts mehr nutze. Wegen der Blockade im Innersten können sie ihre Schwiegermutter nicht herausfordern, Flucht und Verstecken treibt sie jedoch noch mehr in die Opferhaltung und Eigendemontage.

Gibt es regionale Unterschiede?

Ob Stadt oder Land, ob im Süden, Westen, Osten oder Norden von Deutschland, in der Schweiz oder in Österreich: Überall ist der Problemfall Schwiegermutter präsent. Aus der regionalen Lage lassen sich keine Schlüsse auf Häufigkeit oder Intensität des Konfliktes ziehen. Die Erfahrung hat auch gezeigt, dass es eine eher untergeordnete Rolle spielt, ob die Generationen unter einem Dach zusammenleben. Es kommt sogar vor, dass die jungen Eheleute aus einer Entfernung von Hunderten von Kilometern verfolgt und bedrängt werden, denn Verleumdungen und üble Nachrede lassen sich leider auch über das Telefon verbreiten.

Unterschiede gibt es dagegen in den Auswirkungen. Haben die Konfliktparteien einen gemeinsamen Wohnsitz, sind die Folgen für die Schwiegerkinder oftmals noch gravierender, da sie sich nicht zurückziehen können. Der soziale Ruheraum wird ihnen entzogen. Auch steht die Forderung nach bedingungslosem Gehorsam eher in ländlichen Gebieten und Provinzstädten im Vordergrund. Manchmal agiert hier das gesamte Umfeld gegen die Schwiegerkinder als „Fremde". In Ballungsgebieten wiederum scheint die Hemmschwelle zu körperlicher Gewalt niedriger zu sein als auf dem Land.

Doch überall haben die Jüngeren zumeist keine Lobby. Sie werden als unglaubwürdiger behandelt, als undankbar und unverschämt (auch der „Köder" Erbe kann in diesem Zusammenhang eine Rolle spielen). Das Umfeld gesteht den Älteren im Allgemeinen mehr Kompetenz und Glaubwürdigkeit zu.

Der Konflikt mit der Schwiegermutter

Im Folgenden werde ich beschreiben, wie Frischverliebte in diesen Konflikt hineinschliddern. Wie und wann beginnt er? Können wir Vorzeichen erkennen? Dann werde ich darauf eingehen, wie sich der Konflikt darstellt. Was für Auswirkungen ergeben sich für die Beteiligten? Dabei geht es nicht um das normale „Kennenlernen" und den normalen Umgang mit einer Schwiegermutter, sondern um Auffälligkeiten und Zeichen für einen gestörten Umgang – mit der Problem-Schwiegermutter.

Unterschiedliche Arten der Begegnung

Ablehnung von Anfang an

Nicht selten kommt es vor, dass eine junge Frau schon vor der Ehe als „des Sohnes unwürdig" abgelehnt wird. Die Mutter kann nicht verstehen, was ihr toller Sohn mit „sooo einer" will. Sie ist davon überzeugt, dass nur sie, die Mutter, in der Lage ist, die passende Partnerin für ihren Sohn zu bestimmen.

Brigitte: *Schon vor der Ehe war ich für meine Schwiegermutter nicht gut genug. Sie hat in einem Briefwechsel mit einer ihrer Freundinnen über mich hergezogen. Meine Ausbildung und mein Arbeitsplatz in einer Fabrik waren ihr zu schlecht. Obwohl sie und ihr Mann selber Arbeiter waren. Mit meiner Ansicht, dass eine junge Familie mehr für sich allein sein sollte, galt ich in ihren Augen als größenwahnsinnig. Ihrer Meinung nach war es unmöglich, dass wir Jungen überhaupt allein leben konnten. Sie wollte, dass wir in ihre Dreizimmerwohnung mit einziehen sollten.*

Sigrid: *Meine Schwiegermutter in spe hat meinem späteren Ehemann einmal geschrieben, was sie gegen mich hat. „Für dich als meinen Sohn ist sie doch viel zu klein – geradezu kleinwüchsig wie ein Zwerg (ich bin 10 cm kleiner als er). Such dir gefälligst eine, die in der Größe zu dir passt. Außerdem hat sie keinen Charakter, denn ich habe sie schon einige Male blöd angeredet, denn sie verdient es ja nicht anders. Ein anständiges Mädchen würde daraufhin einen Rückzieher machen – und endlich einsehen, dass sie nicht erwünscht ist."*

Tanja: *Obwohl ich mittlere Reife habe und in einem kaufmännischen Beruf ausgebildet bin, hat mir meine zukünftige Schwiegermutter gleich gesagt, dass sie sich eine gebildetere Schwiegertochter vorstellt: „Du siehst zwar nett aus, aber du bist gerade mal so recht als Betthäschen für meinen Sohn", sagte sie mit einem Lächeln. „Die Mutter meines Enkelsohnes* *braucht schon etwas mehr Format. Du solltest einsehen, dass du nie als Frau meines Sohnes infrage kommst. Schmink dir das ab."*

Es gibt unendlich viele solcher Ablehnungsgründe: das Aussehen, die Ausbildung, wie sich die Schwiegertochter bewegt, welche Meinung sie hat oder weil sie eben nicht die „Richtige" für den Sohnemann ist. Die Familie, aus der die zukünftige Schwiegertochter kommt, wird als nicht gut genug eingestuft. Egal ob einfache Leute – von denen es dann heißt: *„Sind die primitiv!"* – oder eine Familie aus besseren Kreisen (*„Sind die überkandidelt!"*), nichts ist für den Sohn der Mutter passend. Genauso ungnädig wird die berufliche Bildung der Schwiegertochter beurteilt. Kein Beruf ist der richtige, um den Anforderungen zu genügen.

Als Grund für eine völlige Ablehnung werden die Eigenschaften der Schwiegertochter angeführt. Ob Lachen, Sprechen, Kochen, Putzen – die junge Frau kann nichts vernünftig machen. Der Sohn braucht mindestens eine Prinzessin, die klug ist (natürlich nicht klüger als der Sohn bzw. die Schwiegermutter), schön und reich (auch wenn manchmal nichts, was die junge Frau mitbringt, im Entferntesten so viel Wert hat wie der Besitz der Schwiegermutter). Eine zu hübsche Auserwählte kann ebenfalls Missfallen erregen: *„Schöne Frauen sind nicht treu, mein Sohn!"* Im Endeffekt geht es gar nicht um die betreffende Frau. Mutter will nur die Rechte an ihrem Sohn nicht verlieren oder auch nur einen Bruchteil davon abtreten.

Freundschaftliches Ausspionieren

Schlimme Folgen für die Schwiegertochter kann ein zu freundlicher Empfang in der neuen Familie haben. Oft ist diese an den Tag gelegte Freundlichkeit nur die Basis, um Vertrauen zu schaffen, damit die junge Frau von sich erzählt. Warum sollte die auch einer Mutter zutrauen, dass sie nur so nett ist, um hemmungslos die Geheimnisse der künftigen Schwiegertochter auszuhorchen? In sehr vielen Fällen wird so ein Detailwissen über die Schwiegertochter am Ende der Kennenlernphase ganz gezielt und brutal gegen selbige eingesetzt. Für die Betroffenen ist es entsetzlich zu merken, wie sehr ihr Vertrauen missbraucht wurde. Details aus ihrer Vorgeschichte machen die Runde im Familienclan, der Nachbarschaft und nicht selten auch in der Familie der Schwiegertochter. Durchaus häufiger wurde mir berichtet, dass die junge Frau der Schwiegermutter anvertraut hatte, dass sie als Kind sexuell missbraucht wurde. Die Schwiegermutter schreckte nicht davor zurück, das der künftigen Schwiegertochter als eigenes Verschulden zuzuschreiben.

Ins Gesicht schöntun

Eine weitere Variante des Kennenlernens ist vordergründiges Schöntun. Später trifft es uns dann völlig unerwartet, weil wir nichts Böses vermuten. Im Gegenteil, es ist eine Freude, mit Mutter so gut auszukommen, sich angenommen und gern gesehen zu wähnen. Ohne jeglichen Argwohn sind wir auf dem Weg zu unendlicher Demütigung. So freundlich, wie wir aufgenommen werden, wenden wir uns im Gegenzug auch der Schwiegermutter zu. Bald schon gehört sie wie selbstverständlich mit dazu. Egal ob die Schwiegertochter bisher mit der eigenen Mutter gute Erfahrungen gemacht oder unter deren Unarten zu leiden hatte, ist diese Zuneigung wie Balsam für die Seele. Doch diese Euphorie über den menschlichen Zugewinn durch die neue Mutter hält nur so lange an, bis wir eine regelrechte Bruchlandung erleben.

Wie selbstverständlich passen wir Schwiegertöchter uns an die Wünsche und Erwartungen der Schwiegermutter an. Wenn diese immer wieder erzählt, wie schmutzig zum Beispiel ihre Nachbarin ist, weil sie nur alle vier Wochen ihre Fenster putzt, putzen wir sie im vorauseilenden Gehorsam dann mindestens alle vierzehn Tage. Oh ja, wir Schwiegertöchter wollen die Gunst der Schwiegermutter vertiefen und erhalten. Dabei setzen wir uns einem Druck aus, der uns meist total überfordert. Zu versuchen so zu sein, wie einem jemand einredet sein zu müssen, ist nämlich sehr anstrengend.

Regina: *Meine Schwiegermutter war von Anfang an recht freundlich zu mir. Sie hatte auch nichts gegen unsere Eheschließung einzuwenden. Nur stellte sie mich sofort nach der Trauung unter ihre Regie. Wie sie sollte ich meine Wäsche behandeln, wie sie sollte ich Essen kochen. Sie wollte alle unsere Entscheidungen übernehmen. „Ihr seid noch zu jung und unbedarft, ich zeige euch, was gut für euch ist." Diesen Satz hat sie so oft zu mir gesagt, dass ich nachts davon träumte. Von morgens bis abends hat sie mich mit ihren guten Ratschlägen und Erziehungsmaßnahmen gequält. Auch vor anderen Leuten hat sie immer wieder gesagt, dass sie mich erst noch zu einem nützlichen Familienmitglied heranziehen müsste.*

Kerstin: *„Ich freue mich so, in dir endlich eine Tochter zu haben", sagte meine Schwiegermutter zu mir. Zuerst war ich über diese Worte sehr glücklich, fühlte mich dadurch willkommen. Als ich aber mitbekam, was es mit der Tochter genau auf sich hatte, bin ich schier verzweifelt. Genau wie ein Kind sollte ich Schwiegermutter lieben und ihr gehorchen. Meine eigene Mutter sollte ich von der Stunde unserer Hochzeit an ignorieren. Über meine Herkunftsfamilie wurde nur noch abfällig geredet. Alles an Vertrauen und Miteinander sollte ich nur noch mit der Schwiegermutter teilen. Auch begann sie damit, mich wie ein Kleinkind zu erziehen. „Das geht so, das macht man so – ach, dir hat ja niemand was Vernünftiges beigebracht." Sie beriet mich, wie ich mich zu kleiden hätte, was ich kochen sollte, mit wem* *ich mich treffen durfte. Wie in einer Zwangsjacke war ich in der schwiegermütterlichen Fürsorge eingepfercht. Dabei war ich mir anfangs sicher, in meiner Schwiegermutter eine neue Freundin gefunden zu haben. Nie hätte ich geglaubt, war für eine Qual auf mich zukommen würde.*

Ansprüche stellen, die niemand erfüllen kann

Dies ist die vierte Art der Begegnung. „Mutter" hat das Endziel ihrer Erziehungsmaßnahmen so hoch gesteckt, dass die Schwiegertochter beim besten Willen die Ansprüche nicht einmal annähernd erfüllen kann. Um sich jedoch das Wohlwollen der Älteren weiter zu sichern, wurstelt und bemüht sie sich bis zur totalen Erschöpfung. Eigene Wünsche und Bedürfnisse werden hinten angestellt, da sie ja so freundlich aufgenommen wurde. Es ist ja die Pflicht, Bereitwilligkeit und Fleiß zu demonstrieren und die Schwiegermutter bei Laune zu halten.

Direkte Ablehnung

Haben wir es, als fünfte Möglichkeit der Begegnung, mit direkter Ablehnung zu tun, so ist die Schwiegertochter zwar vor zu viel Nähe in der Anfangsphase geschützt, was jedoch auch nicht ohne Folgen bleibt. Keine der von vornherein abgelehnten Schwiegertöchter konnte sich anfangs vorstellen, wie schwer und belastend das Leben sein kann, wenn die Schwiegermutter nicht abläst, einen mit offener Ablehnung über Jahre hinweg zu verfolgen. Hier herrscht die irrige Meinung vor, dass sich die Schwiegermutter mit der Zeit schon an die Frau des Sohnes gewöhnen wird oder sie akzeptieren wird, wenn sie sieht, dass der Sohn glücklich ist und eine gute Ehe führt. Sie wird es nie tun! Auch nach 30 Jahren wird so manche Schwiegertochter noch immer als die dumme, unfähige Angeheiratete betitelt.

Was geschieht in den Familien?

Kommen wir nun zu den Lebenssituationen, denen wir Schwiegertöchter mit einer Problem-Schwiegermutter ausgesetzt sind. Auf die einzelnen Punkte werde ich später noch ausführlicher eingehen. Wichtig erscheint mir an dieser Stelle, dass sämtliche Vorkommnisse von uns zunächst nicht realistisch wahrgenommen werden. Nach dem Motto: „Es kann nicht sein, was nicht sein darf" verbieten wir uns jede sachliche Auseinandersetzung. Durch das von klein auf eingebläute Verhalten, dass eine Frau persönlich verantwortlich für die innerfamiliäre Harmonie ist, nehmen wir es als selbstverständliche Verpflichtung hin, dass nur wir selbst zuständig sind, die Schwiegermutter zufriedenzustellen. Es gibt für uns einfach keine Alternative, als uns kritiklos so lange anzupassen, bis wir dem Bild einer gewollten und anerkannten Schwiegertochter entsprechen. Immer und zu jeder Zeit wurde es uns Frauen ja beigebracht, dass wir das Wohlwollen aller Mitmenschen mit gutem Willen und genügend Anstrengung steuern können. Zu akzeptieren und als völlig normal anzusehen, dass es auch Menschen gibt, die uns nicht leiden können, nicht mögen **wollen**, diese Art zu denken fehlt total. So kommt es, dass wir all das, was schon am Anfang geschieht, als ein persönliches Versagen oder das Ergebnis fehlender Initiative sehen. Viele Schwiegertöchter sind folglich davon überzeugt, dass die Ablehnung berechtigt ist, da sie kläglich in der Rolle als „Tochter" versagen und somit eine Bestrafung auch verdient haben.

Wie im letzten Kapitel beschrieben, werden die Schwiegertöchter oft schon vor der Ehe als des Sohnes nicht würdig abgelehnt. Die Schwiegermutter nimmt zwar in Anspruch, ihren Sohn bestens erzogen zu haben, gesteht ihm aber nicht die Fähigkeit und den nötigen Sachverstand zu, seine Partnerin selbst wählen zu können.

Von den Schwiegertöchtern wird verlangt, sofort alles so zu machen, wie es die Schwiegermutter schon immer getan hat. Eigene Erfahrungen und Wissen aus ihrem Elternhaus gelten als nicht vorhanden. Im Endeffekt soll sich die junge Frau zu einer Dublette der älteren entwickeln. Natürlich kann die Schwiegertochter dabei nie die Größe ihrer Schwiegermutter erreichen. Dass die Schwiegertochter ihren Ehemann und die junge Familie ordnungsgemäß versorgen kann, wird ihr abgesprochen. Woher soll sie es denn auch haben?

Ist die Ältere mit der Wahl der Partnerin des Sohnes nicht einverstanden oder verhält sich die Junge nicht so, wie es sich gehört, wird die Schwiegertochter zuerst in der Familie ihres Ehemannes denunziert. Später gehen die teilweise massiven Verleumdungen in der Nachbarschaft, im Bekanntenkreis und in der Familie, ja sogar beim Arbeitgeber der Schwiegertochter weiter.

Um das Wohl ihres Sohnes besorgte Mütter schrecken nicht davor zurück, sämtliche Unterlagen zu lesen, wie Kontoauszüge, Tagebücher und Verträge des jungen Paares. Dies geht mitunter so weit, dass die Post geöffnet, gelesen und manchmal sogar unterschlagen wird. Ein Tagebuch der Schwiegertochter kann dann schon mal, zum Beweis für deren Untauglichkeit, im ganzen Ort weitergereicht werden. Offen attackiert wird die Schwiegertochter zumeist nur dann, wenn die zwei Frauen alleine sind. Alle anderen Angriffe laufen indirekt und sehr subtil ab, etwa so: *„Mein lieber Sohn, du schaust heute blass und abgemagert aus. Bekommst du denn nicht regelmäßig dein Essen? Komm, ich koch dir dein Leibgericht, damit du erst mal was Gescheites zu beißen hast."* Solche Gelegenheiten nutzen viele Problemmütter, sich ihrem Sohn gegenüber in Positur zu stellen und ihn „diskret" auf ihre unerreichbaren Fähigkeiten hinzuweisen.

Nicht selten werden die Jungen mit Aufträgen und Wünschen regelrecht überschüttet. Die Ausführung hat aber spätestens gestern erledigt sein sollen. Führt man sie nicht sofort aus, heißt es dann ganz schnell: *„Die Schwiegertochter lässt meinen Sohn nicht zu mir, wo ich ihn doch so dringend brauche!"* Sehr beliebt als erzieherische Maßnahme ist in diesem Zusammenhang, mit Enterbung oder gar mit Selbstmord zu drohen.

Für Geschenke wird den Jungen oft jahrelang Demut und Dankbarkeit abverlangt. Wir kennen ja die Szenen aus Slapsticks, in denen vor einem Besuch schnell alle Bilder herausgekramt und aufgehängt werden, um ja nicht in Ungnade zu fallen. Und wehe dem, der vergisst ein Stück zu präsentieren: *„Das hat euch also nicht gefallen. Ihr wisst das nicht zu schätzen. So schnell ist deine arme Mutter für dich vergessen"* lauten in der Folge die Klagen.

Um das Elternhaus überschrieben zu bekommen, müssen die Söhne, oft noch unverheiratet und sehr jung, sich verpflichten, dass sie die Eltern im Alter pflegen werden. Wobei niemand ernsthaft daran denkt, dass der Sohn diese Leistung dann auch selber erbringt. Er wird ja heiraten, und dann macht das selbstverständlich die Schwiegertochter, auch wenn ihr von dem Haus nichts gehört.

Leider werden in diesem Familienkrieg auch die Enkelkinder gedanken- und schamlos als Waffe missbraucht. Wird die Schwiegertochter abgelehnt, passiert es nur zu häufig, dass an der Vaterschaft des Sohnes gezweifelt wird und das Enkelchen als Bastard behandelt wird. Kritik an der Mutter wird schonungslos über die Kinder angebracht.

Ein Konflikt stellt sich dar

Nach dieser allgemeinen Darstellung möchte ich jetzt einige Punkte näher beleuchten. In der Gruppe und am Telefon habe ich mithilfe anonymer Fragebögen versucht, die Beschwerden der Schwiegertöchter genauer aufzulisten. Es bedarf eines längeren Zeitraums, einer gehörigen Portion Selbstüberwindung und nicht zuletzt eines immensen Leidensdrucks, bis eine Schwiegertochter überhaupt Bereitschaft zeigt, sich über das Verhalten der Schwiegermutter zu beschweren. Immer wieder meldet sich das schlechte Gewissen, jemanden schlecht zu machen. Auch das Gefühl, durch das eigene Versagen mit zu dem Konflikt beigetragen zu haben, bzw. das Gefühl, durch die eigene Unzulänglichkeit den Konflikt nicht in den Griff zu bekommen, hindert die jüngeren Frauen daran, objektiv an die Darstellung des Problemfalles heranzugehen.

Interessant ist, dass sich die Prioritäten seit der ersten Auswertung von 300 Betroffenen, mit nun über 90 000 Betroffenen, nicht mehr wesentlich verschoben haben. Damit Sie sich ein Bild machen können, was sich hinter einzelnen Punkten verbirgt, möchte ich Ihnen die Angaben etwas näher erläutern.

Konflikte mit der Schwiegermutter

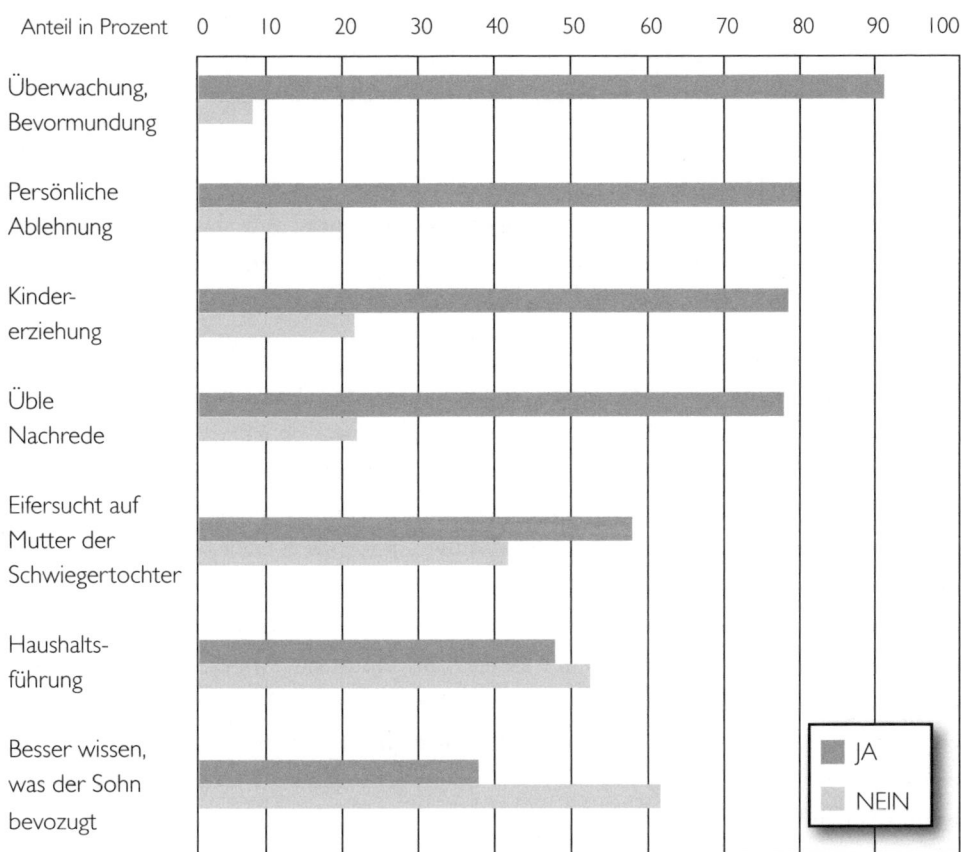

Überwachung, Bevormundung (92 %): Viele junge Frauen werden durch Überwachung in ihrer Aktivität stark eingeschränkt. Über jeden Schritt, den sie außer Haus gehen, wird ihnen Rechenschaft abverlangt. Das kann so weit gehen, dass sie ohne Genehmigung der Schwiegermutter nichts unternehmen dürfen und können. *„Wo gehst du hin? Was machst du? Wen triffst du? Wann bist du zurück?"* Viele Schwiegertöchter können deshalb nur telefonisch Kontakt zur Außenwelt halten. Mehrmals am Tag werden zur Überwachung Kontrollanrufe von der Schwiegermutter getätigt. In manchen Fällen gehen bis zu 80 solcher Anrufe pro Tag ein, bei denen nur geschaut wird, ob die Schwiegertochter auch wirklich zu Hause ist. Meist wird sofort wieder aufgelegt, ohne dass sich die Schwiegermutter meldet. Wenn bei einem solchen Kontrollanruf allerdings einmal das Telefon besetzt ist, kann es passieren, dass Nachbarn alarmiert werden, um zu schauen was da los ist. Oder der Ehemann wird am Abend genauestens informiert, dass in der Zeit von 8:20 Uhr bis 9:00 Uhr das Telefon belegt war. Sehr beliebt ist es auch, den Abfall der Schwiegertochter zu durchwühlen. Dabei wird nicht selten „Brauchbares" mit nach Hause genommen und demonstrativ präsentiert. Schließlich lässt sich auf diese Art und Weise anschaulich die Verschwendungssucht der Schwiegertochter demonstrieren.

Es passiert auch, dass Sparbücher „sichergestellt" werden. So wird verhindert, dass die Schwiegertochter das Geld des armen Jungen sinnlos verprasst. Auch der Sohn muss in solchen Fällen dann seine Eltern bitten, ihm Geld aus seinem Ersparten zuzugestehen. Dabei wird Rechenschaft über die Ausgaben verlangt – und der Wunsch dann oft als unnötig abgetan. Auch Kontoauszüge werden kontrolliert und verwaltet.

Bevormundung kann sich ganz unterschiedlich ausdrücken: Im schlimmsten Fall wird einer Schwiegertochter den ganzen Tag vorgeschrieben, was sie wie zu machen hat. *„Ich habe das immer so gemacht, bei dir kann das ja nichts werden! – So geht es viel besser. – Mach das doch so, wie ich es dir sage. – So ist das nicht richtig!"* Menschen aus dem Umfeld werden dann als Zeuge für die Tüchtigkeit und Allwissenheit der Schwiegermutter bemüht. *„Die Verwandten sagen das auch. – Mein Sohn ist ganz begeistert davon. – Vater lobt mich immer, weil ich so reinlich bin. – Meine Freundinnen sagen, bei mir kann man vom Boden essen."* In jedem auch noch so privaten Bereich bekommt die jüngere Frau Ratschläge, die sie selbstverständlich auch umgehend ausführen soll, selbst bei Entscheidungen, die eigentlich nur das junge Paar betreffen. Jungen Müttern wird vorgeschrieben, wie sie die Kinder ernähren müssen, was sie den Kindern bei welchem Wetter anziehen sollen, wann das Kind spielen, wann es schlafen muss ...

Das junge Ehepaar soll Einrichtung, Fliesen, Tapeten und jede Kleinigkeit so kaufen, wie die Schwiegermutter es richtig findet. Dabei wird dann schon mal eine neue Küche abbestellt und eine der Schwiegermutter zusagende geordert. Selbstverständlich ohne das jüngere und zahlende Paar vorher informiert zu haben. In welchen Geschäften wann der Einkauf gemacht werden muss, auch was auf den Tisch kommt, wird vorgeschrieben. Was der Sohn an Zuwendung, Kleidung, Essen sowie an Ruhezeiten und Hobbys braucht, weiß niemand so gut wie die Schwiegermutter.

Was die persönliche Ablehnung (80 %) betrifft, so ist hier an erster Stelle die falsche Partnerwahl des Sohnes zu nennen. *„Die passt nicht zu ihm. – **Mein** Sohn hat sich eine bessere Frau verdient. – Ich habe **meinen** Sohn doch nicht großgezogen, damit er dann bei **so** einer landet."* Aussehen, Bildung, Freundeskreis und Persönlichkeit der Schwiegertochter werden abgelehnt. Bekommt sie ein Kind, heißt es dementsprechend: *„Na ja, es weiß ja niemand genau, ob der Balg überhaupt von meinem Sohn ist."*

Größe, Haarfarbe und Nasenform, alles wird als Kriterium gegen die Schwiegertochter verwandt. Der Arbeitsplatz der Schwiegertochter, deren Ausbildung, die Schule des Kindes sind selbstverständlich immer die schlechtesten. Entweder wird die Schwiegertochter als zu wenig gebildet oder als zu viel gebildet abgewertet. Ist sie fröhlich, lacht sie blöd und ist sie zurückhaltend, dann bringt sie „das Maul" nicht auf.

Bei übler Nachrede oder Verleumdung (79 %) ist immer die junge Frau in der schlechteren Position. Sie ist unglaubwürdiger als die Ältere. *„Die ist primitiv und dumm! – Sie misshandelt ihre Kinder! – Die will mich mit ihrem abscheulichen Fraß vergiften! – Sie kann nicht mit dem Geld umgehen und ist so gierig danach, dass sie auch noch an meine Rente ran will!"* Das sind einige Beispiele, wie über uns gesprochen wird. Auch vor den Enkeln wird nicht Halt gemacht und sie bekommen zu hören: *„Deine Mutter kann nicht mit dem Geld umgehen. – Deine Mutter ist nicht fähig, dich richtig zu erziehen. – Deine Mutter ist unordentlich. – Deine Mutter ist dumm. – Deine Mutter will der Oma ihre kleine Rente wegnehmen."*

Auch in der Kindererziehung (78 %) wird die Schwiegertochter als unfähig hingestellt. Egal ob es darum geht, was das Kind isst, anzieht, wann es schläft, ob, was oder mit wem es spielt, was es einmal werden soll, welche Schule es zu besuchen hat, immer weiß Schwiegermutter, was für das Enkelkind gut oder besser ist. Auffallend ist, wie viele Schwiegermütter bereits vor der Geburt über den Enkel verfügen. *„Das ist mein Kind!"* Als wäre die Schwiegertochter als Mutter gar nicht vorhanden, wird bestimmt, dass die Schwiegermutter das Kind aufzieht und was die mit ihm alles unternimmt.

Ebenso wird jede Erfahrung, die die eigene Mutter der Schwiegertochter mit auf den Weg gibt, nicht als relevant anerkannt. Nur Schwiegermutters Erfahrung zählt, nur sie ist in der Lage, Kinder richtig zu erziehen und zu behandeln.

Eifersucht auf die Mutter der Schwiegertochter (57 %) ist ein weiterer Punkt. Ständig wird der Schwiegertochter dann vorgeworfen: *„Du magst deine Mutter lieber als mich. Auf sie hörst du. Bei ihr bist du viel öfter als bei mir."* Es wird von der Schwiegertochter geradezu verlangt, dass sie vom Tag der Eheschließung an ihre Schwiegermutter zu lieben hat, ihr blind alles anvertraut und nur noch sie als verbindlich anerkennt. Die eigene Familie soll die Schwiegertochter von Stund an vernachlässigen. Jetzt hat sie ja etwas Besseres! Hält sich die Schwiegertochter an einen Ratschlag ihrer eigenen Mutter, so nimmt es die Schwiegermutter nicht selten noch zehn Jahre später übel: *„Auf die hört sie, aber auf mich will sie nicht hören."*

Wie das **Dreinreden in die Haushaltsführung (47 %)** aussieht, wird sich wohl jeder vorstellen können. Überprüfungen, ob noch irgendwo Staub liegt oder wie die Schränke eingeräumt wurden, sind ebenso an der Tagesordnung wie das Durchwühlen des Mülls. Die ganze Palette Koch-, Putz-, Back-, Wasch- und Erziehungsmaßnahmen wird bis ins Kleinste ausgeschöpft. Wie die Ernährung sein muss, welches Waschpulver am reinsten wäscht, welche Geräte die besten sind – all das weiß Schwiegermutter nicht nur als Einzige ganz genau – nein, sie schreibt es auch noch als zwingend erforderlich für den jungen Haushalt vor.

Claudia: *Meine Schwiegermutter hat sogar Tinte an schwer zugängliche Stellen gespritzt, nur um zu beweisen, wie unordentlich ich bin. Meine Schränke hat sie umgeräumt, die Wäsche anders gefaltet. Alles sollte genau so wie in ihrem eigenen Haushalt sein.*

Um ihren eigenen Sohn angeblich besorgte Schwiegermütter (38 %) nerven total mit der Aussage: *„Das will mein Bub so. Schweinebraten isst er nur, wenn ich ihn mache. Meinen Apfelstrudel hat er schon immer am liebsten gegessen."* Sehr oft wird dabei übersehen, dass sich Sohnemann an dem Zeug schon lange übergessen hat und das kalte Grausen kriegt, wenn wir die „Delikatessen" auch nur ansprechen. Mutti jedoch schmiert dem Buben die Stullen zum Frühstück, richtet ihm die Kleidung und weiß genau, wann Bubi seine Ruhe braucht. Ständig wird Kritik an der Versorgung des Sohnes durch die Schwiegertochter geübt. Und das niemals direkt, sondern „durch die Blume", meist sehr unterschwellig und in liebevollem Ton – doch für die Schwiegertochter verletzend. *„Komm, ich bügle dir schnell dein Hemd. So zerknittert möchte ich dich nicht auf die Straße lassen. – Wenn du deine Mutti nicht hättest, eine solche Farbzusammenstellung passt doch gar nicht zu dir. – Schwiegertochter, du solltest darauf achten, dass mein Sohn mal wieder zum Friseur geht. So lange Zotteln, da kann er doch nichts darstellen."*

Was empfinden die Schwiegertöchter?

Ein solcher Empfang in der neuen Familie und das Leben unter ständigem Druck durch die Schwiegermutter wirken sich natürlich stark auf das Gefühlsleben und die physische und psychische Gesundheit der Schwiegertöchter aus. Jede der Frauen die sich bis heute bei mir gemeldet haben, ist durch die Probleme im sozialen Nahfeld krank geworden. Die Liste der Krankheiten geht von Herz-Kreislauf-Erkrankungen über Hautkrankheiten, Nierenerkrankungen bis hin zu Depressionen, teilweise mit massiven Selbstmordgedanken bis hin zu tatsächlichen Selbstmordversuchen. Auch kann es zur Tabletten- oder Alkoholsucht kommen.

Beleuchten wir nun die Gefühle genauer, die sich da oft über Jahrzehnte aufstauen. Als Erstes kommen die unterschiedlichen Gefühle uns selbst betreffend. Nachdem wir ja ständig zu hören bekommen, dass wir zu nichts nutze sind, stellen sich sehr schnell Selbstzweifel ein. Bereits nach kürzester Zeit leidet unser Selbstvertrauen und nach und nach verlieren wir die Selbstachtung, da wir die Schuld immer bei uns suchen. Schließlich haben wir gelernt, dass eine Frau stets die Familienharmonie im Griff haben muss, dafür zu sorgen hat, dass sich jeder in der Familie wohlfühlt. Natürlich funktioniert das nicht. Wer ist schon in der Lage, es immer allen recht zu machen? Und bedeutet Harmonie nicht auch, dass alle Beteiligten den „Ton" halten müssen und dieselbe Melodie spielen müssen? Eine/r allein kann noch so gut üben und funktionieren: Wenn die anderen ständig für Misstöne sorgen, kann es insgesamt nicht harmonisch klingen. Durch die Erziehung zum „braven Mädchen" stellen wir uns aber automatisch unter diesen ungesunden Funktionszwang.

Da wir unausweichlich mit unseren Bemühungen um Harmonie Bruchlandung erleiden, stellt sich bald eine gewisse Versagensangst ein. *„Warum gelingt es mir nicht, diese Frau von mir zu überzeugen?" „Ich brauche also"* – so die logische Schlussfolgerung – *„nichts Neues anzufangen, denn ich mache sowieso nichts richtig."* Das geht so weit, dass Betroffene auch im Beruf zurückstecken, sich nichts mehr zutrauen und selbst bei Geläufigem und gut Vertrautem zweifeln, ob sie es richtig machen. Dieses sich langsam einschleichende Leben als Versagerin, die sich ausweitende Unsicherheit führt schließlich dazu, dass tatsächlich etwas schiefgeht. Das wiederum bestätigt uns nur noch mehr in unserer Minderwertschätzung uns selbst gegenüber. Viele von uns glauben irgendwann, nicht mehr normal zu sein. Da wir oft schon im Ansatz erkennen, was die liebe Schwiegermutter wieder für Bosheiten ausheckt, denken wir: *„Jetzt leide ich schon an Verfolgungswahn."* Dies wird vom Partner oder vom Umfeld noch verstärkt, indem wir zu hören bekommen: *„Du bildest dir das nur ein. Sie meint es nicht so. Sei nicht so empfindlich."* Zu sehr glauben wir dann an die Bewertung durch Dritte, zweifeln an uns und unserem Verstand.

Anfangs, wenn wir die Mutter unseres Partners kennenlernen, projizieren wir ganz selbstverständlich unser Mutterbild – immer lieb, zu nichts Negativem fähig – in diese Frau hinein. Umso größer ist dann die Enttäuschung, wenn wir feststellen, dass unsere Gefühlserwartungen nicht erfüllt werden. Anstelle mütterlicher Zuwendung kommt Undank und Demütigung zurück. Diese Demütigungen und Angriffe durch die Schwiegermutter machen uns völlig hilflos. Es kann nicht sein, was nicht sein darf – und eine Mutter ist immer gut! Also „verdienen" wir diese Behandlung. Schließlich verhalten wir uns offensichtlich falsch. Haben wir nicht alle gelernt, eine Mutter zu achten und zu ehren? Plötzlich sind wir mit einem Verhalten konfrontiert, das wir eigentlich verachten. Nachdem die Attacken aber von einer, wenn auch angeheirateten Mutter kommen, erlauben wir es unserem Innersten nicht, diese Frau für ihr Tun zu verurteilen. Solche Gefühle stehen uns nicht zu. Kritik und Ablehnung sind uns durch unsere Erziehung streng verboten. Auch wenn es uns zutiefst trifft, dürfen wir nicht reagieren. Durch diese vermeintliche Hilflosigkeit sind wir in unserem ganzen Handeln blockiert. Der Wille zum Ausbruch aus dem Drama wird durch die uns eingebläute Moral gebrochen. Lethargie und Gleichmut sind die Folgen. Wie gelähmt lassen wir jegliche Demütigung über uns ergehen.

Was sind die Folgen?

Mit der Zeit kann sich eine geradezu panische Angst vor dem Zusammentreffen mit der Schwiegermutter entwickeln. Mir haben Frauen berichtet, dass sie in ihrer Wohnung stundenlang lautlos verharren, nur weil sie im unteren Stockwerk die Schwiegermutter rumoren hören. Andere wiederum erzählen von Schweißausbrüchen und starkem Herzklopfen, wenn nur das Telefon klingelt: „Immer, wenn sich Schwiegermutter zum Besuch ansagt, ist schon eine Woche vorher Sturm angesagt. Ich putze wie wild, bin gereizt und völlig fertig. Essen kann ich fast nichts mehr, mein Magen verkrampft sich", höre ich sehr oft, wenn ein Besuch der Schwiegereltern ins Haus steht. Oder: „Mir graut davor, wieder einen Besuchstag bei den Schwiegereltern einzulegen. Hinterher haben mein Mann und ich jedes Mal eine Woche lang Streit." Ständig schwelt die Angst in uns, was wohl als Nächstes kommen wird.

Der zweite Punkt sind die Gefühle, die wir anderen gegenüber entwickeln. Viel Leid entsteht aus der Hoffnung, dass es schon „irgendwie wird". 20 oder 30 Jahre Hoffnung sind keine Seltenheit: „Irgendwann wird mich meine Schwiegermutter anerkennen. – Sie wird schon noch einsehen, dass ich ihren Sohn und meine Familie gut versorge. – Mit der Zeit wird sie sich an mich gewöhnen. – Ich werde es durch mein angepasstes Verhalten schon schaffen, sie von mir zu überzeugen." Ist es Hoffnung oder Selbstbetrug, was die Frauen zu jahrzehntelangem Ausharren, Stillhalten und Wohlverhalten anhält?

Grundsätzlich sind wir als Schwiegertöchter in dem Familienzwist die Dummen. Als Jüngere sind wir nicht glaubwürdig. Obwohl wir genaue Vorstellung von unserem Leben und unserem Tun haben, sind wir nicht erfahren genug. Wir sind zu jung (auch noch mit über 60) für eigene Entscheidungen, zu unqualifiziert, selbst zu denken. Zorn und Wut entwickeln sich in uns, weil wir nie Genugtuung oder gar unser Recht bekommen. Ja nicht einmal fähig zum eigenen Leben erklärt werden. Auch das Umfeld glaubt der Älteren und ist nur zu gern bereit, uns ungehört zu verurteilen. Eigentlich wären wir jetzt so weit, unsere Schwiegermutter aus tiefstem Herzen zu hassen. Wenn da nicht unsere Moral wäre. Hass ist uns doch strikt verboten worden. Lieben müssen wir! Auch wenn wir schier ersticken an einer Liebe, die uns krank macht: Hätte es nicht jede von uns „der Alten" mal gerne heimgezahlt? Oh nein, diese Gedanken sind tabu. So gehen wir wegen dieser schlechten, verachtungswürdigen Gefühle mit uns ins Gericht und unterdrücken selbst den kleinsten Widerstand im Keim. Es geht sogar so weit, dass wir uns solche Ausrutscher verbieten und dagegen angehen. Nie haben wir gelernt, dass Wut und Zorn ganz normale Gefühle sind, derer wir uns nicht schämen müssen.

Indem wir jede Gegenwehr im Ansatz ersticken, entwickelt sich entweder eine große Resignation oder Aggressivität. Diese angestauten Aggressionen entladen sich naturgemäß nicht an der Verursacherin, der Schwiegermutter, sondern richten sich gegen den Ehemann, die eigenen Kinder und andere Wehrlose. Der Ehemann ist oft überrascht, weil wir uns plötzlich an Nichtigkeiten aufhängen. Seltener, manchmal erst im Endstadium einer jahrzehntelangen Leidensgeschichte, gehen wir gegen den eigentlichen Auslöser, die Schwiegermutter aggressiv vor. Viele von uns gestehen es sich allerdings nie zu, dieser Frau mal die Meinung zu sagen. Darf man (frau) ja nicht!

Mindestens tausend Gründe finden wir, wenn wir uns, aller Erziehung zum Trotz, endlich durchgerungen haben, das Verhalten der Schwiegermutter zu verurteilen, um doch gleich wieder mit Entschuldigungen aufzuwarten. *„Die Ärmste ist ja alt und krank. Sie hat nie ein schönes Leben gehabt. Die Einsamkeit macht ihr halt doch schwer zu schaffen. Bestimmt leidet sie selber unter dem Zustand. Und, und, und …"* Wurde uns nicht beigebracht, mit allen Menschen Mitleid zu haben? Nur wir verdienen keins. Und so fühlen wir uns für das Leben der Schwiegermutter verantwortlich und bemühen uns, die Leere zu füllen, deren Leben wieder gutzumachen.

Da wir kein sanktioniertes Ventil finden, um unsere vermeintlich negative Gefühlswelt zu akzeptieren bzw. gar danach zu leben, verlieren wir nach und nach das Vertrauen in unser Umfeld. Um ja nicht noch mehr verletzt und enttäuscht zu werden, isolieren wir uns gegenüber Freunden, Verwandten und Kollegen. Viele der Frauen, die zu mir kommen, sagen: *„Seit über 30 Jahren habe ich mit niemandem über mein Problem gesprochen."*

Ge- und bestärkt der Falle entkommen

Was wollen nun wir Schwiegertöchter, wenn wir untereinander Kontakte knüpfen und uns zusammentun? Zunächst einmal über unser Problem reden. Verstanden und nicht angezweifelt werden. Gegenüber gleichsam Betroffenen kann man offen reden, gerade wenn es um verbotene Gefühle wie Wut und Hass geht. Zum ersten Mal seit Jahren ist da jemand, für den ich glaubwürdig bin, der sogar sagt, dass ich recht habe. Dass ich keine gestörte Wahrnehmung habe und mir nichts einbilde. Es sind auf einmal andere

Menschen da, die wissen, wie ich mich fühle, wenn mir ständig Unrecht getan wird. Frauen, die Störmanöver der Schwiegermutter am eigenen Leib erfahren, erfüllt und ertragen haben. Insofern ist das Darüber-Reden sehr wichtig. Um sich Erleichterung zu verschaffen. Dinge einmal auszusprechen, die man sich sogar zu denken verboten hat, ist eine ungeheure Befreiung.

Nach der ersten Erleichterung ist es selbstverständlich wichtig, die Geschehnisse aufzuarbeiten. Da die psychischen Schäden meistens tief sitzen und viele geradezu ein Trauma bzw. einen Schock erlitten haben, ist dies oft sehr schwierig. Wenn sich jedoch diese „Trommel im Kopf", dieses ständige Drehen der gleichen Gedanken erst einmal beruhigt hat, dann schaffen es die meisten, wieder Halt zu finden und ihr Selbstvertrauen aufzubauen. Auch im Umgang mit der Schwiegermutter lernen sie, sich abzugrenzen, und finden sehr schnell in ein normales Familienleben zurück. Manche aber, die sich selbst schon zu sehr seelisch demontiert haben, brauchen Hilfe vom Fachmann. Auch schwere körperliche Krankheiten oder psychosomatische Erkrankungen, die als Folge der seelischen Störungen aufgetreten sind, bedürfen der Behandlung durch einen Facharzt.

Andere Frauen sagen allerdings aus: *„Ich weiß, dass ich mich und mein Verhalten ändern müsste, um aus dem Ganzen herauszukommen, aber ich schaffe das nicht. Es ist schon eine Erleichterung, wenn ich über meine Problematik mit anderen reden kann."* Bei diesen Frauen wurden der Wille und die Selbstachtung gebrochen, sodass sie nur noch wegen der Kinder oder aus Angst vor einem Neuanfang in der schrecklichen Situation weiterleben. Sie haben sich teilweise selbst aufgegeben und der Samen – *Ich-bin-nichts-wert* – ist aufgegangen.

Wer als Schwiegertochter keine dauerhafte räumliche Distanz zur Schwiegermutter verwirklichen kann – das ist immer dann der Fall, wenn beide Generationen unter einem Dach leben –, kann lernen, mit dieser Frau umzugehen, ohne weiter verletzt und gedemütigt zu werden. Das setzt voraus, dass es der Schwiegertochter gelingt, sich abzugrenzen, und dass sie keine falschen Kompromisse mehr mit der Schwiegermutter eingeht. Sobald nur irgendetwas im Zusammenleben bei der Schwiegertochter Unbehagen auslöst, muss sie gezielt dagegen angehen. Dies ist ein Weg der kleinen und kleinsten Schritte, der viel Willenskraft erfordert, aber zu einem Leben ohne diese falsche Diktatur der überzogenen Moralvorstellungen führen kann.

Mit Liebe belohnt werden?

Chancenlos sind wir, solange wir uns nach den alten anerzogenen Mustern verhalten. Und damit haben viele von uns Probleme, wurde uns doch eingetrichtert, dass wir für unsere Tugenden belohnt und an ihnen gemessen werden. Die für jeden Menschen lebensnotwendige Anerkennung und Liebesbezeugung erhielten und erhalten wir doch nur, wenn wir funktionieren – so wie es sich gehört. Geriet nicht unsere eigene Mutter vor Freude schier aus dem Häuschen, wenn wir in unserem Zimmer Ordnung gemacht hatten und die schmutzige Wäsche nicht mehr unter dem Bett lag? Sogar abends wurde uns ungeteilte Aufmerksamkeit zuteil, wenn Mutter stolz dem Vater erzählte, wie brav und tüchtig das Mädel heute wieder war. Und jetzt, obwohl wir mit der Generation unserer Mütter zu tun haben, klappen die Anerkennungsmasche und das „Mit-Liebe-belohnt-Werden" nicht mehr. Selbst wenn wir uns noch so anstrengen, wir können durch unser Wohlverhalten nichts ändern. Unser ganzes Weltbild gerät aus den Fugen. Dabei haben wir doch so lange an uns gearbeitet, um genau diesem Bild vom netten und lieben Mädel zu entsprechen. Das ist die uns vertraute Wertewelt. Das ist unsere Vorstellung von der perfekten und geliebten Ehefrau und Mutter.

Und dann passiert das Ungeheuerliche: Wenn wir putzen, ist es nicht sauber genug. Kochen wir ein Festmenü, ist es nicht gut genug. Erledigen wir für die Schwiegermutter Besorgungen, ist es nicht schnell genug. Sagen wir unsere ehrliche Meinung, sind wir unverschämt. Sorgen wir uns um Schwiegermutter, bevormunden wir sie. Rennt der Sohn nicht schnell genug zu Muttern, halten wir ihn aus Eifersucht zurück. Kommt Sohnemann nicht sofort auf Bestellung, enthalten wir der armen Frau ihren Sohn. Wir kleiden den Sohn schlecht, lassen ihn nicht seinem einzigen Hobby, „der Mutter parieren und sie unterhalten – Tag und Nacht", nachgehen und wir sind hässlich, verlogen, ungezogen, primitiv und dumm. Dabei wurzeln all diese Fehler in einem einzigen großen Fehler: Wir haben *den Sohnemann* geheiratet!

Auf der einen Seite finden wir also die Schwiegertochter: gutwillig und mit der unerschütterlichen Gewissheit, dass sie als gute und brave Frau die Harmonie und das Wohlbefinden der gesamten Familie herstellen kann und muss. Naiv im Glauben an die Menschen ringsum in der Familie. Unfähig zu jeglicher Kritik an einem älteren Menschen, schon gar nicht an einer Mutter. Nicht in der Lage zu akzeptieren, dass einen auch vermeintlich nahestehende Menschen ablehnen können.

Und auf der anderen Seite ist da eine Schwiegermutter, die sich ablehnend verhält. die Mittel anwendet, für die sich die Schwiegertochter auch noch schämt, als hätte sie selbst zu solchen Mitteln gegriffen. Das Spektrum der Gedankenwelt der Schwiegertochter ist nicht auf den Umgang mit einem so gestörten Verhalten vorbereitet. Durch diese konträren Welten, die im Leben und in der Seele der Schwiegertochter aufeinanderprallen, wird in ihr eine Art Zerstörungsmechanismus freigesetzt. Das Gefühl der eigenen Minderwertigkeit, die Gewissheit, dass hier eine ältere Frau und Mutter massives Fehlverhalten zeigt, was wir aber nie offen zugeben dürfen, beginnt uns in einen Kreislauf zu ziehen, der krank und hilflos macht.

Das Verhalten der Spezies „böse Schwiegermutter"

Wir haben in den vorhergehenden Kapiteln erfahren, was auf eine Schwiegertochter an Einmischungen und Demütigungen niederprasselt und welche Gefühle sich dadurch in ihr aufstauen. Um eine Erklärung für diesen Gefühlswirrwarr zu finden, ist es unumgänglich, die Verhaltensweisen der Extremschwiegermütter aufzuzeigen. Viele Schwiegertöchter haben eine unbewusste Blockade, sich das Verhalten ihrer Schwiegermutter bewusst zu machen und sich damit auseinanderzusetzen. Ihr Verstand – oder sagen wir besser ihr Gefühl – erlaubt es ihnen nicht, klar zu erkennen und zu benennen, wie die Schwiegermutter strukturiert ist. Für die Auseinandersetzung mit dem Problemfall und für dessen Lösung müssen wir jedoch ganz sachlich betrachten, mit welchen gestörten Verhaltensweisen wir es zu tun haben.

Viele Schwiegermütter, die unter dem negativen Image der „bösen Schwiegermutter" zu leiden haben, werden in diesem Kapitel klar erkennen, dass sie nicht gemeint sind und dass sie bestimmt nie die hier beschriebenen extremen Verhaltensmuster zeigen werden. Auch manche Schwiegertöchter, die unzufrieden mit ihren Schwiegermüttern sind und darüber jammern, dass diese böse sind, werden erkennen, dass sie gar keine so schlechte Schwiegermutter haben und dass sie eigentlich ganz zufrieden sein können.

Auch wenn ich das Verhalten so vieler Schwiegermütter beobachtet habe, fällt es mir schwer, sie in Gruppen einzuteilen. Es kann vorkommen, dass eine „Intrigantin" genauso als „Übermutter" in Erscheinung tritt. Auch die „ständig Leidende" kann intrigieren. Die „Kluge und Erzieherische" ist zu Terror genauso fähig wie die Treusorgende zu tätlichen Angriffen. Auch Äußerlichkeiten oder Bildungsstand lassen keine Rückschlüsse auf eine potenziell böse Schwiegermutter zu. Wir finden angesehene Geschäftsfrauen genauso wie die ortsbekannten sogenannten „Ratschkatteln". Einfache Hausfrauen sind ebenso vertreten wie Akademikerinnen. Oft ist es gerade die nette, liebe, fürsorgliche und gut bürgerliche Frau von nebenan. Allen gemeinsam ist, dass sie ihren Schwiegertöchtern vermitteln, kein schönes, erfülltes, glückliches Leben zu haben. Unzufrieden in der Ehe, selbst Opfer einer dominanten Schwiegermutter, perfekt in der aufopfernden Frauenrolle, hingebungsvoll engagiert im Haushalt und in der Kindererziehung, haben die meisten bislang kein befriedigendes eigenständiges Leben geführt. Doch auch Kälte und Abweisung den eigenen Kindern gegenüber wird als „erforderlich" verkauft. Selbst Mütter, die sich wenig um die eigenen Kinder gekümmert haben, verlangen nach Dankbarkeit. Wegen eben dieser Kinder haben viele ein eigenverantwortliches Leben aufgegeben und ihre Wünsche, ihre Bestätigung, ihre Anerkennung nur noch auf die Erfüllung durch ihre Kinder projiziert. Der Satz: *„Wegen dir habe ich das alles ausgehalten"* suggeriert dem Kind von klein auf die Verpflichtung, die Zeche zu bezahlen, die manche Mutter im Bestreben nach Versorgung und einem Ehemann (ohne den eine ordentliche Frau ja nur die Hälfte wert ist) hinterlassen hat. Die Schwiegertöchter übernehmen diese Verpflichtung wie selbstverständlich: *„Die Mutter hat ja so viel für meinen Mann getan."*

Im Folgenden werde ich einige charakteristische Verhaltensweisen solcher Frauen aufzeigen.

Erziehen wollen

Manche Schwiegermütter maßen sich mit Selbstverständlichkeit an, ihre Schwiegertochter erziehen zu müssen. Schließlich haben sie ja die Erfahrung und wissen als Einzige, was der Sohn und seine Familie brauchen und was ihnen guttut. Sie können und wollen nicht akzeptieren, dass die Schwiegertochter etwas von ihrer eigenen Mutter gelernt hat und/oder über eigene Erfahrungen verfügt.

Dieses Erziehen hört selbst dann nicht auf, wenn die Enkel schon erwachsen sind. Noch im Alter von 50 oder 60 Jahren werden der Sohn und die Schwiegertochter als unfähig eingestuft. So z.B. von einer Augsburger Schwiegermutter, die sich selbstherrlich „Schwieger-Tiger" nennt und in einem anonymen Brief die jungen Eheleute (mit Kindern im Teenageralter) als „unbedarft" beschreibt. Wörtlich heißt es in diesem Brief außerdem: *„Lächerlich ist doch die Antwort auf die Frage, wenn Enkel anführen: ‚Mama, du kannst nicht kochen.' Vielleicht kann sie es wirklich nicht! Eventuell hat sich auch der Vater schon so geäußert!!!, und Mutters Küche gelobt."* Diese Frau ist beinahe krankhaft besessen von ihrer übergroßen Erfahrung und von dem Recht, diese andauernd und penetrant an die Schwiegertochter weiterzugeben. Das zeigte sie mir immer wieder, indem sie mich telefonisch von ihren Tugenden zu überzeugen versuchte. Selbstverständlich lässt eine solche Frau keinen Zweifel daran aufkommen, ihren Sohn bestens erzogen zu haben, spricht ihm gleichzeitig allerdings jede Fähigkeit ab, sein Leben selbst zu gestalten und zu verantworten. Trauen sie etwa ihren eigenen Erziehungsmethoden oder dem Erfolg ihrer Erziehung doch nicht so ganz? Solche Frauen können nicht dulden, dass eine jüngere Frau ihre eigenen Vorstellungen hat und gerne aus den eigenen Fehlern lernen möchte. Der Jungen wird jede Fähigkeit abgesprochen, ihre Familie selbstständig zu führen.

Bestimmt ist jede von uns für einen guten Ratschlag dankbar. Auch ich habe gerade von der älteren Generation schon viele wertvolle Tipps erhalten. Tag und Nacht jedoch ungefragt mit Belehrungen und Ratschlägen um sich zu werfen und auch noch zu verlangen, dass sich die Schwiegertochter sofort danach richtet, geht entschieden zu weit.

Eifersüchtig sein

Nennen wir es mal so. Wobei ich der Auffassung bin, dass nicht, wie vermutet, Liebe dahintersteckt, sondern ganz einfach Besitzgier. Mutter will sich den Besitzstand Sohn oder Tochter sichern. Ein Grund für diese Eifersucht liegt darin, dass „die andere" jünger ist und den nach Schwiegermutters ureigenen Bedürfnissen geformten Sohn wegnimmt. Besser: Die Schwiegertochter zieht Kapazitäten ab, wodurch die Schwiegermutter nicht mehr über ihren Besitz verfügen kann, so wie es ihr gerade gefällt. Ist die Schwiegertochter zudem noch lebenslustig und hat sie auch noch eine gute Ausbildung, so macht sie sich allein dadurch die Schwiegermutter schnell zur Feindin. Häufig wurde nämlich der Sohn als Mann-Ersatz, geradezu als Leibeigener herangezogen, den man nun nicht mit einer Konkurrentin teilen will. Das Problem Schwiegertöchter – Schwiegermütter hat nämlich auch mit der Konkurrenzsituation unter Frauen zu tun.

Ein weiterer Grund für Eifersucht ist die Beziehung der Schwiegertochter zu ihrer eigenen Mutter und der eigenen Familie. Hat die Schwiegertochter ein inniges Verhältnis mit ihrer eigenen Mutter, erweckt sie dadurch ebenfalls Schwiegermutters Eifersucht. Seltsamerweise sind Schwiegermütter aber auch dann eifersüchtig, wenn die Schwiegertochter angibt, keinen so guten Kontakt zur eigenen Mutter zu haben. Sofort nach der Eheschließung wird von vielen jungen Frauen erwartet, ihre eigene Familie in die Wüste zu schicken und nur noch die neue Familie zu lieben. Unverzüglich sollen wir uns der Schwiegermutter völlig anvertrauen, ihr alles Persönliche mitteilen und uns ihr unterwerfen. Noch 30 Jahre später wird es uns als Schwiegertöchtern nachgetragen, dass wir eine Mutter haben und mit ihr sprechen.

Egoismus

Wie oft hören wir den Spruch: *„Schließlich habe ich die Kinder ja nur großgezogen, damit sie mich im Alter versorgen!"* Der Ausspruch: *„Wozu habe ich denn eine Schwiegertochter?"* ist mehr Befehl als Feststellung. Damit ist gemeint, dass selbstverständlich die Schwiegertochter die Versorgung zu übernehmen hat. Ich habe bei vielen Problem-Schwiegermütter ohnehin den Verdacht, dass die meisten von ihnen ihre Kinder nur zur eigenen Bequemlichkeit und Unterhaltung aufgezogen haben. *„Du musst doch gehorchen – ich bin doch deine Mutter!"* Für 18 Jahre eigentlich selbstverständliche Kinderbetreuung müssen das Kind und sein Partner dann 40 Jahre und länger als „Wiedergutmachung" für Mutter sorgen und springen, sobald sie es wünscht.

Geschenke und finanzielle Unterstützung bekommen wir nicht als Zeichen von Sympathie, sondern kalkuliert untergejubelt. Ewige Dankbarkeit und Demut sind als selbstverständlich anzusehen. Wehe dem, der ernsthaft annimmt, er ist beschenkt worden, damit er sich freut: *„Ihr habt mein Geld bekommen, also bestimme ich auch in Zukunft alles, was bei euch geschieht. – Für mein Geld erwarte ich, dass ihr Tag und Nacht für mich springt und mir Zerstreuung bietet.“* So kommt es vor, dass die willkommene und vielleicht dringend benötigte Unterstützung durch die Schwiegermutter von dem jungen Ehepaar sehr teuer bezahlt werden muss – nämlich durch absolute Unterwerfung.

Reagieren die Kinder nicht mehr auf diese eigennützigen Zuwendungen und ziehen sich zurück, kann darauf prompt folgen: *„Wenn ihr euch nicht um mich kümmert, werde ich mich umbringen!“* Druck wird auch mithilfe der Verwandtschaft ausgeübt. Auf den Cent genau bekommen Verwandte, Bekannte und Nachbarn aufgezählt, was die Kinder wann bekommen haben. Dabei, das möchte ich ausdrücklich klarstellen, handelt es sich selten um große Beträge, sondern oftmals auch um Geschenke, die keiner will oder braucht. Geschmackloses, Krempel, Ausrangiertes.

Mit Krankheit und Schlaflosigkeit als Druckmittel versucht die Schwiegermutter ihren Egoismus zu befriedigen. Im Umfeld wird verbreitet, dass sich die ungezogenen Jungen nicht genügend um die arme Mutter kümmern. Im Gegenteil, die Jungen verschlimmern noch den angegriffenen Gesundheitszustand, indem sie die Gute furchtbar aufregen. Diese emotionale Keule hat zur Folge, dass die Kinder unter Druck geraten und so spuren, wie Mutter es will, um ja nicht als die Schlimmen dargestellt zu werden.

Gerade der moralische Druck, dem wir uns als artige Kinder nicht widersetzen können, wird nach allen Regeln angewandt: *„Nicht mal meinen Sohn darf ich anrufen, das hat mir meine Schwiegertochter verboten. – Stundenlang stehe ich an der Haltestelle und warte, bis mein Sohn von der Arbeit kommt, damit ich ihn wenigstens sehen kann und mal wieder mit ihm sprechen. – Mein Sohn darf seine eigene Mutter nicht besuchen.“* Jegliche Feinheit und Raffinesse der psychologischen Beeinflussung wird hemmungslos gebraucht. Erstaunlicherweise sind diese klischeehaften Darstellungen der Verfehlungen in allen Aussagen, Briefen und Dokumenten, die mir vorliegen, völlig gleich. Immer wieder erscheinen auch diese emotionalen Druckmittel, wenn die eigenen Kinder direkt angegangen werden: *„Wie kannst du mir das antun? Das habe ich nicht verdient! Mir bricht das Herz, wenn ich andere Mütter mit ihren Söhnen sehe. Schließlich habe ich alles für dich getan, und nun das! Es ist traurig, wenn du deine Mutter wegen so einer wegwirfst.“* Dabei ist es nicht von Bedeutung, dass der Sohn fünfmal die Woche bei Muttern vorbeischaut, mit ihr Einkaufen geht, sie mit auf Ausflüge nimmt – immer ist es zu wenig, nicht ausreichend, nicht gut genug. Manche Schwiegermütter haben sich im Laufe der Zeit zu wahren Meisterinnen im Blenden der Mitmenschen entwickelt. Wem wird das Herz nicht weich, wenn einem erzählt wird, wie abscheulich Mutter, die Arme und Kranke, von ihren Kindern und Schwiegerkindern abgeschoben wird?

Einmischen

Wenn es darum geht, sich ständig und penetrant in das Leben der jungen Familie einzumischen, wird hauptsächlich deren mangelnde Erfahrung angeführt, wobei jedoch die deutlichere Formulierung wäre, dass diese Mütter geradezu protzen mit ihrem Können, Wissen und tollen Verhalten. Sie sind so von sich überzeugt, bzw. müssen das aufgrund fehlenden Selbstbewusstseins sein, dass es für sie niemand anderen gibt, der perfekt ist – nur sie selbst. Die Schwiegertochter bekommt unter die Nase gerieben, dass ihre eigene Familie nicht viel wert ist. Sie, die gütige und allwissende Schwiegermutter wird ihr aber schon beibringen, wie es innerhalb Schwiegermutters Familie auszusehen hat. Ohne die ausführliche „Beratung" der Schwiegermutter darf und kann keine Entscheidung gefällt werden. In drastischen Darstellungen wird bekundet, was Schreckliches passieren kann, sollten die Jungen nicht auf Mutters Rat hören. Als Kontrollorgan überwacht die Schwiegermutter wie selbstverständlich, ob ihre Vorgaben auch wirklich erfüllt werden. Das kann so weit gehen, dass der Sohn und seine Frau nicht bestimmen können, welche Fliesen sie im Bad ihrer eigenen Wohnung haben möchten. Diktatur pur!

Gut-Meinen

Diese Unart haben durchweg alle „bösen Schwiegermütter" gemein. Als Standardsatz gilt: *„Ich habe es doch nur gut gemeint!"* Überwachung und Spionieren werden also als „Gut-Meinen" getarnt. So ist z.B. beim Lesen der Kontoauszüge die Sorge um das Wohlergehen der Jungen die angeblich treibende Kraft. Schließlich muss sich die Schwiegermutter vergewissern, dass es dem Sohn auch wirklich gut geht und dass die verschwenderische Schwiegertochter nicht dessen sauer verdientes Geld verjubelt. Auch andere Einmischungen werden mit „Gut-Meinen" entschuldigt. Ist mal das Telefon besetzt und klingeln dann Nachbarn im Auftrag der Schwiegermutter bereits nach 20 Minuten, um zu erfahren, was passiert sei, kommt auf Nachfrage garantiert der Satz: *„Ich habe mir solche Sorgen gemacht, dass euch was passiert ist."* Folgt dann sofort ein „wichtiger" Auftrag, der sich nicht verschieben lässt, wie etwa Kaffee im Angebot zu kaufen, ist doppelt so leicht zu durchschauen, worum sich Mutter wirklich Sorgen gemacht hat. Niemals um die Kinder, denn die fragt sie nicht mal, ob es ihnen gut geht. Diese Frauen meinen es auch nur gut, wenn sie ihre Schwiegertöchter erziehen.

Sein gesamtes Fehlverhalten mit „Gut-Meinen" zu rechtfertigen ist eine der schlimmsten Formen des Psychoterrors. Letztendlich müssen wir auch noch froh und dankbar dafür sein, dass Mutter es so gut mit uns meint. Denn sie tut selbstverständlich nur Gutes. Jede Demütigung ist erlaubt – sie ist ja gut gemeint. Doch wie edel und selbstgefällig ist eine Person, wenn sie sich nur von Gutem leiten lässt, das merkwürdigerweise immer Vorteile für sie selbst bringt?

Kein Unrechtsbewusstsein

„Ich hab doch nicht …!" Egal was wir vorbringen, es ist alles normal. Oder nicht so schlimm oder gut gemeint, oder wir reagieren so empfindlich.

Hildegard: *Schon beim ersten Kontakt mit meiner Schwiegermutter hat sie mir über einen ihrer Söhne berichtet, der es furchtbar schlecht mit seiner Frau getroffen habe. Diese sei unfähig, primitiv und nicht in der Lage, mit Geld umzugehen. Herrschsüchtig gegenüber ihren Kindern und total putzsüchtig sei sie. Lange Zeit hatte ich ob dieser Darstellung meiner Schwägerin gegenüber starke Vorbehalte. Es kamen auch so Anklagen, dass der Enkelsohn erzählt habe, die Mutter hätte ihm € 50 aus einem Versteck gestohlen. Natürlich waren solche Geschichten Futter für meine Ablehnung der Schwägerin. Später, als diese Schwägerin sich vom Bruder meines Mannes trennte und somit den Schoß dieser lieben Familie verließ, hat genau dieselbe Schwiegermutter zu mir gesagt: „Ich verstehe nicht, warum sie gegangen ist, ich habe sie doch immer geliebt wie eine Tochter." Weil wir nun mit ihr selbst in Kontakt treten mussten, um die Neffen und Nichten sehen zu können, entstanden Gespräche, bei denen sich herausstellte, dass meine Schwiegermutter der Schwägerin über mich die gleichen Horrorgeschichten und Klassifizierungen als unfähig, primitiv und dumm geliefert hatte. Als ich meine Schwiegermutter darauf ansprach, sagte sie: „Das kann dir nur die Frau Müller erzählt haben. Dann werde ich eben mit niemandem mehr sprechen und mit der schon gar nicht." Kein Wort des Bedauerns, der Einsicht oder gar der Entschuldigung.*

Genauso passiert es unzählige Male. Selbst noch so bösartige Verleumdungen werden mit: *„Ich habe doch nicht …"* abgeschmettert. Die meisten von uns kennen auch folgende Sprüche schon auswendig: *„Wie konnte ich wissen, dass der XY alles weitererzählt, der hätte nur seinen Mund zu halten brauchen. Außerdem muss der ganz ruhig sein, der hat selbst Dreck am Stecken. – Nein, so habe ich es der Frau XY nicht erzählt, das ist gelogen. – Das stimmt nicht, denn ich gehe seit Wochen nicht mehr aus dem Haus und habe keine Kontakte."* Obwohl sie ständig unterwegs ist und das auch noch erzählt. Mit diesen Aussagen jedoch ist jede weitere Diskussion im Keim erstickt. Mutter hat ja nicht …, ein anderer ist der Böse. Selbst wenn, wie es sehr häufig vorkommt, ganze Familien gegeneinander ausgespielt werden, ist immer ein anderer schuld. Oder wir werden ganz einfach als „zu empfindlich" abgetan.

Versuchen wir, gegen diese Mauer aus „gut gemeint" und „hab doch nicht" anzugehen, ist das wie ein Kampf gegen Windmühlen. Ausdiskutieren oder auch mal Ausstreiten werden unmöglich gemacht. Einsicht oder Unrechtsbewusstsein sind nicht vorhanden, sodass uns auch keine Entschuldigung oder gar Reue signalisiert wird. Es bleibt einfach stehen und wir können selber schauen, wie wir damit klarkommen. Selbstverständlich werden auch später selbst noch so gravierende Verleumdungen niemals klargestellt oder berichtigt. Dadurch bleiben die erfundenen Vorwürfe an uns haften und Nachbarn oder andere Familienmitglieder haben uns bereits vorverurteilt, ohne dass wir eine Chance haben, irgendetwas richtigzustellen.

Als letzter Trumpf wird, wenn wir zu massiv auf Gerechtigkeit bestehen, ein Heul-krampf eingesetzt: *„Ich habe euch doch nichts getan und verstehe gar nicht, warum ihr so gemein mit mir umspringt."* Wir stehen zum x-ten Mal im Regen und streichen als die Dummen die Segel.

Viele dieser Verhaltensstörungen lassen sich zum Teil auch auf die Kindheit der Schwie-germutter zurückführen. Haben wir als Werte Ehrlichkeit, Zurückhaltung und Offen-heit mitbekommen, so heißt es noch lange nicht, dass diese Eigenschaften von der Schwiegermutter genauso gesehen werden. Konnte sie sich als Kind von ihren Eltern nur Beachtung verschaffen, wenn die Geschwister gegeneinander ausgespielt wurden, ist es nicht verwunderlich, wenn sie es auch als Erwachsene mit der Wahrheit nicht so genau nimmt. Hat sie sich nicht schon immer so durchgemogelt? *„Kleine Notlügen sind erlaubt!"* Und wenn eine solche Schwiegermutter Aufmerksamkeit und Beachtung will, dann ist sie im Notstand. Aus kleinen Unaufrichtigkeiten als Kind wird im Erwachse-nenalter ein ganzes Netzwerk aus Lügen.

Erstaunlich ist, dass so manche Schwiegermutter verschiedene Versionen ihrer schlim-men Geschichten erzählt. Je nachdem, wie der Zuhörer reagiert oder auf was er am besten anspringt. Konfrontieren wir die Schwiegermutter mit dem Rücklauf einer solchen Geschichte, erkennt sie sofort, um welche Version es sich handelt und wo dem-nach die „undichte Stelle" zu finden ist. Ohne einen Namen genannt zu haben, erfahren wir sofort, wer da schon wieder über die Ärmste gelogen hat.

Doch zur Gesamtproblematik mit solchen Schwiegermüttern gehören auch die Schwie-gertöchter, die sich klein machen lassen. Sie wehren sich nicht, sprechen nicht die Verlo-genheit an bzw. schämen sich auch noch, ein solches Lügennetzwerk aufgedeckt zu haben.

Leidensdruck

Jemandem zu sagen: *„Es geht mir gut"* scheint für etliche Menschen und somit auch für etliche Schwiegermütter unmöglich zu sein. Vermutlich sind sie der Meinung, für die

Mitmenschen nur interessant zu sein, wenn sie jammern. Um den Status der Leidenden aufrechtzuerhalten, darf es in den Familien der Kinder nur Tragödien geben, weshalb die Berichterstattung stets negativ ausfällt. Auch innerhalb der eigenen Familie wird durch diese negative Berichterstattung Unfriede gestiftet. Und weil sie irgendwann in ihrem Leben die Erfahrung gemacht haben, dass jeder mehr Aufmerksamkeit bekommt, wenn er krank oder vom Schicksal gebeutelt ist, gelangen viele Schwiegermütter zu dem Trugschluss, dass ihnen nur Aufmerksamkeit zuteil wird, wenn sie leiden. Besonders tragisch ist diese Leidensmasche für die Leidenden selbst, da die Frauen dadurch absolut nichts Positives in ihrem Leben sehen können, alle schönen Dinge sind ihnen verschlossen. Anstatt sich an einer Blume zu freuen, verziehen sie die Nase und beschweren sich, wie sehr die Blume stinkt. Machen wir mit solch einer Person einen Ausflug, auf dem sie sich anscheinend gut amüsiert hat, so beklagt sie sich hinterher, wie schlecht sie doch im Auto gesessen habe. Gehen wir freundlich und fröhlich mit dieser Schwiegermutter um, werden wir als aufdringlich beschrieben. Nehmen wir Schwiegermutter zum Einkaufen mit, damit sie ihre Waren nicht mühsam heimtragen muss, so muss sie wegen uns mitkommen. Nehmen wir sie jedoch nicht mit, jammert sie, dass sie nicht mal das Nötigste zum Essen daheim hat.

Selbstverständlich kann da auch der Sohn niemals ein glückliches und zufriedenes Leben haben. Selbst wenn er davon überzeugt ist, glücklich zu sein, so weiß die Mutter tausend Gründe, warum es ihm schlecht geht. *„Der steht unter der Fuchtel seiner Frau. Eine solche Frau hat er nicht verdient. Die ist ja nur auf sein Geld aus."* Lauter Katastrophen im Leben der Kinder werden dann erfunden – nur das Mutter niemals sagen muss: *„Es läuft prima, wir sind zufrieden."* Da wäre ihr ja die Basis für Aufmerksamkeit und Mitleid entzogen.

Im Endeffekt zielt jegliche Berichterstattung nur darauf ab, sich selbst gekonnt in Szene zu setzen. Als Untermalung kommen dann auch ständig Sätze wie: *„Ich kann vor Kummer nicht schlafen. – Meine Schwiegertochter ist so unverschämt, dass ich es mit dem Herz bekomme. – Ich muss mich ständig um meinen armen Sohn sorgen."* Versuchen die Jüngeren, sich aus dieser negativen Atmosphäre zurückzuziehen, folgt prompt eine dramatische Verschlimmerung des Gesundheitszustandes der Ärmsten.

Anforderungen stellen, die keiner erfüllen kann

Springen Sohn und Schwiegertochter schon nach der ersten „Bitte", war es garantiert nicht schnell genug. Ohne Rücksicht darauf, dass der Sohn selber Familie hat und Verpflichtungen, soll er möglichst alle Freizeit mit Mutter verbringen. Reparaturen sind spätestens gestern auszuführen. Hat der Sohn mal keine Zeit, wird die Schuld unumwunden der Schwiegertochter in die Schuhe geschoben: *„Die ist eifersüchtig und lässt meinen Sohn nicht zu mir."* Solche Aussagen kommen selbst dann, wenn der Sohn seiner Mutter erklärt, dass er beruflich verhindert ist.

Wird ein Sohn von seiner Mutter gebeten, zu einer völlig unpassenden Zeit, z.B. Sonntagmittag beim Essen, schnellstens vorbeizukommen, um eine Glühbirne zu wechseln, gibt ihm die kluge Schwiegertochter am besten gleich einen Koffer mit Schlafanzug, Kleidung für die nächste Woche und Rasierzeug mit. Kommt der Sohn, also unser Ehemann, nach Stunden mit hängender Zunge und einer mächtigen Wut im Bauch endlich nach Hause, hören wir Tage später, dass genau dieser Sohn für seine Mutter absolut nichts macht. An solchen realen Beispielen sehen wir, dass das Problem Schwiegermutter auch klar ein Problem der Söhne ist. Der Söhne, die sich nicht abgrenzen, die parieren und funktionieren und Gehorsam leisten, auch wenn die eigene Familie, die Frau und die Kinder darunter zu leiden haben. Nur allzu gerne vermeiden die Söhne drohende Schwierigkeiten mit der Mutter.

Eine unliebsame Überraschung können wir auch immer dann erleben, wenn wir von der Schwiegermutter in irgendeiner Sache um unsere Meinung gefragt werden. Sagen wir nichts dazu oder *„das kannst nur du selbst entscheiden"*, haben wir kein Interesse und kein Mitgefühl. Plappern wir aber unbefangen drauf los, wie wir die Sache sehen, bevormunden wir diese Frau, wollen ihr unseren Willen aufzwingen. Dabei haben wir nur auf eine Frage ehrlich geantwortet. Wir können nicht gewinnen.

Versuchen wir den Familienfrieden doch noch zu retten, indem wir unsere Schwiegermutter bitten, doch nicht mehr Unwahrheiten zu erzählen oder die Geschwister und Verwandten gegeneinander auszuspielen, gelten wir als unverschämt. Wir können dabei lernen, wie sich eine gebildete und liebe ältere Frau auszudrücken vermag. Die Umgangssprache, derer sich manche Schwiegermutter bedient, ist bestimmt nicht von schlechten Eltern! Enkelkinder würden hart bestraft werden, wenn sie nur einen der Ausdrücke benutzen würden. Dies ist eine der wenigen Gelegenheiten, bei denen die Maske fällt – wenn „Mutter" loslegt wie ein Gassenjunge.

Fruchten schließlich alle Bemühungen um einen vernünftigen Umgang mit Hilfeleistungen und Unterstützung nicht und entschließen wir uns, Abstand zur Schwiegermutter zu halten, kommt der Vorwurf, dass wir uns nicht um die alte Frau kümmern und die Ärmste total im Stich lassen. Auch dem Umfeld wird dieses Leiden kundgetan. Da heißt es dann: *„Mein Kühlschrank ist leer, nur weil mein Sohn nicht mit mir zum Einkaufen fahren darf. – Keiner kümmert sich um mich, obwohl es mir nicht gut geht."* Dabei rennt der Sohn zu jeder Tages- und Nachtzeit. Jeder Wunsch wird erfüllt, jeder Auftrag ausgeführt. Doch Mutter ist wie ein Schwamm. Sie fordert Unmögliches, erkennt das Getane niemals als erledigt an und saugt die Jungen regelrecht aus.

Straftaten, verborgen hinter dem „Mythos Mutter"

Gleich nach Bekanntwerden meiner Initiative haben sich immer mehr Frauen an mich gewandt. Anfangs war ich erschüttert über die Geschichten, die sich tagtäglich in den Familien zutragen und die mir Frauen erzählt und geschrieben haben. *„Wie gemein und niederträchtig Schwiegermütter gegenüber den jüngeren Frauen sein können"*, dachte ich mir. Dass da Unrecht geschah, oftmals sogar Menschenrechtsverletzungen und Straftaten – das dämmerte mir erst, als mich eines Abends unter Tränen Melanie anrief. Sie war damals 67 Jahre alt, hatte Pädagogik studiert.

Melanie: *Für meine Schwiegermutter war ich nie gut genug. Ständig hat sie mich diskreditiert. Vor zwei Jahren war ich schwer krank. Nur eine Organtransplantation konnte mein Leben retten. Für mich und meinen Mann begann daraufhin eine Zeit des Bangens, aber auch der Hoffnung. Endlich war es so weit, ein geeignetes Organ war gefunden. Die Transplantation verlief erfolgreich. Einige Tage nachdem ich die Klinik verlassen durfte, kam ein vierseitiger Brief meiner Schwiegermutter. Den ersten Satz dieses Briefes werde ich mein Leben lang nicht vergessen. Da stand zu lesen: „Na ja, die Reparatur bei Melanie wäre doch nicht unbedingt notwendig gewesen, der Aufwand lohnt sich bei ihr doch sowieso nicht!" Das war alles, was sie zu dem Thema zu sagen hatte. Der restliche Text über volle vier Seiten war die Abhandlung ihrer Leidensgeschichte bei der Behandlung der Altersflecken an ihren Händen.*

Melanie war tief erschüttert und betroffen von dieser Demütigung und auch ich konnte ihr Schicksal nicht mehr vergessen. Plötzlich schoss mir durch den Kopf: Hatte ich nicht mal in der Schule gelernt, dass die Würde des Menschen unantastbar sei? Wo aber blieb die Menschenwürde von Melanie, von Martina, von Gudrun, von Hildegard, von all den Frauen, die sich an mich gewandt haben? Der Gedanke, dass es sich in fast allen Fällen um Verletzungen des Grund- und Strafgesetzes handelte, ließ mich nicht mehr los. Konnte das denn sein? Über diese Erkenntnis sprach ich unter anderem auch mit der Frauenbeauftragten der Stadt Augsburg, die mir das Grundgesetz der Bundesrepublik Deutschland gab.

Im Artikel 1.1 heißt es: **„Die Würde des Menschen ist unantastbar."** Und in Artikel 2.2: **„Jeder Mensch hat das Recht auf Leben und körperliche Unversehrtheit. Die Freiheit der Person ist unverletzlich."**

Postgeheimnis, Gleichheitsgesetz, Glaubensfreiheit: Rechte, die für viele Schwiegertöchter stark eingeschränkt werden, fand ich hier schwarz auf weiß. Doch scheinen diese Gesetze für Schwiegertöchter oft keine Geltung zu haben. Vielmehr scheint es so, dass viele Frauen am Tag ihrer Heirat ihre Grundrechte abgeben müssen bzw. dass sie ihnen von der Schwiegermutter genommen werden. Auffällig ist, dass Straftaten innerhalb der Familie oftmals nicht als solche wahrgenommen oder als Kavaliersdelikt belächelt werden. Innerhalb der Familie wird ein anderer Maßstab angelegt als in der Öffentlichkeit. Häufig lässt sich so ein Verhalten auch bei Gewalt in der Familie beobachten. Jeder schaut weg und will auf gar keinen Fall etwas gehört oder gesehen haben, oder man ergötzt sich sogar noch am Leid der anderen.

Mit aller Deutlichkeit möchte ich betonen, dass folgende Verletzungen des Grundgesetzes, Straftaten und Gesetzeswidrigkeiten auch in jeder anderen zwischenmenschlichen Beziehung vorkommen können. Dort jedoch werden sie meistens geahndet, verfolgt und angeklagt. Doch als Schwiegertöchter stehen wir auch vor dem Gesetz keinesfalls als gleichwertig da: Staatsanwälte und Richter stellen Verfahren ein, da das „öffentliche Interesse" nicht gegeben ist. Lassen Sie mich nun über Beispiele von Straftaten berichten, die sich gegen Schwiegertöchter richten und die in der Hauptsache von Schwiegermüttern begangen werden.

Rufmord und Verleumdung

Stark verbreitet ist das Mittel der Verleumdung und des Rufmordes. Klatsch wird als Mittel zur Diffamierung der Schwiegertochter eingesetzt. Typisch sind Aussagen wie: *„Der ihr Kind ist nicht von meinem Sohn! – Die ist primitiv und dumm, da muss man sich in Acht nehmen, denn solche Menschen sind gefährlich! – Die will mich mit ihrem Fraß vergiften! – Sie misshandelt ihre Kinder. – Die hat es nur auf das Geld meines Sohnes abgesehen! – Sie versucht mich um meine Rente zu betrügen!"* Sogar vor dem Arbeitgeber der Schwiegertochter wird nicht Halt gemacht. Er wird über die Unzulänglichkeiten seiner Mitarbeiterin informiert, denn er muss ja vor dieser minderwertigen Person geschützt werden. Der Ehemann erhält „besorgte" Mitteilungen über das angebliche Fehlverhalten seiner Frau. Anonyme Hinweise an Behörden, speziell beim Jugendamt, sollen das Versagen der Schwiegertochter als Mutter unter Beweis stellen. Solche Hinweise gehen auch an den Arzt der Schwiegertochter und sogar an den Kinderarzt der Enkelkinder.

Gabriele: *Meiner Tochter sollte eine Spange angepasst werden. Dazu waren Röntgenaufnahmen des Kiefers notwendig. Als meine Schwiegermutter davon erfuhr, hat sie mich im ganzen Ort beschuldigt, das Kind so misshandelt zu haben, dass dem Mädchen der Kiefer gebrochen war. Auch der Schule und dem Jugendamt gegenüber hat sie diese Anschuldigung vorgetragen. Wochenlang bin ich daraufhin mit den Röntgenbildern im Auto durch die Gegend gefahren und habe jedermann gezeigt, dass der Kiefer nicht gebrochen war. Mir* *vollkommen fremde Menschen haben mich bespuckt und beschimpft. Es war wie ein Spieß-rutenlaufen und sehr demütigend für mich.*

Ursula: *Einmal hat meine Schwiegermutter sogar bei meinem Arbeitgeber angerufen. Weil ich so ein schlechter Mensch sei, müsse sie ihm Enttäuschungen mit mir ersparen. Ob ich da auch so renitent sei, hat sie meinen Chef gefragt. Außerdem müsse sie ihn vor meiner Unordentlichkeit warnen. Und zuletzt wolle sie ihn noch darauf hinweisen, dass er doch gut auf die Kasse aufpassen soll, denn ich nehme es mit der Ehrlichkeit nicht so genau. Das alles tue sie selbstverständlich nur, weil ich ja ihren Namen trage und somit alle meine Untaten negativ auf sie zurückfallen würden.*

Gudrun: *In meiner Familie hat es vor einigen Generationen einen Fall von Geisteskrank-heit gegeben. Bei jeder Gelegenheit hat nun meine Schwiegermutter ihren Sohn auf Verhal-tensauffälligkeiten von mir hingewiesen. Auch bekam ich von ihr immer wieder zu hören: „Na ja, bei deiner Familie und deiner Abstammung ist es kein Wunder, dass du dich so merkwürdig benimmst." Wie ein Geier hat sie jeden meiner Schritte, jede Regung beobachtet und als Beweis meiner beginnenden Verblödung bewertet. In ihrem Familienclan wurde ich wie ein kleines dummes Kind behandelt. Als ich dann schwanger wurde, ging es erst richtig los. Schwiegermutter bedrängte meinen Mann und mich, das Kind unverzüglich abzutrei-ben, denn bei mir als Mutter sei es doch klar, dass es irrsinnig zur Welt komme.*

Sachbeschädigung

Ein weiteres Delikt ist die Sachbeschädigung. Dabei werden „ganz aus Versehen" Er-innerungsstücke der Schwiegertochter beschädigt. Blumen und Sträucher im Garten sind ebenfalls gängige „Opfer": Häufig wird sogar Gift eingesetzt. Teilweise werden die Pflanzen aber auch ausgegraben, sogar große Sträucher, und die Wurzeln abgeschnitten. Blumenstöcke in der Wohnung werden ertränkt. Und all das, um die Unfähigkeit der Schwiegertochter nachzuweisen und ihr jegliche Freude zu nehmen. Verschlossene Woh-nungstüren lässt Schwiegermutter durch den Schlüsseldienst aufbrechen, um „besorgt" nach dem Rechten zu sehen – das sie selbstredend nur in den Schränken und Schub-laden der Kinder finden kann. Beschädigte Fenster, zerschnittene Wäsche und aufge-schlitzte Autoreifen zeugen ebenfalls von den Aktivitäten mancher Schwiegermutter.

Renate: *Mir wurden Sträucher im Garten vergiftet. Die Kinderwäsche hat meine Schwie-germutter auf der Leine zerschnitten. Bei den Pflanzen in meiner Wohnung hat sie die Wurzeln abgeschnitten, sie wieder eingepflanzt und dann die sterbenden Pflanzen als Beweis* *meiner Unfähigkeit angegeben. Oder sie hat die Pflanzen ersäuft, damit sie nachweisen konnte, dass ich meine Sachen nicht ordentlich pflege.*

Babette: *Als wir einmal außer Haus waren, hat meine Schwiegermutter die Wohnungstüre aufbrechen lassen. Als Begründung gab sie an, sie habe sich so Sorgen gemacht, dass etwas passiert sei. Dabei wusste sie, dass wir einen Besuch machen wollten. Feststellen musste ich dann auch noch, dass sämtliche Schubladen durchwühlt waren.*

Unterschlagung

Bei Unterschlagungen geht es hauptsächlich um Post. Viele Zuschriften, die ich erhalte, sind mit dem Zusatz versehen, die Antwort an eine Deckadresse zu schicken, da die Schwiegermutter die gesamte Post in Empfang nimmt, öffnet und zensiert, oftmals sogar ganz einbehält. Oder ich soll ohne Absender schreiben, da immer geschaut wird, woher die Post der Schwiegertochter kommt, und sie dann Erklärungen abgeben muss, wer ihr warum schreibt.

Sparbücher des jüngeren Paares und Versicherungsverträge muss die Schwiegermutter aus Sorge um das Wohlergehen der Kinder sicherstellen. Tagebücher der Schwiegertochter sind für alle zum Lesen da und werden wie selbstverständlich von der Schwiegermutter, im Anschluss an die eigene Lektüre, im Verwandten- und Bekanntenkreis als Beweis für die Unzulänglichkeit der Schwiegertochter herumgereicht.

Veronika: *Bitte schicke die Antwort auf meinen Brief an die Adresse meiner Mutter, da meine Schwiegermutter die ganze Post liest und das, was ihr nicht gefällt, unterschlägt. Eine Privatsphäre habe ich nicht mehr. Auch vor unseren Schränken macht sie nicht Halt. Was die Schwiegermutter nicht sehen soll, muss ich gut verstecken. Immer öfter frage ich mich: Wo? Vieles haben wir schon außer Haus gebracht, damit sie nicht ständig in unseren privatesten Dingen herumschnüffelt.*

Körperverletzung

Körperverletzung durch die Schwiegermutter hat immer schlimme Folgen. Schwiegertöchter werden dann mit der Hand oder mit Gegenständen geschlagen. Oder der Sohn wird von seiner Mutter dermaßen aufgehetzt, dass er schließlich tätlich gegen die „unfolgsame" Frau wird. Es kommt sogar vor, dass Dritte zum Überfall, Einbruch, ja sogar zur Vergewaltigung der ungeliebten Schwiegertochter angeheuert werden. Einer Sehbehinderten wurden regelmäßig von der Schwiegermutter Hindernisse im Treppenhaus aufgebaut, damit sie darüber stolpern und sich möglichst beim nachfolgenden Treppensturz das Genick brechen sollte.

Wie groß die Dunkelziffer bei so herbeigeführten Haushaltsunfällen oder durch das Verschweigen von Gefahrenquellen ist, lässt sich nicht feststellen. So wurde mir z.B. von einer Schwiegermutter berichtet, die zusah, wie ihre Schwiegertochter auf einer Leiter einen Baum aberntete. Ohne ein Wort zu sagen ging die Schwiegermutter zurück in ihre Wohnung. Von dort aus rief sie ihren Sohn im Geschäft an und warnte ihn vor dem Gebrauch eben dieser Leiter, da zwei Sprossen lose seien. Dabei sah sie ihrer Schwiegertochter durch das Wohnzimmerfenster zu, wie sie auf eben dieser Leiter herumturnte – ohne sie zu warnen. Zeuge war das Enkelkind, das mir von diesem Vorfall berichtete.

Ebenso kommt es zur versteckten Verabreichung von Drogen und Alkohol an trockene Alkoholikerinnen oder von eindeutig verdorbenen Lebensmitteln.

Gerda: *Mit einem Schöpflöffel hat mich meine Schwiegermutter grün und blau geschlagen. Meinen Mann hetzt sie systematisch gegen mich auf, damit er sich an mir vergreift. Anstatt ihn zu beruhigen, feuert sie ihn richtig an, mich zu züchtigen. In ihren Augen habe ich nichts anderes verdient und brauche diese Behandlung, damit ich lerne, mich anzupassen und zu parieren.*

Margarete: *Wir waren mit unseren beiden Kindern bei der Schwiegermutter zum Essen eingeladen. Vor dem Haus schlüpfte mein kleiner Junge ins Gebüsch. Auf der Suche nach ihm kam ich auch auf die Rückseite des Gebäudes, die im vollen Sonnenlicht lag. Zufällig sah ich auf dem Fensterbrett des Schlafzimmers der Schwiegermutter eine große bunte Schüssel stehen. Ich maß dem keine Bedeutung bei, da ich dachte, sie würde etwas in der Sonne trocknen. Als wir uns zu Tisch setzten, bemerkte ich einen Flecken am Ärmel meiner Bluse, den ich mir anscheinend im Gebüsch geholt hatte. Schnell wollte ich ins Bad, um diesen Flecken auszuwaschen. Die Türe lies ich dabei ein Stück weit offen stehen. Da sah ich meine Schwiegermutter mit dieser bunten Schüssel aus ihrem Schlafzimmer kommen. Als ich dann zurück ins Esszimmer kam, stand diese Schüssel, gefüllt mit Kartoffelsalat, auf dem Tisch. Wie bei uns üblich, war der Salat mit Mayonnaise angemacht. Zur Sicherheit berührte ich die Schüssel und tatsächlich, sie war ganz heiß. Meine Schwiegermutter hatte diesen Kartoffelsalat in der prallen Sonne stehen lassen. Darauf angesprochen, dass sie uns doch diesen Salat nicht mehr vorsetzen könne, meinte meine Schwiegermutter nur: „Seid nicht so empfindlich! Für euch ist der doch gerade gut genug. Ihr seid eh nichts Besseres gewöhnt." Wir haben von diesem Tag an nichts mehr bei der Schwiegermutter gegessen.*

Hildegard: *Da mich meine Schwiegermutter durch massive Verleumdungen bis ins Mark verletzt hatte, habe ich mir eine Auszeit genommen, in der ich Abstand zu ihr halten wollte. Daraufhin hat sie meinen Mann bearbeitet: „Dein Vater hätte mich schon längst verprügelt, wenn ich so mit seiner Mutter umgegangen wäre. Was bist du für ein Mann, der solche Kapriolen seiner Frau duldet? Gib ihr gefälligst ein paar Ohrfeigen, damit sie wieder spurt." Selbst sein Bruder hat in das gleiche Horn geblasen: „Was bist du denn für ein Mann? Du hast deine Frau nicht im Griff! Hättest du etwas Mumm in den Knochen, würdest du ihr den Eigensinn und die Unverschämtheit schon rausprügeln! Doch du bist eine Memme und total weiberhörig!"*

Mein Mann hat mich nicht verprügelt. Er lies sich nicht aufhetzen. Als ich einige Monate später mit ihm zur Bank ging, haben wir dort zufällig seine Mutter getroffen. Damit sie und mein Mann ungestört reden konnten, wollte ich mich einige Schritte von den beiden entfernen. Da hat mich meine Schwiegermutter von hinten angefallen und gewürgt. „Dir werde ich helfen, so unverschämt zu sein." Ich war wie betäubt und hätte dieser kleinen, netten, ewig leidenden Frau niemals einen solch hinterhältigen Angriff zugetraut. Als wir sie Monate später wieder getroffen haben, hat sie mir einfach eine Ohrfeige gegeben. Ohne ein Wort zu sagen, ohne dass ich sie vorher habe kommen sehen, fühlte ich auf einmal diesen beschämenden Schlag ins Gesicht.

Kindesentziehung

Kindesentziehung kann sich unterschiedlich darstellen, z.B. durch simple Nichtherausgabe das Kind einbehalten. Aber auch durch Flucht oder Weitergabe an Dritte wird das Kind seiner Mutter vorenthalten. Ebenso werden verleumderische Angaben über die Schwiegertochter beim Jugendschutz, bei Ärzten, der Kripo oder in der Schule des Kindes gemacht.

Claudia: *Mein Mann und ich sind mit unseren Kindern 400 Kilometer weggezogen, um aus dem Einflussbereich meiner Schwiegermutter zu kommen. Wir haben ihr ein absolutes Kontaktverbot für die Kinder erteilt. Eines Tages stand meine Schwiegermutter mit unserer jüngsten Tochter, die sie im Kindergarten abgeholt hatte, vor der Türe und sagte triumphierend: „Gib deinen Widerstand auf, ich bin die Stärkere."*

Gerlinde: *Meine Schwiegermutter hat mir systematisch mein Kind entfremdet. Ständig stellte sie mich vor dem Kind als Versagerin dar. Diese massive Kampagne gegen mich hat sie so lange betrieben, bis alle in meinem Umfeld, einschließlich meinem Mann, davon überzeugt waren, dass das Kind wochentags bei ihr besser aufgehoben ist als bei mir. Als* *ich einmal im Sommer mit dem Kind zu einem Termin beim Kinderarzt ging, hat sie eine einstweilige Verfügung erwirkt und mir das Kind wegnehmen lassen. Als Grund gab sie an, ich habe mich in der Wohnung verschanzt, habe Depressionen und Selbstmordgedanken und da die Rollläden (wegen der Sonne) heruntergelassen waren, würde ich bestimmt meinem Leben und dem meiner Tochter ein Ende setzen. Es hat mich viel Mühe gekostet, diese Anschuldigungen und die angebliche Depression zu widerlegen. Jedoch mein Kind hat seither Angst vor mir. Was sie ihm beigebracht hat, ich weiß es nicht. Nur dass ich das Vertrauen und die Liebe meines Kindes verloren habe. Und das schmerzt ungemein. Das Kind möchte auch viel lieber bei der Oma sein. Jetzt hat sie erreicht, was sie schon während der Schwangerschaft angedeutet hat: „Es ist mein Kind. Das gehört mir und ich werde es aufziehen. Auf dich können wir nach der Geburt verzichten.“*

Erpressung und Nötigung

Im Konflikt zwischen Schwiegermutter und Sohn sowie dessen Ehefrau kommt es sehr oft zur Nötigung oder gar zur Erpressung: *„Dann bringe ich mich halt um, wenn ihr nicht pariert“* ist ein Satz, den sehr viele von uns mehrfach zu hören bekommen. Oder: *„Dann werde ich halt krank, wenn ihr nicht spurt.“* In manchen Fällen soll sogar die Schwiegertochter zum Schwangerschaftsabbruch genötigt werden. Auch ständiges und penetrantes *„Mach gefälligst so, wie ich es dir sage“* kann zur Nötigung werden, wenn die Jüngere keinen eigenen Handlungsspielraum mehr hat und das tun muss, was die Schwiegermutter ihr vorschreibt. Gerne wird auch mit Enterbung gedroht, wenn die Kinder nicht so funktionieren, wie die Schwiegermutter es sich vorstellt.

Christa: *Meine Schwiegermutter bekommt immer dann Herzbeschwerden und Schlafstörungen, wenn etwas nicht nach ihrem Willen verläuft. Versuchen wir uns zurückzuziehen, kommt jedes Mal: „Wenn sich keiner um mich kümmert, bringe ich mich halt um.“ Diese Beschwerden gibt sie auch anderen gegenüber an und so fällt oft die ganze Sippe über uns her, wie gemein wir sind und wie wir die arme Frau gesundheitlich schädigen.*

Maria: *Meine Schwiegermutter droht immer wieder mit Herzbeschwerden, die sich angeblich durch uns verschlimmern. Bereits mehrfach hat sie von sich gegeben: „Wenn ich einen Gasherd besitzen würde, hätte ich den Kopf schon lange hineingesteckt.“ Egal was in der Familie passiert, immer wieder versucht sie, uns durch ihre Drohungen unter Druck zu setzen und gefügig zu halten. Kein Arzt hat jedoch bisher irgendeine krankhafte Veränderung an ihrem Herzen feststellen können.*

Einmal wollten wir verreisen. Eine Schwester meiner Schwiegermutter wollte auf sie achten. Doch als wir am Flughafen auf den Abflug warteten, kam eine wichtige Durchsage für uns. Wir gingen zur Information und dort hieß es, meine Schwiegermutter hätte einen Herzinfarkt gehabt und läge sterbend in der Klinik. Als wir zur Klinik kamen, saß die Sterbenskranke in ihrem Bett und hat sich fürchterlich über den unfähigen Arzt aufgeregt. „Vielleicht ein leichter Schwächeanfall", meinte der behandelnde Oberarzt augenzwinkernd. Am nächsten Tag wurde sie wieder entlassen. Es wurde nichts festgestellt. Doch unser Flieger war weg und wir mussten den Urlaub zu Hause verbringen.

Freiheitsentzug

Freiheitsentzug wird durch direktes Einsperren und/oder Wegnahme von Kleidung praktiziert. In vielen Fällen dürfen die Schwiegertöchter das Haus niemals ohne Genehmigung verlassen. Zusätzlich werden ausführliche Auskünfte darüber verlangt, wo sie wann hingeht, wann sie wiederkommt und warum sie überhaupt das Haus verlassen will. Manchen Frauen ist es deshalb nur telefonisch möglich, Kontakte mit der Außenwelt zu halten, was allerdings angesichts der immer detaillierteren Verbindungsnachweise immer schwieriger wird. Freundschaften oder gar eine Betätigung außer Haus sind nicht gestattet. Einkaufsfahrten werden entweder begleitet oder minutiös geplant. Viele junge Frauen haben mir schon von der Panik berichtet, die sie erfasst, wenn sie einmal an der Kasse länger warten müssen. Bei manchen geht die Angst vor Repressalien sogar so weit, dass sie ein Geschäft notfalls sogar ohne ihre Einkäufe wieder verlassen. Nur um nicht ausgeschimpft und bestraft zu werden.

Paula: *Bei meinem Ehemann und seiner Mutter ist nur Arbeiten angesagt. Keine Hobbys, keine Freunde und keine Zerstreuung werden mir zugestanden. Das Einzige, was zählt, ist die Arbeit. Die Zeit, die ich zum Einkaufen brauchen darf, ist genauestens berechnet. Schon wegen fünf Minuten Verspätung werde ich als Drückebergerin geschimpft. Über keine einzige Minute meiner Zeit kann und darf ich frei verfügen.*

Beleidigung

„Du bist dumm. – Du bist irre. – Du bist unfähig. – Du hast mit deinem Unterleib meinen Sohn verblödet. – Du hast dir das Kind nur machen lassen, damit du meinen armen Sohn besitzen kannst." Das sind nur einige der häufig genannten Sätze, wenn es um Beleidigungen durch die Schwiegermutter geht. Das Spektrum der Ausdrücke, mit denen Schwiegertöchter bedacht werden, reicht von Hure, Nutte, Schlampe, Drecksau bis zum dreckerten Saumensch. Vor keinem noch so intimen Bereich wird dabei Halt ge-

macht. Diese verbalen Angriffe gehen nicht allein an die Adresse der Schwiegertochter, nein, sie wird auch noch im gesamten Umfeld so verunglimpft.

Stalking

Es gibt Schwiegermütter, deren einziges Lebensziel zu sein scheint, ihre Schwiegertochter zu überwachen. Sie schleichen ihr nach, haben manchmal gar „Spione" in der Nachbarschaft etabliert, die ihnen sämtliche Informationen liefern, was im Haushalt der Jungen vor sich geht: Wer wann zu Besuch kommt, wann die Schwiegertochter das Haus verlässt, wohin sie geht. Auch Kontrollanrufe, bis zu 80 am Tag, sind keine Seltenheit.

Über die Initiative hatte ich vor Jahren mit einer solchen Schwiegermutter zu tun. Sie nannte sich selbst Schwieger-Tiger. In zahllosen Anrufen versuchte sie mich davon zu überzeugen, wie gut sie sei, wie falsch ich mit meiner Initiative liege und dass ich mich an den lieben Schwiegermüttern versündige. Dann kamen Briefe mit Drohungen von ihr. Und sobald ihre eigene Schwiegertochter das Haus verlassen hatte, erhielt ich im Minutentakt Anrufe von ihr – nur damit sie sicherstellen konnte, dass ich mich nicht mit ihrer Schwiegertochter treffen könnte. Als in der Zeitung stand, dass unsere Gruppe sich in einer Pfarrei treffen würde, rief sie sämtliche Pfarreien in Augsburg an, um herauszufinden, wo genau das Treffen stattfand. Sie wollte überprüfen, ob ihre Schwiegertochter auch hinging.

Schließlich bekam ich eine Geheimnummer und hatte über die Frauenbeauftragte ein Telefon zur Verfügung, an dem ich stundenweise für Betroffene erreichbar war. Fortan blockierte Schwieger-Tiger diesen Anschluss mit ihren eindringlichen Appellen an mich. Außerdem ermittelte sie, von welcher Institution der Anschluss normalerweise benutzt wurde. Als sie die Adresse wusste, stellte sie im Haus Nachforschungen über unsere Gruppe an. Wenn wir Treffen hatten, war sie immer in der Nähe, um zu sehen, ob ihre Schwiegertochter kommen würde.

War ich nicht zu Hause, bombardierte sie meinen Mann mit eindringlichen Anrufen. Er könne doch nicht zulassen was ich tue, er müsse doch ein Machtwort sprechen. Selbst meine Schwiegermutter hat diese Frau mit bohrenden Fragen überschüttet und dermaßen belästigt, dass mir diese schon wieder leid tat. Als meine Schwiegermutter einmal auflegte, weil sie sich nicht mehr anders zu helfen wusste, hat Schwieger-Tiger sofort wieder angerufen: *„Wir sind noch nicht fertig."*

Alle Bitten, dieses massive Verhalten zu unterlassen, haben nicht gefruchtet, auch keine Drohung mit Strafanzeige. Erst als es mir durch Zufall gelang, die Identität von Schwieger-Tiger aufzudecken, konnten wir den Spuk beenden. Ich habe sie angerufen und gefragt, wie es ihr wohl nun gefallen würde, wenn ich ihren Sohn auf die Machenschaften seiner Mutter aufmerksam machte. Danach war Ruhe.

Damals gab es noch keinen gesetzlichen Schutz bei Stalking, sonst hätte ich die Frau angezeigt. Ihr drängendes und intrigantes Verhalten zeugt von einer mächtigen kriminellen Energie. Ohne Unrechtsbewusstsein, ohne Skrupel und ohne nur einmal an die Gefühle der Menschen zu denken, die sie so bedrängte, verfolgte sie ihre Ziele.

Wie umgehen mit Straftaten in der Familie?

Sicher ist es schwierig, Vergehen innerhalb der Familie strafrechtlich zu verfolgen. Vieles geschieht im Verborgenen und Menschen aus dem Umfeld stehlen sich häufig aus der Verantwortung, wenn es darum geht, bestimmte Vorkommnisse zu bezeugen. So ist es beinahe unmöglich, genügend Beweismittel zu sichern. Es bringt auch wenig, Strafanzeigen en masse zu produzieren. Da kein öffentliches Interesse vorliegt, wird in den meisten Fällen das Verfahren sowieso eingestellt oder auf den zivilen Klageweg verwiesen. Durch eine Anzeige würde zudem der Konflikt in der Familie auch noch verschärft werden.

Traurig ist es allemal, dass wir als „Angeheiratete" vor dem Gesetz nicht gleichgestellt oder gleich behandelt werden. Dass wir auf geltende Rechte verzichten müssen – nur weil uns dieses Unrecht von der Schwiegermutter zuteil wird. In einem Modellversuch der Staatsanwaltschaft, der hier in Augsburg mit Erfolg lief, ging es in der Hauptsache um Gewaltanwendung durch den Ehemann. Statt Strafe wurde eine Therapie angesetzt und der Täter nicht weiter strafrechtlich verfolgt, sollte er diese Therapie ernsthaft betrieben haben. Dieses Verfahren wäre auch bei der Straftäterin Schwiegermutter denkbar und könnte sicher in vielen Fällen sehr hilfreich sein, um ein Unrechtsbewusstsein zu schaffen und Verhaltensstörungen zu korrigieren.

Als sehr wichtig erachte ich es, dass wir sensibler werden und Taten auch als Taten erkennen. Menschen, die ihre Angehörigen terrorisieren, sollten hierfür deutliche Ablehnung erfahren. Auch sollte es in der Öffentlichkeit nicht länger Raum für Verleumdungen und Diffamierungen geben. Jeder Einzelne sollte den Mut aufbringen, Missstände aufzudecken und kundzutun, dass er solch menschenfeindliches Verhalten nicht toleriert. So könnte viel Leid verhindert werden.

Aus zahlreichen Gesprächen weiß ich, dass den meisten Schwiegertöchtern gar nicht bewusst ist, was eigentlich mit ihnen geschieht. Kristallisiert sich im Laufe eines Gespräches allerdings heraus, dass sie Opfer einer Straftat geworden sind, fällt es ihnen meistens leichter, das Verhalten der Schwiegermutter abzulehnen. Immer wieder stelle ich fest, dass die Frauen sich nicht erlauben, das Verhalten der Älteren zu verurteilen, solange sie dieses „nur" subjektiv als negativ empfinden. So wird z.B. das Öffnen der Post zwar als störend, einschränkend und verletzend empfunden, aber sehr selten als Straftatbestand erkannt. Jeden Nachbarn, der in unserer Wohnung herumstreunt oder uns verleumdet und dermaßen beschimpft, würden wir sofort vor den Kadi bringen – nicht aber die Schwiegermutter.

Vielleicht ist uns einfach nicht bewusst, dass Gesetze auch innerhalb der Familie Gültigkeit haben, ja nicht einmal, dass uns der Schutz durch diese Gesetze ganz legitim zusteht. In Familien üben Eltern die Macht aus: Sie strafen, belohnen, stellen Verhaltensregeln auf, sie kontrollieren und setzen durch. Von den Müttern, die sich ja in der Hauptsache um unsere Erziehung kümmern, da Papa arbeiten muss, werden uns von klein auf die interfamiliären Pflichten beigebracht. Wie können wir uns da erdreisten, einer solchen „Gesetzgeberin" Verstöße gegen geltendes Recht zu unterstellen?

Das Wort Mutter wird geradezu mystifiziert. Über jüngere Frauen hört man schon mal: *„Das ist keine besonders gute Mutter. Die hat ihre Kinder nicht im Griff. Sie lässt sie total verkommen."* Sind diese Kinder allerdings erwachsen und die Mutter etwas älter, zählen solche Argumente nicht mehr. Aus der „schlechten Mutter" wird auf einmal, kaum dass sie erwachsene Kinder hat, „die Mutter" schlechthin. Wie stellt sich nun diese Mutter in unseren Köpfen dar? Gütig, weise, liebevoll, hingebungsvoll und absolut unfehlbar. Dieses Mutterbild wird und wurde in unser Gehirn eingebrannt. Dass genau diese Mutter ein Mensch mit Fehlern und Schwächen wie jeder andere Mensch auch ist, daran dürfen und können wir nicht denken.

Sicher ist, dass die meisten Mütter große Anerkennung für ihre Lebensleistung verdienen. Wir sollten dabei jedoch nicht übersehen, dass sich hinter dem „Mythos Mutter" auch in ihrem Verhalten schwer gestörte Frauen verschanzen. Ob jung oder alt, auch eine Mutter lügt, betrügt, hintergeht und fügt ihren Kindern mutwillig Schaden zu. Aus einer lieblosen, egoistischen und herrischen jungen Mutter wird in den seltensten Fällen eine partnerschaftliche und faire Schwiegermutter werden. Doch hier zu differenzieren, scheint ein großes gesellschaftliches Tabu zu sein. Mir geht es auch nicht darum, den Personenkreis Mutter zu diskreditieren. Vielmehr ist es notwendig aufzuzeigen, warum so viel ertragen und erduldet wird, sobald eine Mutter beteiligt ist. Auch darf die Bezeichnung Mutter nicht als Legitimation für solche Taten dienen, die ich eben beschrieben habe.

Auch Mütter sind also nicht frei von menschlichen Unzulänglichkeiten. Viele hatten es selber schwer im Leben und fanden nicht die Kraft und den Mut, für sich einzustehen und eigene Wege zu gehen. Dies kann uns zwar helfen, diese Frauen nicht abzuurteilen, jedoch weigere ich mich, alles dadurch zu entschuldigen. Mutterschaft und eigenes Leiden sind und dürfen niemals ein Freibrief sein, andere zu terrorisieren. Jeder erwachsene Mensch hat die Möglichkeit, sein Leben und damit auch sein Glück selbst zu bestimmen und zu gestalten, auch die nur jammernde und sich als armselig darstellende Schwiegermutter. Und wenn Versorgungsgründe ausschlaggebend für ein Ausharren und die Duldung des eigenen unglücklichen Lebens waren, darf keiner verlangen, dass die Kinder dafür die Zeche bezahlen.

Waren Sie eventuell beim Lesen dieses letzten Kapitels peinlich berührt? Meine Erfahrung sagt mir, dass betroffene Schwiegertöchter sich mit Sicherheit geschämt haben, selbst wenn – oder gerade weil – sie genau das gelesen haben, was ihnen tagtäglich passiert. Es ist teilweise so unfassbar und unglaublich, dass jede von uns sich weigert, solche Vorkommnisse in der eigenen Familie wahrhaben zu wollen. Das Umfeld tut seines noch dazu, indem wir zu hören bekommen: *„Sie leidet unter Verfolgungswahn und bildet sich das ein."* Doch genau das ist die Grundvoraussetzung für Bewältigung und Aufarbeitung: Dazu zu stehen und zuzugeben, dass eine von uns mit allergrößtem Schutz belegte Person Dinge tut, für die wir meinen uns schämen zu müssen.

Teil II.
Der Konflikt und
das Umfeld

Das Umfeld ist mitverantwortlich

Würde es im Familien- und Bekanntenkreis so mancher Schwiegermutter mehr couragierte und offene Mitmenschen geben, wären viele dieser Frauen im Alter nicht allein. Nicht verlassen von ihren eigenen Kindern, die keinen anderen Ausweg mehr sehen, als sich zu ihrem eigenen und zum Schutz ihrer Familie gänzlich von ihnen zurückzuziehen. Würden nämlich die Verleumdungen, üblen Nachreden und Lügen im Keim erstickt oder die Verursacherin von den Zuhörern offen zur Rede gestellt, könnte diese ihre zerstörerischen Tendenzen nicht ungehindert ausleben und es würde im Endeffekt vermieden, dass den Kindern kein anderer Weg als der totale Rückzug bleibt.

Würden Verhaltensstörungen nicht gebilligt und abgetan mit: „Sie ist halt so", gäbe es weniger Leid – bei allen Beteiligten. Wie nun die Verantwortung der Einzelnen aussehen kann, werde ich für die jeweiligen Personengruppen beschreiben.

Der Schwiegervater – meist unauffällig und passiv

Viele von Ihnen haben sich bestimmt schon gefragt, warum ich bisher noch fast gar nichts über die Schwiegerväter geschrieben habe. Das hat einen ganz einfachen Grund: In den Gesprächen mit den Schwiegertöchtern werden sie selten erwähnt, und wenn, dann meist nur am Rande. Nur in ca. 10 % aller Fälle trägt der Schwiegervater aktiv zum Konflikt bei oder ist gar selbst der Aggressor.

In den meisten Fällen erfahre ich jedoch, dass der Schwiegervater nichts gegen die Schwiegertochter einzuwenden hat oder hatte. Wenn er sie ganz gut leiden kann, setzt ihm seine Gattin nicht selten zu, oft aus Eifersucht gegenüber der jungen Frau. Bald resigniert ein so bearbeiteter Schwiegervater und versucht, sich aus allem herauszuhalten: Ja keine Position beziehen, ja nicht Partei ergreifen und schon gar nicht die eigene Ehefrau im Zaum halten! Selbst wenn er eigentlich auf Seite des Sohnes und der Schwiegertochter steht, zieht er sich zurück, um den Ehefrieden und seine Bequemlichkeit nicht zu gefährden. Solche Schwiegerväter glänzen dann durch Abwesenheit.

Es kann auch vorkommen, dass der Schwiegervater vorgibt, selbst unter dem Verhalten seiner Frau zu leiden. In dieser Rolle des Leidenden präsentiert er sich den Kindern, sodass diese Mitleid mit ihm haben und sich um sein Wohl sorgen. Folglich trauen sie sich nicht, gegen die Schwiegermutter Einwände zu erheben, denn dann muss der arme Vater das ja wieder für sie ausbaden.

In einigen Schwiegerfamilien lässt sich der Schwiegervater von seiner Frau aufstacheln. Im vollen Umfang übernimmt er die Unzufriedenheit mit der Schwiegertochter und den Lebensbedingungen des Sohnes und agiert dann seinerseits feindlich gegen Sohn und Schwiegertochter.

Es gibt ebenfalls Konstellationen, bei denen der Schwiegervater schon zu Anfang gegen die Schwiegertochter ist. Er zeigt dann genau die Verhaltensweisen, die ich schon für Problem-Schwiegermütter beschrieben habe. Alle Methoden des emotionalen Drucks, der Einschüchterung, der Demütigung und Unterwerfung der Schwiegertochter und des Sohnes kommen dann zum Einsatz. So manches Schwiegerelternpaar betreibt seine Ablehnungsstrategie gegen die Schwiegertochter dann gemeinsam. Oder die Schwiegermutter gibt sich als die Liberale und leidet so schrecklich unter dem dominanten Vater und dessen Ablehnung. Sie spielt dann das Spiel „Gute Mutter – böser Vater".

Im Rahmen einer Gruppenarbeit wollte ich von Schwiegertöchtern wissen, mit welchen Attributen sie ihren Schwiegervater versehen würden. Unter Mitarbeit der Teilnehmerinnen einer Gruppe aus einem Ballungsgebiet in Nordrhein-Westfalen und deren Betreuerin entstand folgendes Sozialprofil.

Sozialprofil des Schwiegervaters:

➤ unbekannt

➤ sehr früh verstorben

➤ Ehe sehr früh (vor Erreichen des 12. Lebensjahres des Sohnes) geschieden

➤ alkoholabhängig, tablettensüchtig, spielsüchtig o.Ä.

➤ häufig arbeitslos bzw. mit großen Unterbrechungen erwerbstätig

➤ infolge Krankheit sehr früh erwerbsunfähig (Frührentner vor dem 50. Lebensjahr)

➤ behindert (Seh-, Hörschäden, Gehbehinderung, psychische Schäden, Traumata)

➤ beruflich extrem stark eingespannt, erfolgreich (Managertyp, selbstständig)

➤ berufliche Unzufriedenheit

➤ hält sich aus der Erziehung ganz bewusst heraus

➤ ist entweder der Freizeit- und Wochenendvater (im Scheidungsfall) oder der Sanktionierer, der nach Feierabend Ordnung schafft

➤ kein partnerschaftliches Verhalten im Umgang der Eltern miteinander (Machogehabe, Lass-mich-in-Ruhe-Gebaren)

➤ Resignation vor der vermeintlichen Erziehungserfahrung der Mutter (erlebt sich selbst als inkompetent, selbstsüchtig und wirklichkeitsfremd im Umgang mit seinen Kindern)

➤ hat Minderwertigkeitskomplexe, oft in Kombination mit Krankheit, Arbeitslosigkeit, sexuellen Störungen

➤ fühlt sich nicht als „ganzer Mann"

➤ ist entweder überfordert oder unterfordert

➤ hat seine eigene Mutter oft als diejenige erlebt, die wusste, wo es lang geht

➤ seine Auffassung, was es bedeutet, Vater zu sein, wurde durch den eigenen Vater geprägt

➤ sehr traditionelles Rollenverständnis

➤ politisch und sozial wenig bis gar nicht engagiert oder aktiv auf „Stammtischniveau"

Von den meisten Schwiegertöchtern wird der Schwiegervater als liebens- und bedauernswert bezeichnet. Ihm helfen sie gerne mit kleinen Handreichungen und übernehmen im Alter bereitwillig die Pflege, da keine Aversion – oftmals jedoch Mitleid – besteht.

Bei den ablehnenden Schwiegervätern finden wir einen fanatischen Ehrgeiz, dass der Sohn das erreichen soll, was sie selbst nicht geschafft haben. Oder sie meinen, dass nur ihnen etwas gelungen ist – und der Sohn hat es genauso zu machen. Nach diesem Rollenverständnis hat der Sohn ebenfalls Demut und Gehorsam zu zeigen. So einem Schwiegervater macht eine selbstbewusste Schwiegertochter Angst und verursacht ihm Unbehagen. Deshalb ist sie in seiner Familie nicht erwünscht. Wie seine eigene Ehefrau meint auch er, die Schwiegertochter beherrschen zu müssen. Lässt sich diese das nicht ohne Weiteres gefallen, beginnt eine lebenslange Feindschaft.

Schwiegerväter – einige Prototypen

Lassen Sie mich an dieser Stelle einige Prototypen von Schwiegervätern vorstellen, mit ihren prägnantesten Verhaltensmustern und deren Folgen innerhalb der Familie.

Der „Diktator"

Er ist laut, herrisch, meist grob und unangenehm und völlig von seiner Größe eingenommen. Er hat die Macht, er bestimmt! Nur er weiß, was richtig und falsch ist. Die Aufgaben innerhalb der Familie werden von ihm delegiert und haben nach seinen Vorgaben ausgeführt zu werden. Er selbst ist nur für Regeln und Sanktionen zuständig. Widerspruch oder Einwände werden nicht geduldet. Die Frau an seiner Seite gibt sich meist klein und bemitleidenswert. Sie erscheint leidend und unglücklich und vergisst niemals, die eigenen Kinder dafür in die Pflicht zu nehmen. Schließlich erträgt sie diesen Mann ja nur wegen der Kinder.

Für den Diktator sind seine Kinder minderwertig. Sie können nie die Größe und das Wissen des Vaters erreichen. Niemals werden die Leistungen der Kinder anerkannt – sie können nichts tun, um den Ansprüchen des Vaters jemals zu genügen. Er hält seine Kinder klein – in der Position des Versagers.

Frauen sind in seinen Augen natürlich nicht gleichberechtigt. Sie sind für den Haushalt und das Kinderkriegen da. Er beharrt auf dem klassischen Familienbild – in dem er ganz selbstverständlich der große Herr und Meister ist. Auch schreckt er, um seine Machtstellung zu untermauern und durchzusetzen, vor körperlicher Gewaltanwendung nicht zurück – sowohl der Ehefrau als auch den Kindern gegenüber.

Der „Gleichwertige"

Er ergänzt sich, was Bosheiten anderen gegenüber betrifft, mit seiner Frau. Er lässt sich aufstacheln und stachelt auf. Ein solches Paar sieht nur Böses und Schlechtes um sich herum, malt in schwärzesten Farben. Alles ist mit Makeln behaftet, das Umfeld ist gegen sie, genauso wie die Umstände. Beide tragen keinerlei Eigenverantwortung und haben immer einen Schuldigen parat. Meist wird so ein Paar vom Umfeld gemieden und lebt deshalb ziemlich isoliert. Sie sehen sich immer als die Guten, Unterschätzten, vom Schicksal Gebeutelten. Alle anderen Menschen taugen nichts und haben es nur darauf abgesehen, ihnen zu schaden. Ständiges Jammern und Klagen ist ihr einziger Gesprächsinhalt.

Den Kindern solcher Eltern wird stets vermittelt, dass auch sie nicht gut genug sind. Dass sie stören, Geld und Kraft kosten. Nichts an den Kindern ist positiv. Das gilt dann wie selbstverständlich auch für die Schwiegerkinder. Es wird den Kindern vermittelt, dass sie immer in der Schuld der Eltern stehen.

Der „Duckmäuser"

wird meist als nett empfunden. Er ist freundlich, scheut aber jede Auseinandersetzung, egal ob mit seiner Frau oder anderen Menschen. Er setzt sich nie für seine Belange ein und verschwindet lieber. Auch seine Kinder hat er schutzlos der Herrschaft seiner Frau überlassen: *„Sie ist halt so."* Vor Konflikten taucht er in seinen Bastelkeller oder am Stammtisch ab. Es geht ihm nur um seine Bequemlichkeit. Deshalb wählt er auch immer den Weg des geringsten Widerstandes.

So ein Vater schaut weg – selbst wenn die Kinder physisch misshandelt werden. Meist jedoch hängen die Kinder und Schwiegerkinder sehr an einem solch ruhigen und angenehmen Menschen – ohne zu sehen, dass er genau durch diese Art viele Machenschaften erst ermöglicht. Aus Eigennutz greift er manchmal sogar die Kinder an, macht ihnen Vorwürfe, der Mutter nicht genug zu gehorchen. Solche Attacken schwächt er allerdings mit Worten ab, wie: *„Sie will das halt so. – Sie schimpft andauernd mit mir, wenn IHR nicht gehorcht."* Viele Kinder reagieren deshalb im vorauseilenden Gehorsam der Mutter gegenüber, um ja den Vater nicht in Nöte zu bringen.

Der „Märtyrer"

ist ein Mann, der kränkelt und schwächelt, sobald es darum geht, Verantwortung zu übernehmen. Jeder Auseinandersetzung, jedem Konflikt entzieht er sich durch Krankheit. Nicht selten reagiert er mit emotionaler Erpressung, wenn er unter Druck gerät. *„Das macht mich ganz krank. Da kann ich nicht schlafen."*

Seine Kinder sind voll des Mitleids. Sie schonen ihn, übernehmen die Verantwortung für sein Wohlbefinden, indem sie gehorchen und sich ruhig verhalten, während er sich ständig in Krankheit und Leiden flüchtet. Durch seine jammernde Art, mit der er auch seine Ehefrau als schuldig an seinen Leiden darstellt, entzweit er seine Familie und ist sich ständiger Fürsorge sicher. Typisch für ihn ist sein resigniertes: *„Ich hätte ja – ABER ..."* So verpflichtet er seine Kinder moralisch, die Lücken in seinem Leben auszufüllen. Er dominiert sie und bestimmt ihren Weg durch: *„Dir soll es doch einmal besser gehen. – Das war mein Traum. – Das hätte ich gerne gemacht"* und verkauft sich dabei als derjenige, der dafür zahlen muss, dass die Kinder das jetzt machen können oder „dürfen". Und die Kinder funktionieren, tun und machen, ständig bemüht, die Träume des Vaters zu leben, damit es dem Armen nicht noch schlechter geht (richtig gut gehen kann es diesem Typ Vater schließlich niemals).

Ohne Publikum hat keine Inszenierung Erfolg

Wer von uns kennt nicht die nachfolgend beschriebenen Situationen? Man trifft sich auf der Straße, sitzt beim geselligen Kaffeeklatsch oder sonst wo zusammen und unterhält sich. Jeder kann ein wenig mitreden, weiß man doch immer irgendwelche Neuigkeiten aus dem Bekanntenkreis. Das ist ganz normal und keiner der Beteiligten wird Schaden nehmen oder jemandem Schaden zufügen – solange es sich nicht um Verleumdungen oder üble Nachrede handelt.

Kommt nun allerdings unsere Schwiegermutter mit ihren Anschuldigungen über die vermeintlichen Gräueltaten ihrer Schwiegertochter daher, ist ganz schnell Schluss mit harmlos. Ihren Horrorgeschichten wird meistens besonders begierig zugehört und es folgen Kommentare wie: *„Ach wie furchtbar! – Das ist aber gemein! – Nein wie schrecklich!"* Das Publikum geht mit und die Akteurin wird zu Höchstleistungen angespornt. Die Geschichten werden mehr und mehr ausgemalt. Selten bringt einer der Zuhörer den Mut auf zu sagen: *„Jetzt ist aber Schluss! Was da über eine Abwesende gesagt wird, ist verleumderisch und unverschämt."* Vielmehr stellt sich bei den Anwesenden ein Gefühl ein, selbst doch wirklich gut – im Vergleich zur „bösen Schwiegertochter" – zu sein. Ohne die Bestätigung und passive Zustimmung der Zuhörer würde das ganze Gerede vermutlich schnell uninteressant werden und den Verleumdungen und Diskreditierungen der Rednerin wäre so der Nährboden entzogen.

Über Tratsch wird Macht ausgeübt. Fürchten wir nicht manchmal auch, dass sich eine notorische Klatschtante, in Ermangelung anderer Themen, uns zuwenden könnte? Niemand will diese Form der Aufmerksamkeit auf sich ziehen, und so sind viele Menschen froh, wenn andere Leute das Tratschthema sind und nicht sie selbst. Lieber schweigen oder Zustimmung heuchelnd zuhören als durch Opposition reizen, heißt hier die Devise.

Und dann wird ein seltsamer, nur schwer zu erklärender Prozess in Gang gesetzt: Obwohl die Zuhörer wissen, dass sie es mit jemandem zu tun haben, der einfach ein „böses Maul" hat und gerne Leute durch den Kakao zieht, gehen sie selbst mit diesen Geschichten weiter und verbreiten sie als Wahrheit. Weitaus schlimmer ist die Tatsache, dass sich sehr schnell Sympathisanten der Schwiegermutter einfinden, die die Verleumdungen noch durch eigene Fantasien ergänzen.

Manche gehen sogar selber zum Angriff gegen diese Schwiegertochter über. In dörflichen Gemeinschaften wird dann eine richtige Hatz gegen die junge Frau veranstaltet. Gleiches erleben wir auch in der Familie der Schwiegermutter. Jeder ist nur zu gerne bereit, die Jüngere zu verurteilen und gegebenenfalls auch selbst anzugreifen.

Die Schwiegermutter findet bisweilen auch eifrige Helfer beim Terror gegen die Schwiegertochter. Sei es, dass sich andere Mitbürger an den Kontrollanrufen und der Überwachung der Schwiegertochter aktiv beteiligen oder dass sie ihrerseits die junge Frau – telefonisch und natürlich anonym – beschimpfen.

Ein Anruf einer solchen „Mitstreiterin" hat mich selbst letztendlich dazu veranlasst, die erste Selbsthilfegruppe für Schwiegertöchter zu gründen. Ich hatte damals schon Abstand zu meiner Schwiegermutter. Eines Morgens läutete das Telefon und mir fuhr ein Schrecken in die Glieder, was jetzt wohl wieder kommen würde. Durch zahlreiche Anrufe, Beschimpfungen und Störungen war ich äußerst sensibel geworden. Eine ältere Dame meldete sich, besser gesagt, sie keifte gleich in den Hörer: *„Sie Miststück! Wenn sich Ihre arme Schwiegermutter das Leben nimmt oder einen Herzinfarkt bekommt, dann sind Sie ihre Mörderin, und wir alle wissen das!"*

Rosi: *Meine Schwiegermutter hat einer Bekannten geschrieben, dass sie starke Zweifel daran hegt, ob unser Kind auch wirklich von meinem Mann ist. Diese Bekannte schrieb ihr zurück: „Sehr gut verstehe ich die Zweifel, dass Robert nicht der Vater des Kindes ist. Was du mir alles über den Lebenswandel der Rosi geschrieben hast, macht dies ja eindeutig klar. Soll sie doch gehen, wenn es ihr bei dir nicht passt. Ganz ,Wolkenkuckucksheim' wird froh sein, wenn dieses Geschöpf aus dem Ort verschwindet. Früher hat man solche Weiber größenwahnsinnig genannt und ins Arbeitslager geschickt." Triumphierend hat mir meine Schwiegermutter diesen Brief auf den Tisch geknallt, als Beweis, dass ich die Schlechte bin und sie so recht hat.*

Gabriele: *Eines Tages kam eine Frau auf mich zu, von der ich wusste, dass sie ein paar Straßen weiter wohnt. Sie sagte zu mir: „Also, ich kann nicht glauben, was Ihre Schwiegermutter so erzählt. Sie misshandeln Ihre Kinder bestimmt nicht!" Und dann erzählte sie mir, wie mein Sohn die schönen Rosen in ihrem Garten bewundert habe. Im Laufe des Gespräches bat er sie, eine Rose mitnehmen zu dürfen. Er wolle sie seiner Mutter schenken, weil die immer so lieb zu ihm ist. „Das hat mich so gerührt und mir gezeigt, dass dieser Junge sicher nicht von Ihnen misshandelt wird, so wie es Ihre Schwiegermutter überall erzählt. Bis zu dem Gespräch mit dem Kind, dafür möchte ich mich bei Ihnen entschuldigen, habe ich das auch geglaubt. Nun bin ich gekommen, um Sie auf dieses Gerede aufmerksam zu machen, und ja, um Ihnen mitzuteilen, dass ich mich dafür schäme, Sie so vorverurteilt zu haben."*

Hildegard: *Meiner Schwiegermutter ging es sehr schlecht. Mein Mann brachte sie in die Klinik. Was uns hinterher als „Die haben mich weggeschafft" angekreidet wurde. Tags darauf wurde sie operiert. Die erste herbe Niederlage erlebte ich zwei Wochen später, als ich in der Klinik zufällig mitbekam, wie eine Bettnachbarin weitererzählte, dass ich mich nicht um* *die Wäsche meiner Schwiegermutter kümmern würde. Und das, obwohl ich gerade dabei war, einen Stapel der von mir frisch gewaschenen und gebügelten Nachthemden in den Schrank zu räumen. Da mir selbst erst wenige Tage vorher ein Gips am Arm entfernt worden war, war gerade das Bügeln der Wäsche mit starken Schmerzen verbunden. Doch jeden Tag haben wir sie besucht und jeden Tag habe ich ihr die Wäsche frisch gemacht. Es hat mich so entsetzt, diese haltlosen Vorwürfe anhören zu müssen.*

Als sie dann aus dem Krankenhaus entlassen wurde, machte ich ihr das Angebot, die erste Zeit für sie zu kochen. Ihre Wohnung war nur zehn Gehminuten weit entfernt. Jeden Tag habe ich dann ab 9:30 Uhr in der Küche gestanden, um für die Rekonvaleszentin frisch zu kochen. Gegen 12:30 Uhr wurde sie dann von mir mit Suppe oder Vorspeise, Hauptgericht, Nachspeise und Kuchen für den Nachmittagskaffee versorgt. Als ich dann nach drei Tagen, im Laufschritt, damit ja nichts kalt wurde, bei ihr ankam, sagte sie nur: „Ich habe schon gegessen. Weißt du, ich bin es gewöhnt, um 11:30 Uhr zu essen. So lange, bis du endlich mal ankommst, kann ich nicht warten." Mit schlechtem Gewissen schlich ich heim und begann am nächsten Tag eben schon um 8:30 Uhr zu kochen. Immer frisch, und mein Mann und ich haben abends dann das Aufgewärmte gegessen. Mutter sollte es ja an nichts mangeln. Etwa eineinhalb Wochen später, ich galoppierte gerade mit dem Essenskorb um die Ecke der Wohnanlage meiner Schwiegermutter, sprach mich eine mir unbekannte Frau an: „Sie sind ganz schön dumm!" Verdutzt antwortete ich: „Entschuldigung, aber ich kenne Sie nicht. Was veranlasst sie dazu, mir zu sagen, ich sei dumm?" Die Frau antwortete: „Sie springen jeden Tag mit dem Essen für Ihre Schwiegermutter. Wissen Sie denn nicht, dass sie überall herumerzählt, dass Sie sie erst ins Krankenhaus geschafft haben um sie los zu werden? Und weiter, dass Sie nunmehr versuchen, sie mit ihrem abscheulichen Fraß zu vergiften?" Monate später erst habe ich über diese Demütigung sprechen können. Als ich meine Schwiegermutter dann darauf ansprach, stritt sie jede Beteiligung ab und beschimpfte mich ganz übel. Ein paar Tage später jedoch erwähnte sie meinem Mann gegenüber ganz nebenbei: „Das kann nur die Frau Soundso gewesen sein, mit jemand anderem habe ich nicht darüber gesprochen. Na, mit der werde ich nie mehr reden. Die hätte mal ihr Maul halten sollen." Kein Unrechtsbewusstsein, keine Entschuldigung und nicht einmal eine Einsicht, dass sie dem Ganzen noch zusätzlich die Krone aufgesetzt hatte durch ihre haltlosen Beschimpfungen, wie ich dazu käme, solche Lügen zu verbreiten.

Dass man als Betroffene Hinweise von außen auf solche Verleumdungskampagnen erhält, ist allerdings sehr selten. Mehrheitlich scheint es zu reizen, Öl in das Feuer zu gießen. Wenn es in einer anderen Familie so richtig kracht, hat mancher Außenstehende anscheinend seinen Spaß dabei. Paradox ist jedoch, dass manche Schwiegermütter durchaus als „Ratschkatteln" bekannt sind. Trotzdem gehen nur zu viele auf ihre Tratschereien ein.

Ilona: *Wir wohnen in einem kleine Vorort. Meine Schwiegermutter hetzt seit 20 Jahren die Nachbarn so gegen mich auf, dass diese mich offen attackieren. Neulich war ich mit meinem Mann im Garten und wir haben zusammen gelacht. Schon hörten wir die Nachbarn rufen: „Jetzt lacht die dumme Kuh auch noch so blöde." Zu Hause fühle ich mich eingeengt, ständig beobachtet und beurteilt – oder besser noch – verurteilt. Ohne je gehört zu werden, ohne Aussicht auf Gnade.*

Katharina: *Wir wohnen im Haus neben dem der Schwiegermutter. Das Verhältnis war von Anfang an denkbar schlecht. Im ganzen Ort wurde über mich hergezogen. Eines Tages habe ich im Garten Wäsche aufgehängt. Als ich gerade dabei war, die zweite Maschinenladung aufzuhängen, hörte ich meine Schwiegermutter in ihrem Haus laut um Hilfe rufen. Sofort habe ich alles liegen lassen und bin ihr durch die geöffnete Terrassentüre zu Hilfe geeilt. In genau dem Moment, als ich zur Schwiegermutter in die Küche kam, wurde von außen die Haustüre aufgesperrt und eine entfernte Verwandte, die am anderen Ende des Ortes wohnt, stürzte herein. Und dann kam es! Meine Schwiegermutter behauptete jammernd, ich hätte sie niedergeschlagen. Binnen kürzester Zeit, ohne dass eine der Damen telefoniert hatte, kam dann auch prompt die Polizei. Meine Schwiegermutter wurde ins Krankenhaus gebracht und ich wie eine Schuldige verhört. Können Sie sich vorstellen, wie deprimierend und peinlich dieses Verhör für mich war? Die Schwiegermutter wurde während dieser Zeit im Krankenhaus gründlich untersucht. Von den Ärzten konnten dabei keinerlei Verletzungen festgestellt werden. Durch ihre Aussage, dass ich sie bisher bei jeder Gelegenheit und fast jeden Tag verprügelt hätte, wurde sie jedoch immer unglaubwürdiger. Auch die Verwandte machte widersprüchliche Angaben. Mit diesen widersprüchlichen Aussagen von der Polizei konfrontiert, sind die Damen dann umgefallen und haben gestanden, den angeblichen Überfall und die Misshandlungen nur erfunden zu haben, um mich endgültig loszuwerden. So wurde ich zwar vor den Ermittlungsbehörden rehabilitiert, nicht jedoch in unserem Wohnort. Dort wird auch heute noch hinter vorgehaltener Hand gemunkelt, ich hätte die Frau misshandelt. Ich werde ausgegrenzt, die Leute wechseln die Straßenseite, wenn sie mich kommen sehen.*

Es ist für Außenstehende schwer zu glauben, wie Schwiegertöchter überhaupt in solche Situationen geraten können, aber das Ausmaß an seelischem Druck, der auf diese Frauen ausgeübt wird, ist unvorstellbar. Eines ist deutlich: Bei diesen Hetzereien ist die Schwiegertochter die Leidtragende, da sie als die Jüngere nicht so glaubwürdig wie die Schwiegermutter ist. Viele der Demütigungen ließen sich jedoch verhindern, würden mehr Mitmenschen die Schwiegertochter auf derartiges Gerede aufmerksam machen. Wenn zudem der Älteren noch signalisiert würde, dass solche haltlosen Anschuldigungen nicht toleriert werden, wäre schnell Ruhe. Denn das wollen diese Damen auf keinen Fall – für ihre Verleumdungen oder die üble Nachrede zur Verantwortung gezogen werden.

Auch von der Familie der Schwiegermutter werden die neu dazugekommenen Schwiegertöchter attackiert. Obwohl die Schwiegerfamilie oftmals selbst schlechte Erfahrungen mit der Schwiegermutter gemacht hat, wird dennoch die junge Frau verurteilt oder ihre Klagen mit dem Argument: *„Ihr wisst doch, wie sie ist"* abgetan. Diesen Kommentar kennen viele von uns, die sich schon einmal um Hilfe und Beistand an ein Mitglied der Schwiegerfamilie gewandt haben. Man schaut lieber weg, wenn Unrecht geschieht. Mehr noch, genau diejenigen, die so geflissentlich wegschauen, sind im Gegenzug dann die Ersten, die Verleumdungen und üble Nachrede mit Freuden an den Rest der Sippe weitergeben – auch wenn sie wissen, dass die Vorwürfe jeder Grundlage entbehren. Obwohl sie das ständige Gemeckere der Schwiegermutter zu Genüge kennen, steigen sie mit ein und bearbeiten das junge Ehepaar: *„Ihr müsst euch doch kümmern. Die alte Frau hat schon eine bessere Behandlung verdient."* Und zum Sohn, also dem Familienmitglied: *„Du hast deine Frau nicht im Griff. Du bist kein richtiger Mann, wenn du dich nicht gegen sie durchsetzt."* Dies sind beinahe Standardsätze, wie sie jeder von uns mindestens einmal untergekommen sind. Durch diese Umgangsformen in vielen Familien werden jedoch nicht nur die Jungen ins Abseits gedrängt, sondern am Ende auch die Schwiegermutter. Ungebremst in ihren Unarten wird sie irgendwann allen lästig, und schließlich wird sie alleingelassen.

Ein wenig Zivilcourage und Achtung vor dem anderen reichen aus, damit man nicht zum passiven Publikum wird, denn gerade die passive Haltung ist es, die verletzende Schwätzerinnen zum Weitermachen animiert. Zur Nächstenliebe gehört, uns gänzlich Unbekannte nicht zu verurteilen und abzustempeln, nur weil uns jemand einreden will, wie schlecht diese angeblich sind. Egal ob Verwandte, Bekannte oder Nachbarn, jeder kann sich vorstellen, wie weh es tut, von Menschen abgeurteilt zu werden, ohne dass man sich gegenseitig kennt.

Die Rolle der Söhne im Familiendrama

In diesem Kapitel werde ich mich dem wichtigsten Beteiligten des Konfliktes widmen, dem Sohn. Er ist der Dritte im Bunde und – wenn auch meist ungewollt – der eigentliche Auslöser des Dilemmas. In die ihm zugedachte Rolle als Sohn seiner Eltern wurde er hineingeboren, seine Position als Ehemann dagegen hat er frei gewählt. Den wenigsten Söhne ist bewusst, welche Rolle ihnen ihre Mutter zugedacht hat. Zu selbstverständlich leben sie das, was ihnen in der „Funktion Sohn" addressiert wurde.

Aus dem Erwartungs- und Einflussbereich ihrer Mutter auszubrechen bedeutet häufig eine große Anstrengung. Viele Söhne erkennen nicht, dass sie nur in ihrer „Erfüllerposition" von der Mutter anerkannt, mehr noch, erwünscht sind.

In meiner täglichen Arbeit begegnen mir zumeist zwei – hier grob typisierte – Haupterscheinungsbilder des Sohnes. Da ist einmal das bestens bekannte Exemplar des Muttersöhnchens. Zum anderen gibt es den manipulierten und dressierten Sohn.

Typ A: Der Muttersohn

Bei Muttersöhnen habe ich zwei Typen kennen und unterscheiden gelernt: den „Geliebten" und den „Ausnutzer".

Der „Geliebte"

Für den „Geliebten" ist seine Mutter die einzig wahre Frau im Leben, seine unfehlbare Partnerin, mit der er über alles spricht. Über seinen Alltag, anstehende Entscheidungen, seine Gefühle und sein gesamtes Verhalten. Mit seiner Ehefrau hingegen bespricht er absolut nichts. Ihr gibt er nur die Entscheidungen bekannt, die er mit Mutter gefällt hat. Er stellt also seine Frau vor vollendete Tatsachen und lässt sie nicht an seinem beruflichen und persönlichen Leben teilhaben. Mit Mutter fährt er, als Paar getarnt, in Urlaub, mit ihr geht er – angeregt plaudernd – Hand in Hand spazieren. Seine Ehefrau darf, wenn überhaupt, stumm hinterherlaufen. Seine abgöttische Liebe zur Mutter macht ihn von ihr abhängig und völlig unselbstständig. Die eigene Ehefrau ist nur fürs Grobe und zum Kinderkriegen da. Sie ist von dem „Duo" nur geduldet, weil es eben Dinge gibt, die Mutter und Sohn nicht gemeinsam tun dürfen. Zu jeder Zeit bekommt die Ehefrau gesagt, was Mutter wie tun würde. Von ihr wird gefordert, dass sie sich den beiden „Partnern" unterwirft und alles so macht, wie es angeordnet wird. Mutter und Sohn gehen dabei höchst abschätzig mit der Schwiegertochter um und lassen sie spüren, dass sie nur gerade mal so toleriert wird – weil es eben nicht anders geht. Sprüche wie: *„Wer mit meiner Mutter nicht auskommt, ist selber schuld!"* oder: *„Wenn du mit* *meiner Mutter nicht klarkommst, kannst du ja gehen!"* sind in so einer Ehe an der Tagesordnung.

Jede „Verfehlung" der Ehefrau wird vom Muttersohn mit der Aussage quittiert: *„Dann gehe ich halt zu meiner Mutter."* Ist das Essen am Abend nicht pünktlich fertig, springt der Ehemann in sein Auto und fährt zu Muttern. Oder er kommt erst gar nicht nach Hause zu Frau und Kindern, sondern fährt nach der Arbeit quer durch die Stadt, um erst mal mit Mutter zu bequatschen, was so alles in der Firma passiert ist. Dabei wird ihm selbstverständlich sein Leibgericht serviert und er bekommt die Streicheleinheiten, die er braucht.

Der „Ausnutzer"

Der „Ausnutzer" zeichnet sich dadurch aus, dass er sich jegliche Bequemlichkeit von seiner Mutter verschaffen lässt. Dabei behandelt er sie meist sehr abfällig. Überall lässt er verlauten, wie er mit seiner Mutter umgehen kann. Um seine Macht über die Mutter zu demonstrieren, verkündet er dann schon mal lautstark, wie dämlich sie doch sei, dass sie sich seine Unverschämtheiten auch noch gefallen lasse. Mutter selbst stellt sich ergeben unter die Diktatur ihres Sohnes. Auch noch nach Mitternacht bekommt Söhnchen warmes Essen serviert. Bekommt er es nicht, wird er der Mutter gegenüber ausfällig; bekommt er es, beschimpft er sie, dass sie ihn belauert und kontrolliert, zu welcher Zeit er nach Hause kommt. Von seiner Mutter lässt er alles Unangenehme erledigen. Er lebt in der Vorstellung, seine Mutter voll im Griff zu haben, und übersieht dabei, dass er dieser Frau mit Haut und Haaren verfallen ist. Sie hat ihn an sich gebunden und übt größten Einfluss auf ihn aus. Diskret im Hintergrund und vom Sohn unbemerkt hat sie sich unentbehrlich gemacht. Der Sohn wäre ohne sie überhaupt nicht lebensfähig.

Alles Schlampen außer Mutti?

Gemeinsam ist diesen „Pseudo-Machos", dass für sie jede Frau nur einen minderen Wert hat. Sie neigen zu Grobheiten und nicht selten wird den Ehefrauen durch Schläge Gehorsam eingebläut. Mir haben sich diese Männer als sehr gewaltbereit und gefährlich dargestellt. In ihrem Innersten schwelt ein Hass auf alles Weibliche, der sich unkontrolliert, in Form von schlimmsten Misshandlungen der Ehefrau, entladen kann. Auch im Berufsleben wird so ein Mann nie eine Frau als gleichwertig ansehen. Einzig die Mutter des „Geliebten" stellt als die Überfrau schlechthin eine Ausnahme dar – und das, obwohl so mancher Muttersohn eigentlich die Mutter mit seiner Ablehnung und seinem Hass meint. Geradezu typisch für die Abwertung der Ehefrau ist ein Leserbrief auf einen Artikel über Schwiegermütter, den ich ihnen nicht vorenthalten möchte:

Zum Streit gehören immer zwei

Aufgrund der Berichte könnte man fast annehmen, dass nur die Schwiegermütter der Grund allen Übels auf dieser Welt sind. Doch gehören zum Streit immer zwei Parteien. Deshalb sollte auch einmal die Kontrahentin etwas kritischer betrachtet werden. Sprüche des Ehegatten wie: „Mutti hat die Rouladen anders zubereitet" usw. sind doch ein Zeichen dafür, dass der Mann mit der Haushaltsführung seiner Frau unzufrieden ist. Sie hat nun ein Problem! Doch daran ist sicherlich nicht die Schwiegermutter schuld.

Anstatt die eigenen Fertig-/Fähigkeiten zu verbessern, wird die Erfahrung der Älteren infrage gestellt und kritisiert. Sie sucht ihre Probleme auf andere zu verlagern. Dies finde ich ziemlich unfair.

Quelle: Augsburger Allgemeine, 15. Mai 1995

Wie und von wem wurde dieser Schreiber zu seiner herablassenden Haltung erzogen? Warum meint er das Recht zu haben, seine Frau in diesem Maße kritisieren und beurteilen zu können? Wäre es da nicht angebrachter, selbst Hand anzulegen, wenn „Mann" so gut weiß, wie es richtig gemacht wird? Bei solch ungerechtfertigter Kritik an der Ehefrau stellt sich nicht selten heraus, dass die Mutter nicht einmal kochen kann und will. Trotzdem ist der Sohn so verblendet und sieht nur Mama als „die Wahre".

Bleibt wirklich nur zu hoffen, dass eine angehende Ehefrau oder Partnerin gut prüft, wie ihr Mann über den Wert bzw. die Bewertung seiner zukünftigen Frau denkt. Sollten Sie es mit einem dieser eben beschriebenen Prachtexemplare zu tun haben, ist es äußerst ratsam, sich schnellstmöglich von diesem Liebling zu trennen. Auch nach Jahrzehnten wird er seine Frau niemals anerkennen, wird im Extremfall auch nicht davor zurückschrecken, sie mittels Prügeln gefügig und klein zu halten.

Dieser Rat gilt auch, wenn „Bübchen" schon am Morgen fluchtartig die gemeinsame Wohnung verlässt, um bei seiner Mutter zu frühstücken. Natürlich sind da die Brötchen schon angerichtet. Auch wurde die Marmelade nach seinem Lieblingsrezept links gerührt gekocht und exakt 3 mm dick aufgeschmiert ...

Von der Ehefrau wird strikter Gehorsam und Demut im Umgang mit Mammilein gefordert. Wie trostlos ein Leben an der Seite eines solchen Muttersohnes enden kann, hat Edeltraud sehr eindringlich geschildert:

Edeltraud: *Über 40 Jahre hat mich meine Schwiegermutter terrorisiert. Mein Mann war immer auf Seiten seiner Mutter. Mit mir hat er nie etwas besprochen. Nur seine Mutter war in der Lage, alles richtig zu machen. Ständig hat er sie zitiert und darüber gesprochen, wie* *sie dies und jenes macht. Von mir wurde verlangt, mich bedingungslos anzupassen und sofort zu tun, was mir „Mutter" und mein Mann angeschafft haben. Gehorsam, das war es, was die beiden von mir forderten.*

Nun ist die Schwiegermutter im Alter von über 90 Jahren verstorben und ich bin erst recht todunglücklich. – Sie wundern sich, könnte ich doch eigentlich befreit und glücklich sein, meine Peinigerin los zu sein. Nun, ich habe meinen Mann sehr geliebt. Er war mein Traumpartner. Die ganzen 40 Jahre unserer Ehe habe ich gehofft und gehofft, dass er einmal zu mir halten würde. Allein mit dieser Hoffnung habe ich mich die ganzen Jahre aufrecht gehalten. Und jetzt, wo die Schwiegermutter tot ist, werde ich nie mehr erfahren, ob mein Mann vielleicht doch noch zu mir gehalten hätte, so wie ich es mir 40 Jahre lang erhofft und gewünscht habe.

Selbst bin ich nun über 70. Seit mein Mann nun auch noch wie ein Witwer um seine Mutter trauert und Tag und Nacht nur noch von ihr spricht, fange ich langsam an, ihn und sein Verhalten zu verabscheuen. Jetzt, wo ich alt bin und keine Alternativen mehr habe, muss ich meinen Lebensabend im Bewusstsein meiner Lebenslüge – mein Mann wird schon noch zu mir halten – und mit der Verachtung, die ich als einziges Gefühl noch für meinen Mann übrig habe, leben. Jeder Tag unter einem Dach mit diesem Muttersohn wird mir zum Gräuel. Mein Leben ist einsam und sinnlos geworden.

Mit solchen Prachtexemplaren, die nicht zu ihrer Frau stehen, sind nach Angaben der Frauen, die sich bei mir gemeldet haben, ca. 28 % verheiratet. Viele dieser Betroffenen haben nicht den Mut, sich aus der Ehe zu befreien. Fast immer werden dabei die Kinder als Grund für das Verharren angegeben, auch wenn diese nicht selten körperlich misshandelt werden. Leicht entsteht hier dieser „Ich-habe-mich-für-meine-Kinder-aufgeopfert-Effekt". Dass eine Mutter gerade durch ihr Verharren ihre Kinder im Stich lässt, oft sogar Gewalt aussetzt, übersieht sie. In einer Spirale der Gewalt gefangen, zwingt sie möglicherweise die Kinder, Mutti auch noch zu bedauern, da der Vater so rüde mit ihr umgeht.

Die Folgen des Verharrens sind fatal: Die Kinder werden eingeschüchtert, niedergemacht oder aggressiv. Die Frauen finden immer weniger den Mut, zu sich zu stehen. Oft übernehmen gerade Töchter später dieses devote Verhalten. Suchen sich Männer, die wie der Vater dominieren, gewalttätig sind und sie als Frau klein machen. Eines Tages rief Ramona bei mir an. Zuerst erkundete sie, ob sie es wirklich mit Leidensgenossinnen zu tun habe. Sie fragte weiter: *„Seid ihr auch unfähig zu kochen, eure Kinder zu erziehen usw.?"* Als ich all ihre Fragen mit Ja beantwortet hatte, begann sie mir ihre Leidensgeschichte zu erzählen.

Ramona: *Seit 28 Jahren werde ich von meiner Schwiegermutter und meinem Mann wie eine Leibeigene gehalten. Mein Mann ist der Meinung, dass alles, was seine Mutter tut und sagt, Gesetz ist. Immer muss ich mich unterordnen. Nie hat mein Mann auf meiner Seite gestanden. Nur wegen unserer Kinder bin ich bei ihm geblieben. Nun ist vor einem halben Jahr unsere Jüngste ausgezogen – zu einem Mann, der sie schlägt. Seitdem wird mir jeden Tag deutlicher, in welcher Hölle ich lebe. Welche Hölle ich meinen Kindern zugemutet habe. Mit meinem eigenen Leben stehe ich buchstäblich vor dem Nichts! Über drei Monate habe ich Tabletten gesammelt und war kurz davor, mir das Leben zu nehmen.*

Gerade heute, in einer Phase tiefster Depression, habe ich von Ihrer Initiative erfahren. Jetzt ist mir leichter, da ich weiß, dass es noch viele andere gibt, die als so unfähig hingestellt werden. Auch verstehe ich langsam, dass nicht ich die Versagerin bin. Viele Jahre habe ich mir nämlich eingeredet und einreden lassen, ich sei nicht in der Lage, die Erwartungen meines Mannes und meiner Schwiegermutter zu erfüllen. Dabei habe ich meine Kinder mit hineingezogen, ihnen eine unbeschwerte Kindheit gestohlen. Und wollte doch nur, dass sie eine Familie haben. Übersehen habe ich, dass es eine schlechte, gewalttätige Familie war. Dass sie gelitten haben. Auch dass sie mich bemitleiden, sich teilweise für mich und mein Wohl verantwortlich fühlen, da ich ja für sie alles ertragen habe. Sagen Sie den jungen Frauen doch bitte, sie sollen sich rechtzeitig von ihren mutterhörigen Männern trennen. Im Alter haben sie keine Perspektive mehr und ihr Leben ist kaputt!

Margarete: *Nach 30 Jahren habe ich endlich den Mut gefasst, mich von meinem Mann zu trennen. Während unserer Ehe ist er immer wieder alleine zu seiner Mutter gegangen. Oft hat er sich wochenlang nicht um mich und unsere vier Kinder gekümmert. Jede Entscheidung hat er mit seiner Mutter getroffen, ohne mich auch nur einmal um meine Meinung zu fragen. Es wurde nur bestimmt von den beiden, was ich zu tun hatte. Wie eine Putzfrau hat er mich behandelt. Selbst wenn seine Mutter mich als Hure und Schlampe beschimpfte, hat er kein einziges Mal Partei für mich ergriffen. Nur für die groben Arbeiten und fürs Bett war ich gut. Der Gedanke, dass ich meinen Kindern eine Trennung vom Vater nicht zumuten konnte, hat mich in dieser ausweglosen Lage gehalten. Inzwischen sind die Kinder erwachsen und machen mir die größten Vorwürfe, dass ich ihnen die Zustände in ihrem Elternhaus so lange zugemutet habe. Alle sind in therapeutischer Behandlung. Teils sind sie beziehungsunfähig, teils nicht in der Lage, für sich selbst zu sorgen.*

Aus lauter Angst, sie könnten durch das gespannte Verhältnis zu Hause Schaden nehmen, habe ich bei ihnen genau den Fehler gemacht, sie zu bemuttern, zu verwöhnen und jede erdenkliche Schwierigkeit aus dem Weg zu räumen. Während mein Mann sie entweder ganz ignoriert hat oder unseren Sohn geschlagen und tagelang in ein Loch im Keller gesperrt hat, um ihm Manieren beizubringen. Ich konnte ihm nicht beistehen, hatte panische Angst vor

Angriffen durch meinen Mann. Deshalb habe ich den Sohn verwöhnt und ihm niemals Grenzen gesetzt, denn ich wollte das ja wieder gutmachen. Zurzeit besteht der Kontakt zu meinen Kindern nur darin, dass sie Vorwürfe gegen mich erheben. Das ist sehr bitter, denn ich wollte doch nur ihr Bestes. Doch ich bin auch ehrlich genug, um zu erkennen, dass sie recht haben mit ihren Anklagen. Heute rate ich jeder Frau, nicht zu warten, sondern sofort zu reagieren und mit den Kindern neu anzufangen. Auch nicht, wenn es schon schiefläuft, meinen, mit einem weiteren Kind würde sich die Lage entspannen und der Mann zu seiner Familie stehen. Schon gleich zu Anfang, mit dem ersten Kind wäre es in meinem Fall die richtige Lösung gewesen, sofort aus dieser Beziehung zu gehen.

Frauen, die in solch unglücklichen Konstellationen leben, machen sich die unterschiedlichsten Hoffnungen: *„Mit noch einem Kind wird es besser. – Mit der Zeit wird er mich anerkennen. – Das Verhältnis zu meinem Mann wird sich normalisieren, wenn die Schwiegermutter gestorben ist."* Nichts davon hat sich in auch nur einem mir bekannten Fall als berechtigt erwiesen. Ganz im Gegenteil! Selbst wenn dann die Mutter gestorben ist, trauern diese Muttersöhne wie um eine Geliebte. Die Zitate über und von der Mutter verstärken sich noch. Ständig ist nur von der „armen Mutter" die Rede. Sie wird im (und auch als) Geist noch präsenter, noch großartiger, noch mächtiger. Zusätzlich werden die jüngeren Frauen von ihren Männern sogar noch verbal angegriffen, weil sie als die „nicht wertvollen Menschen" noch leben und die arme Mutter viel zu früh hat sterben müssen. Das gipfelt z.T. noch in Vorwürfen, die Ehefrau wäre durch ihre Ungezogenheit der Mutter gegenüber für deren viel zu frühes Ableben (teils im Alter von über 90 Jahren!) verantwortlich.

Dieses Problem ist mittlerweile bis in höchste Kreise der katholischen Kirche bekannt und anerkannt. In einer Meldung des Vatikans hieß es, dass im Jahr 2005 vom höchsten Kirchengericht 69 Ehen annulliert wurden. Die Gründe waren Impotenz, Angst vor Sex, Alkoholismus, schwere Drogensucht und: psychische Abhängigkeit der Ehemänner von ihrer Mutter!

> Für sie ist La Mamma Ratgeberin und Trösterin in allen Lebenslagen, auch nach der Trauung. Die „Mammoni" sind nicht in der Lage, ohne Einmischung der Mutter Entscheidungen zu treffen. Dies mache eine wirkliche Ehe unmöglich, urteilten die Kirchenrichter. Es gab aber auch Fälle, in denen die Frau die starke Einmischung ihrer Eltern in der Ehe zugelassen hatte."
>
> *Quelle: Augsburger Allgemeine, 29.01.2007*

Eine wirklich segensreiche Bekanntmachung der Sacra Rota, des höchsten Kirchengerichts in Rom, wird doch das Problem der übermächtigen Mutter auch als solches anerkannt. Es ist ein kleines Steinchen auf dem Weg zur Gleichberechtigung innerhalb der Familien, gerade unter den Frauen eben dieser Familien.

Typ B: Der dressierte und manipulierte Sohn

Auf meine Frage, ob der Mann in Konflikten mit der Schwiegermutter Beistand leiste, erhielt ich folgende Antworten:

28 % – „überhaupt nicht" (Muttersöhne)

47 % – „ja"

25 % – „zu wenig"

Welche Problemstellung sich in Partnerschaften mit einem Muttersohn ergibt, habe ich schon erläutert. Warum nun gibt es auch in Ehen, bei denen der Mann Beistand leistet oder sich wenigstens bemüht, einen Schwiegermutterkonflikt? Betrachten wir die zweite Kategorie des Muttersöhnchen, die des manipulierten und dressierten Sohnes, finden wir Erklärungen. Fast alle Männer aus dieser Kategorie wachsen in vergleichbaren familiären Konstellationen auf. Eines der nachfolgend beschriebenen Familienbilder ist bei jedem dieser Männer zu finden – manchmal auch in Mischform.

1. **Der Vater hat in der Familie die dominante Rolle.** Oftmals behandelt er seine Frau recht herablassend. Diese lässt sich die Behandlung gefallen und fügt sich in die Rolle der Untergebenen ein. „Die Frau sei dem Manne untertan" gilt in dieser Familie als praktizierte Regel. Selbstverständlich sind die Kinder ihrerseits die Untergebenen der Mutter. An sie wird der Druck von oben nach unten weitergegeben. Widerspruch wird nicht geduldet. So agierende Mütter erwarten nun ebenfalls von der Partnerin des Sohnes totale Unterwerfung. Wobei sie als Mutter das Recht in Anspruch nehmen, ihre Erfahrungen einzubringen.

   Mit vielen dieser Mütter habe ich gesprochen und es hat mich erstaunt, wie wenig Respekt und Achtung sie vor Frauen haben. Sie haben sich selbst zur Haushälterin ohne Rechte und Anerkennung degradiert. Ihre niedere Position und den damit verbundenen Minderwert einer (Haus)Frau finden sie schließlich ganz normal.

2. **Die Mutter ist unglücklich oder unzufrieden in ihrer Partnerschaft.** Es kann sein, dass ihr Mann dominant und grob ist. Oder er ist gleichgültig und überlässt ihr die ganze Verantwortung. Vielleicht hat er auch nicht erreicht, was sie sich erhofft hatte. Was auch immer die Ursache der Unzufriedenheit ist: Diese Mutter präsentiert sich ihrem Sohn als Leidende. Beide, sowohl der Mann als auch der Sohn sind

schuld an ihrem Elend. Letzterer ist schließlich dafür verantwortlich, dass sie in dieser unbefriedigenden Lebenssituation bleibt. Dem Sohn wird Dankbarkeit und Fürsorge abverlangt. Er soll die Lücken im Leben seiner Mutter auffüllen.

3. **Beide Elternteile haben von klein an dem Kind seine Funktion zugeteilt.** Als Stammhalter, als derjenige, dem es mal besser gehen soll. Als Fürsorger fürs Alter, als Verantwortlicher für die Unterhaltung und Versorgung der Eltern.

4. **Die Mutter ist die Feudalherrin der Familie.** Auch der Vater steht unter der Fuchtel seiner Frau und hat sich unterzuordnen. Mutter bestimmt, was, wie, wo und wann gemacht werden muss. Sie trifft die Entscheidungen für die gesamte Familie. Der Vater ist nur zu dem Zweck geduldet, Geld zu beschaffen und die angeordneten und meist unliebsamen Aufgaben zu erledigen. Diese Mutter thront über der Familie und bestimmt die Geschicke aller Familienmitglieder.

5. **Die Mutter ist alleinerziehend.** Der Sohn muss dann den Ehemann ersetzen, Verantwortung übernehmen und für alles stehen, was „einen ganzen Mann erfordert". Im Fall eines früh verstorbenen Vaters hat der Sohn der Mutter später zu vergelten, dass sie ihn alleine großgezogen hat.

Patriarchat oder Matriarchat?

Ist die Familie streng patriarchalisch strukturiert, haben unsere Problemschwiegermütter verschiedene Verhaltensweisen entwickelt. Der größere Teil der Frauen verachtet im Innersten den Ehemann – sei es, weil sie sich einen liebevolleren Partner gewünscht haben, weil der Gatte trinkt … Manchmal sind sie auch unzufrieden, da sich der Ehemann im Beruf nicht ganz wunschgemäß weiterentwickelt hat. Hier könnte ich noch viele Gründe anführen, warum die Schwiegermutter unzufrieden oder unglücklich in der Ehe ist. Wichtig ist allerdings ihr Verhalten, das aus dieser Unzufriedenheit entsteht, denn gerade diese Frauen ziehen ihren Sohn sehr gerne als Mannersatz heran. Der Sohn soll so werden, wie sich die Mutter ihren Wunschpartner vorgestellt hat. Als „Erziehungsmittel" wird übermäßige Liebe genauso wie ständiges „Unter-Druck-Setzen" angewandt. *„Deine Mutter macht alles nur für dich. – Sieh mal, heute habe ich mir extra die Arbeit gemacht und dein Lieblingsessen gekocht. – Mama wird ganz traurig, wenn du so böse bist. – Meinen Beruf habe ich nur deinetwegen an den Nagel gehängt und meine Karriere aufgegeben. – All die Jahre konnte ich keinen Urlaub machen, weil du mich ja gebraucht hast."* Das sind nur einige der „magischen" Sätze, mit denen Kinder von klein an in die Rolle des Schuldigen gepresst und so systematisch auf Dankbarkeit und – daraus abgeleitet – Fürsorgepflicht getrimmt werden. Sollten sie sich trotzdem einmal widerspenstig zeigen, sorgen Schwächeanfälle, Weinen und andere Unpässlichkeiten der Mutter sofort für ein schlechtes Gewissen.

Manche dem Vater unterworfene Mutter gibt ihrerseits den Druck nach unten an die Schwächsten weiter – an ihre Kinder. Zwar erledigen diese Frauen mit wahrer Inbrunst ihre haushälterischen und mütterlichen Aufgaben, versäumen es jedoch nicht, dem Kind immer wieder klarzumachen, dass sie die Stärkere sind und was sie alles nur zum Wohle des Kindes leisten. Die Abhängigkeit ihrer Kinder wird somit zur Legitimation für das eigenen Leben.

In der matriarchalisch strukturierten Familie ist Mutter die Chefin. Den Kindern wird sehr schnell klargemacht, dass nur Mutter entscheiden, dirigieren und delegieren kann. Mutter lässt sich verehren. Häufig finden wir in diesem Mutterregiment Kinder unterschiedlicher Rangordnung. Ein Kind zum Knuddeln und Liebhaben, ein anderes fürs Grobe und eventuell noch ein zum schwarzen Schaf erkorenes, das für alle Missstimmungen innerhalb der Familie verantwortlich gemacht wird. Von der dominanten und ihrem Mann gegenüber verächtlich agierenden Mutter werden die ausgewählten Söhne zu Wunschpartnern und Idealmännern „herangezüchtet".

Ob Matriarchat oder Patriarchat: Eines hat keine der mir bekannten Extrem-Schwiegermütter je kennengelernt: eine partnerschaftliche, erfüllte und gleichberechtigte Ehe!

Nach diesem kleinen Exkurs versteht man sicher meine Aussage, die Söhne seien dressiert und manipuliert. Von klein an werden sie gefügig gemacht, Dankbarkeit, schlechtes Gewissen und Fürsorgepflicht werden ihnen in die Seele gebrannt. Dafür ist jedes moralische Druckmittel recht. Die Söhne hingegen sind zu keinem Zeitpunkt in der Lage, die Verantwortung, die ihnen meist schon von Kindesbeinen abverlangt wird, auch nur annähernd zu tragen.

Wie die Dressur funktioniert – ein Beispiel

An dieser Stelle möchte ich eine Kostprobe für das ausgeklügelte und wirkungsvolle Dressursystems geben: Mutter hat in der Zeitung gelesen, dass ein Gartenmarkt am anderen Ende der Stadt Primeln zu einem günstigen Preis verkauft. Es ist 17:00 Uhr, der Sohn kommt gerade zur Tür seiner Wohnung herein. Die Kinder spurten los, ihren Papa zu begrüßen, werden aber durch das Klingeln des Telefons unterbrochen. Mutter ist am anderen Ende der Leitung. *„Hallo, wie geht's?"* Der Sohn kommt gar nicht zum Antworten, da Mutter übergangslos weiterredet: *„Beim Gartenmarkt Blühschön gibt es Primeln im Angebot, die wären genau die richtigen für meine Pflanzschale vor dem Haus!"* Sohn: *„Mutti, ich bin gerade erst zur Türe rein und habe noch nicht einmal die Kinder und* *meine Frau begrüßt. Außerdem habe ich den Kindern versprochen gleich noch mit ihnen ins Schwimmbad zu gehen. Um 18:00 Uhr macht der Gartenmarkt zu. Jetzt, mitten im Berufsverkehr kommen wir da nicht mehr rechtzeitig durch. Übermorgen ist Samstag, da hole ich dich gerne morgens ab und wir fahren in aller Ruhe hin."* Da kommt umgehend von Mutter: *„Nie hast du Zeit für deine alte Mutter! Dabei habe ich immer alles für dich getan."* Sohn: *„Aber Mutter, jetzt geht es halt nicht. Wir kämen zu spät. Komm, wir fahren übermorgen früh, da haben wir dann auch gemütlich Zeit."* Mutter: *„Du bist undankbar! Das habe ich nicht verdient, dass du so mit mir umgehst."*

So unter Druck gesetzt, wird es dem Sohn schwerfallen, Nein zu sagen. Er wird also die Kinder enttäuschen, weil er sein Versprechen nicht hält, mit ihnen schwimmen zu gehen. Er wird seine Frau enttäuschen, die das Essen bereits aufgetragen hat. Und obwohl er weiß, dass er es zeitlich niemals schaffen kann, wird er ins Auto springen und zu Mutter rasen. Die versteht es dann meisterlich, ihn bis in die Nacht bei sich zu beschäftigen. Hat auch schon für den Bub gekocht.

Widersetzt sich der Sohn jedoch, kommt Schlimmes auf ihn und seine Frau zu. Mutter verkündet jedem der es hören will oder nicht: *„Meine Schwiegertochter lässt meinen Sohn nicht zu mir. Erst heute hat sie ihn daran gehindert, mit mir zum Gartenmarkt zu fahren. Dabei wollte ER mir doch so gerne die Freude machen."* Bei den Verwandten beschwert sie sich außerdem noch: *„Mein Sohn lässt mich total im Stich. Nicht einmal eine halbe Stunde hat er Zeit, um mir etwas Wichtiges zu besorgen. Dabei bin ich doch so schwach auf den Beinen und würde seine Hilfe dringend brauchen."* Bei anderen empfänglichen Zuhörern verbreitet sie dann: *„Nicht mal die paar Blümchen gönnen mir die Jungen. Die wollte ich auf Vaters Grab setzen – doch die haben keinen Anstand dem toten Vater gegenüber."* Nachdem die denunzierenden Botschaften unters Volk gebracht sind, ruft diese Mutter dann abends beim Sohn an: *„Über deine gemeine Absage habe ich mich so aufgeregt, dass ich starke Herzbeschwerden habe und mir ganz schwindlig ist. Heute Nacht kann ich sicher wegen euch wieder nicht schlafen."* Spätestens da wird sich der Sohn überlegen, ob er nicht schleunigst zu der Kranken fährt. Tut er das nicht, wird dem Ganzen noch einmal die Krone aufgesetzt, indem Mutter am nächsten Tag vorgibt, schwer krank zu sein. Vor lauter Aufregung selbstverständlich. Auch im gesamten Umfeld wird von der „Krankheit" berichtet, und der Sohn sieht sich einer Flut von Vorwürfen ausgesetzt: *„Du kümmerst dich zu wenig um deine Mutter. – Diesen kleinen Gefallen hättest du ihr schon tun können. – So eine Gemeinheit, du gönnst deiner Mutter nicht mal eine kleine Freude. – Dein Vater wird sich im Grabe umdrehen, so wie du deine Mutter behandelst."* So tönt es dann wie im Chor von der Mutter, der Verwandtschaft, von Bekannten und der werten Nachbarschaft.

Sohn und Schwiegertochter haben in keinem Fall die Chance, hier etwas richtig zu machen. Hätte der Sohn die Anzeige schon am Morgen gelesen und seiner Mutter die Primeln als Geschenk mitgebracht, hätte es geheißen: *„Er hat für seine liebe Mutter nur ein paar billige Primeln aus dem Sonderangebot übrig. "* Wäre er am Abend gleich nach dem Anruf in sein Auto gehechtet, zur Mutter losgebraust und ab zum Gartenmarkt, hätte es geheißen: *„Weil er so getrödelt hat, kamen wir viel zu spät zum Gartenmarkt. Deshalb gab es keine Auswahl mehr und ich musste den Ausschuss kaufen. "*

Dem Sohn werden Motive unterstellt, die weit hergeholt sind und ihn doch moralisch äußerst erfolgreich unter Druck setzen. Kommt es bei der Mutter dann zu dramatischen Folgen wie Schlaflosigkeit oder Herzbeschwerden, sitzt er endgültig in der Falle des Schuldig-Seins.

Solch mütterliches Verhalten entstammt keineswegs einem Witzblatt, sondern ist für viele Söhne und Schwiegertöchter die alltägliche Realität. Das so erzeugte ständige schlechte Gewissen und der enorme moralische Druck bewirken letztendlich: **Der Sohn wird parieren. Wird alles tun, um nicht abgewertet, diffamiert zu werden. Wer möchte schon gerne ständig angegriffen und verurteilt werden?**

Liebling oder schwarzes Schaf? Unterschiedliche Wertigkeiten der Kinder

Viele unserer Ehemänner sind in ihren Familien als „Söhne zweiter Wahl" aufgewachsen. Egal, ob sie noch einen Bruder oder eine Schwester haben, sie waren nie die Lieblinge der Mutter. Immer als minderwertig eingestuft, haben sie williges Verhalten an den Tag gelegt, um überhaupt einmal die Aufmerksamkeit oder das Wohlwollen der Mutter zu erringen. Dass die Lieblinge sich selten oder nie um das Wohl der Mutter sorgen (müssen), ist hingegen nicht weiter erstaunlich. Während sich die Vernachlässigten ständig um das Wohlergehen der Mutter sorgen, erscheinen sie meist nur zum Abkassieren.

Der Lohn der Vernachlässigten besteht jedoch nur in Schelte und Demütigung. Von einem nicht so sehr geliebten Sohn wird zwar ständig volle Leistung gefordert, aber nicht selten wird er dafür von seiner Mutter auch noch verachtet und verhöhnt: *„Mein Sohn ist doch blöd studiert. Der ist ein Waschlappen, lässt sich alles gefallen und taugt nichts. "* Solche Beschreibungen des minderwertigeren Sohnes bekommen wir – auch vom Umfeld der Mutter – oft zu hören.

Ganz gleich ob dressiert, manipuliert oder abgerichtet, egal ob aus zu viel oder zu wenig Liebe: Schon von Kindheit an wurde dem Sohn vermittelt, wie er Aufmerksamkeit oder Anerkennung, zumindest aber keinen Tadel von seiner Mutter bekommt. Diese wiederum macht sich den manipulierbaren und pflegeleichten Sohn für ihre eigene Bequemlichkeit und Lebensansprüche in vollem Maße zunutze. Der Sohn selbst verhält sich wie ein Hündchen, das überschwänglich mit dem apportierten Stöcken begrüßt werden will. Mit der Aussicht auf einen freudigen Empfang als Belohnung lernt er, unter noch so widrigen Umständen das Stöckchen schnellstmöglich zu bringen. Der Sohn selbst wird dabei so eingeschnürt, dass ihm schon der Gedanke an Widerspruch oder Verweigerung wie ein Abenteuer aus einer anderen Welt erscheint. So ist es für ihn unvorstellbar, das Verhalten seiner Mutter zu kritisieren oder gar abzulehnen.

Gerade so dressierte und manipulierte Söhne versuchen im Laufe des Erwachsenwerdens dieser totalen Einverleibung zu entkommen, und das umso mehr, wenn sie selbst eine Familie gründen wollen. Spätestens dann erkennen sie, mit welcher Form der Unterdrückung sie es zu tun haben. Sich zu wehren haben sie jedoch nie gelernt und so verzweifeln sie häufig an ihrer Hilflosigkeit, an der vergeblichen Suche nach einem Weg aus dem Dilemma. Doch so schwierig es auch sein mag: Die Mehrzahl dieser Söhne wird früher oder später an einen Punkt gelangen, von dem aus sie beginnen, die Ketten aus überzogener Moral und Dankbarkeit zu sprengen.

Dies gilt nicht für echte Muttersöhnchen, die meiner Meinung nach nur ein „Außenorgan" ihrer übermächtigen Mutter darstellen. Es wird einer Ehefrau niemals gelingen, ein Muttersöhnchen aus den Klauen seiner Mutter zu befreien. Es bleibt ihr eigentlich nur die Trennung übrig, da sie nie die Partnerin ihres Mannes sein wird. Alle Liebe ist und bleibt bei Mutter. Vielleicht könnte eine Therapie dem Sohn helfen, sich von seiner Mutter zu lösen. Dies würde allerdings voraussetzen, dass er seine Situation erkennt und auch etwas ändern will.

Anders sieht es aus, wenn der dressierte Sohn anfängt, Unbehagen gegen den Zwang zu entwickeln. Er ist offen und zugänglich und wird langsam lernen, sich aus dem moralischen Überdruck seines bisherigen Zusammenlebens mit der Mutter zu befreien. Sein Innerstes sagt ihm, dass er keinen Gefallen an lebenslangem Gehorsam findet. So wird er nach und nach lernen, sich zur Wehr zu setzen und auf einen vernünftigen, wenn auch reduzierten Umgang mit seiner Mutter hinarbeiten. Gemeinsam mit seiner Ehefrau kann er sich langsam aus dem übermächtigen Verantwortungsgefühl seiner Mutter gegenüber lösen – auch wenn dieser Weg für beide steinig und schwer sein wird. In 74 % der mir bekannten Fälle war für Eheleute jedoch diese Loslösung der einzige Weg, ihre „Mutterkrise" zu bewältigen. Verständnis füreinander sowie Erkennen und Aufarbeiten der in der Kindheit entstandenen Fehlprägungen sind unerlässlich für den Fortbestand der Ehe.

Zusammenfassung

Zusammenfassend möchte ich dazu feststellen: Der Sohn als Bindeglied bzw. eigentliches Opfer der Begierde seiner Mutter muss sich über seine Wertigkeit und Stellung als Sohn ein objektives Bild machen. Sowohl seiner selbst gewählten Ehefrau, aber auch seiner Mutter gegenüber ist er verpflichtet, eindeutig Stellung zu beziehen. Eventuell kann ihm eine Therapie behilflich sein, die Struktur seiner Herkunftsfamilie und die Position seiner Mutter zu analysieren. Wo und wie wurden ihm seine Abhängigkeit und der Zwang zur immerwährenden Dankbarkeit eingetrichtet? Hat er das erkannt, kann er zu einer anderen Form des Umgangs mit seiner Mutter finden, zu einem normalen Maß an selbstverständlicher Fürsorge.

Ist seine Mutter nicht bereit, ihn in ein selbstbestimmtes und achtsames Miteinander zu entlassen, bleibt als Konsequenz nur noch die vollständige Trennung. Eine Konsequenz übrigens, die durchaus vorläufig sein kann, denn so manche Mutter ist bereit, sich letztendlich doch an die Regeln des achtsamen Umgangs zu halten. Ganz will sie den Kontakt vielleicht doch nicht verlieren. Oder sie merkt, dass es dem Sohn wirklich ernst ist und dass sie keine Alternative hat.

Bewegt sich der Sohn jedoch nur ein bisschen in Richtung seiner Mutter, ein bisschen in Richtung seiner Frau und ein bisschen in Richtung eigener Selbstständigkeit, wird das auf Dauer nur zu noch mehr Konflikten führen. Keine der Parteien weiß, woran sie wirklich ist, und die Mutter wird möglicherweise am längeren Hebel der Macht, der Dressur und des moralischen Drucks kräftig ziehen, was jeden weiteren Befreiungsversuch noch kräftezehrender und noch verheerender in der Wirkung erscheinen lässt.

Ein gewisser Rückzug, eine befristete Trennung, die Selbstfindung und Positionierung des Sohnes hingegen schließen nicht aus, dass nach geraumer Zeit wieder ein vorsichtiges Sich-einander-Nähern stattfinden kann. Durch dieses eindeutige Stoppsignal des Sohnes lernt die Mutter sich anzupassen, sodass künftig größere Konflikte vermieden werden können. Eine sich gänzlich im Recht fühlende Mutter jedoch, die auf ihren „Besitz am Sohn" besteht, wird nie zulassen, dass dieser sich hin zur Selbstständigkeit entwickelt. Sie wird ihn nie innerlich und moralisch freigeben. Hier wird der Sohn gezwungen, sich entweder für die sklavische Unterwerfung durch seine Mutter zu entscheiden oder für ein selbstbestimmtes Leben. Beides zusammen ist nicht möglich.

Ursachen – warum Söhne und Schwiegertöchter sich so hilflos fühlen

Viele der Frauen und Männer die bei mir Rat suchen, wurden auf eine Rolle innerhalb der Familie getrimmt. Nie hatten sie Gelegenheit, sich selbst auszuprobieren oder zu positionieren. Sie „müssen" um Liebe buhlen, sie kämpfen um die Anerkennung der Eltern und brechen zusammen, weil sie dem Druck, das zu tun, „was sich gehört", nicht länger gewachsen sind. Manche haben regelrecht Angst vor ihren übermächtigen Müttern oder Vätern. Sie fühlen sich bei jeder Grenzziehung als Versager, als unverantwortlich und lieblos.

Woher kommt dieses überschießende Verantwortungsbewusstsein? Warum lässt man sich manipulieren? Warum muss man gehorchen, obwohl man es gar nicht will? Kinder lernen von klein auf, was ihnen ihre Eltern vermitteln. Das gilt auch für den sozialen Umgang. Mehr noch, sie passen sich an, versuchen schon vorab die Erwartungen der Eltern zu erfüllen, denn sie brauchen ihre Eltern ja lebensnotwendig – ihre Fürsorge, ihre Aufmerksamkeit und ihre Liebe.

Sicherlich sind nicht die Eltern allein für alles verantwortlich, was die Kinder irgendwann lernen. In diesem Kapitel jedoch will ich mich auf Verhaltensweisen von Eltern konzentrieren, die dazu beitragen, dass Kinder nachhaltig geprägt, geknechtet und gedemütigt werden. Und hier geht es beileibe um keine extremen Sonderfälle: Fast jede Frau und jeder Mann, mit denen ich bisher wegen ihrer Schwiegermutterprobleme Kontakt hatte, haben solche Erziehungsmethoden am eigenen Leib erfahren. Ich möchte Ihnen deshalb meinen Vortrag „Wie man sich den Besitzstand Kind dauerhaft sichert", den ich im Jahr 2000 im Rahmen der *Eidgenössischen Gesundheitstage* gehalten habe, präsentieren. Er wird Ihnen helfen zu verstehen, warum sie Schwierigkeiten haben, sich zur Wehr zu setzen, bzw. warum Sie wie Marionetten funktionieren. Warum Sie nicht ablassen können, auf Liebe und Anerkennung zu hoffen, obwohl Sie immer nur moralische Prügel bekommen.

Angst vor übermächtigen Personen in der Familie

Dumm – gemein – verbohrt – unzuverlässig – stur – lieblos – taktlos – engstirnig – eigensinnig – naiv – böse – unsensibel – kleinlich – undankbar – egoistisch ...

Wer von uns möchte schon so dargestellt werden? Wer ist nicht tief verletzt, wenn solche Adjektive im Zusammenhang mit seiner Person verwendet werden? Noch schlimmer: Wenn uns Nahestehende oder gar Mütter, Väter, Freunde oder der Chef so betiteln? Versuchen wir nicht ständig, solchen Urteilen auszuweichen? Geben wir nicht bereitwillig dem Tadelnden recht, da wir immer in Angst leben, wirklich so zu sein?

Diese Seite unserer Seele werden wir nun ein wenig beleuchten. Denn durch die Angst, Anerkennung und liebevolle Zuwendung zu verlieren, lassen wir uns manipulieren, dressieren – sind willig, billig und brav! Und diejenigen, die diese Adjektive missbrauchen, um sie wie Pfeile auf unsere Seele abzufeuern: Sie haben zu jeder Zeit die absolute Macht über unsere Person – gelingt es ihnen doch ständig, uns eine schlechtes Gewissen zu machen, uns klein zu halten.

Dass wir dabei zuallererst den Kontakt zu uns selbst verlieren, die Fähigkeit, auf unser Inneres zu vertrauen und zu hören, und in Folge unser Verhalten verändern – oft schleichend, bis es uns krank und verhaltensgestört macht –, fällt uns nicht auf. Im Buhlen um die vermeintlich lebenswichtige Wertschätzung verlieren wir unseren Seelenfrieden, unsere Selbstachtung und langsam auch das Selbstvertrauen.

Schon als Baby lernt der Mensch, dass er abhängig ist – von der Pflege und Zuwendung der Eltern. Ein Kleinkind begreift schnell, was es zu tun hat, um diese Zuwendung zu bekommen und sie zu erhalten. *„Wenn ich lache, lacht Mutter auch – bin ich quengelig, bemüht sie sich noch mehr um mich. Bin ich zu lange quengelig, wird sie vielleicht böse und schimpft mit mir.“* Dieses Verhalten ist ganz normal und zunächst auf das reine Überleben ausgelegt.

In den folgenden Jahren lernt das Kind, sich Gehör bzw. Zuwendung zu verschaffen, es lernt aber auch, wie es bestimmte Reaktionen erzeugen kann (Lachen, Ärger … oder auch Kopfschmerzen bei Mama). Es lernt, sein Verhalten mit dem des Umfeldes abzugleichen, um möglichst viel an Zuwendung und Anerkennung zu erhalten.

Wenn aber nun ein Erziehungsberechtigter (was noch nicht Erziehungsbefähigter bedeutet) egoistische Ziele verfolgt oder eine gestörte Persönlichkeit hat, das Kind nicht ernst nimmt, die elterliche Macht missbraucht, es nur als Funktionsträger für Verantwortlichkeiten (seine eigenen) sieht, wird dieses Verhältnis maßgeblich gestört.

Mit Sprüchen wie:
„Was sollen denn die Nachbarn denken?“
„Wenn du so unartig bist, bekommt die Mama Kopfweh.“
„Geh weg, das kannst du sowieso nicht!“
„Nur wegen dir muss ich in dieser schlechten Ehe bleiben.“
„Nur wegen dir muss ich auf mein berufliches Fortkommen verzichten.“
„Schau mal, was die Mama alles Tolles nur für dich macht!“
„Wir rackern uns ab, damit du ein besseres Leben hast.“
„Du bist undankbar. Ich wäre froh gewesen, wenn ich so was gehabt hätte.“
„Solange du deine Füße unter meinen Tisch streckst, wird getan, was ich sage!“
„Wir wollen doch nur, dass es dir mal besser geht.“
„Wir meinen es doch nur gut mit dir.“

„Ich habe für dich alles aufgegeben."
„Alles muss ich selber machen, du machst nichts richtig!"
„Ständig muss ich hinterher sein. Auf dich kann ich mich nicht verlassen."
„Die Mami ist ganz traurig, weil du so böse bist."

... veranlasst man das Kind, der Mutter zu dienen, sie anzuerkennen als den besten Menschen auf der Welt und den in seiner Kinderwelt allmächtigen Menschen. Es wird sich folglich zu Dankbarkeit und Fürsorge der Mutter gegenüber verpflichtet sehen. Neben ihr wird es sich klein fühlen, unsicher, unvollkommen, unfähig. Es hat ein schlechtes Gewissen, da es ja schuld an ihrem Leiden (oder auch dem Leiden seines Vaters) ist. Es lebt in ständiger Angst, den Erwartungen und Aufgaben nicht gewachsen zu sein. Auch die Ehrfurcht und Angst vor der „großen Person" wird nachhaltig geschürt. Dazu bedarf es nicht einmal drastischer Worte, sondern auch nur eines Seufzens der Mutter, eines Abwinkens des Vaters oder eines Beiseitedrängens durch den Bruder.

Des Weiteren wird die Angst instrumentalisiert: über Angst machende und abschreckende Personen oder Dinge wird die Macht verstärkt:
„Dann kommt der Grampus und holt dich."
„Da sperrt dich der Polizist in den Kerker."
„Der schwarze Mann fängt die bösen Kinder."
„Wir bringen dich zu Luzzi Oma (eine unangenehme Person), wenn du nicht artig bist."
„Dich frisst der Wolf."
Oder auch nur: *„Das sag ich dem Papa, wenn er abends heimkommt."*

Als Kind lernen wir so, uns vor mächtigen Personen oder negativen Ereignissen, die wir selbst durch Ungehorsam oder Untauglichkeit hervorrufen, zu fürchten. Haben wir nun unser Handeln, Parieren und Buhlen um Anerkennung diesem Druck erst einmal unterworfen, geht das Spiel mit der Angst – vor Ausgrenzung, Versagen, Liebesentzug – immer weiter. Und wir selbst sorgen dafür, dass dieser Druck immer stärker wird. Das bedeutet, dass wir Verpflichtungen, diese stummen Dankeserwartungen, diesen Anspruch der Eltern an uns, noch pflichtbewusster, funktionierender und perfekter bedienen, als es von außen erwartet wird. Über diesen vorauseilenden Gehorsam heben wir die Ansprüche unserer Eltern auf ein schier unerträgliches Niveau, denn wir glauben ja tatsächlich, der Mutter bzw. dem Vater das schuldig zu sein.

Wir werden so zu unserem schärfsten Kritiker. Da wir uns unserer selbst noch nicht sicher sind, orientieren wir uns ständig daran, wie andere uns definieren. Wir übertragen ihnen die Macht über unser Wohlbefinden. Sind sie zufrieden, fühlen wir uns wohl und angenommen; sind sie es nicht, hadern wir mit uns und haben das Gefühl, versagt zu haben. So glauben wir also, wirklich so zu sein (sein zu müssen), wie die anderen uns sehen ... Und das ist, wohlgemerkt, eine für sie brauchbare Bewertung unserer Person. Wir haben gelernt, unsere ganze Person infrage zu stellen. Die wenigsten von uns kennen den Unterschied zwischen: „DU bist" und „dein VERHALTEN ist".

Die übermächtige Mutter, der allmächtige Vater, der Machtmensch Chef, alle, die nach dem Motto „niedermachen – kleinmachen" arbeiten, stellen also ständig unsere gesamte Person – nicht etwa unser Tun – infrage. Und so sind wir es auch gewöhnt. *„DU bist gemein!"* Wer will schon so bewertet werden? Mehr noch, wir fürchten uns davor, dass jemand so von uns denken könnte, und tun folglich alles, um diese Bewertung zu vermeiden.

Und greifen dann die Attacken der emotionalen Erpressung, werden uns zusätzlich absolute „Killerphrasen" um die Ohren gehauen wie:
„Das hab ich nicht verdient, dass du so mit mir umgehst."
„Ich habe doch immer nur dein Bestes gewollt."
„Ich meine es doch nur gut mit dir."
„Was sollen denn die Nachbarn denken?"
„Das gehört sich nicht!"
„Die Leute reden schon über dich und sind der Meinung, es ist nicht richtig, was du machst."
„Also, ich hätte schon mehr von dir erwartet."
„Ich hätte nicht erwartet, dass du mich so im Stich lässt."
„Also, das hätte ich dir nie zugetraut!"
„Nur du kannst mir helfen – ich brauche dich."
„Du bist nicht loyal."
„Deine Selbstverwirklichung ist dir wichtiger."
„Ich verlange doch wirklich nicht viel!"
„Ich dachte immer, ich kann mich auf dich verlassen."
„Du liebst mich nicht genug, sonst würdest du das für mich tun."
„Ich hätte dich für klüger gehalten."
„Jeder vernünftige Mensch sieht, dass ich hier im Recht bin und dass du irrst."

Wer hätte solche Sätze nicht schon gehört? Und haben wir nicht Angst, dass wir so eine Aussage über uns anhören müssen? Ich zumindest habe schon beim Aufschreiben Herzklopfen bekommen.

Wer diese Sätze benutzt, bewusst oder unbewusst, übt emotionale Erpressung aus! Denn wenn jemand so gegen mich argumentiert – wie kann ich mich da wehren? Dieser über Wertvorstellungen ausgeübte Druck macht hilflos. Und willig, brav und demütig, denn sofort versuche ich, das Bild, das der andere von mir hat, zurechtzurücken – ohne jede Rücksicht auf meine eigenen Gefühle und Bedürfnisse. Ich sage meinen Kurzurlaub, auf den ich mich schon monatelang gefreut habe, kurzerhand ab, wenn meine Mutter zu mir sagt: *„Mir geht's nicht so gut und ich verlange doch wirklich nicht viel, wenn ich dich einmal bitte, dieses Wochenende für mich zu sorgen."* Und wie schlecht ist mein Gewissen, wenn ich zu hören bekomme: *„Die Leute reden auch schon darüber, dass du so mit mir umgehst ... Das habe ich nämlich nicht verdient."* Oder wie kann ich widersprechen, wenn jemand zu mir sagt: *„Ich meine es doch nur gut mit dir"*, selbst wenn mich diese Person jeden Tag mit zahllosen Anrufen nervt und nicht müde wird, mir zu sagen, was ich wie zu machen habe und was nicht.

Und so entsteht massive Angst, die nichts mit der gesunden Angst vor gefährlichen Situationen zu tun hat. Diese Angst vor verbalen Angriffen, Demütigung, Bloßstellung, Fehlinterpretation, vor dem Versagen, vor Liebesentzug, vor dem Verlust der Wertschätzung und der Anerkennung ist unsichtbar und wird zudem von uns meist nicht als Angst empfunden.

Wir nehmen unser verändertes, angepasstes und auf Verhütung von Anerkennungsverlust bedachtes gestörtes Angstverhalten nicht mehr wahr. Wir versuchen schon im Vorfeld zu erraten, was der andere von uns erwartet, nur um den Ausspruch: *„Das hätte ich nicht von dir erwartet"* zu vermeiden. Wir bemühen uns, ja recht aufmerksam zu sein um nicht den Peitschenhieb: *„Nicht mal das wenige bin ich dir wert"* zu erhalten. In unseren Handlungen, dem anderen ja alles recht zu machen, sind wir kopfgesteuert. Unser Gefühl, das uns sagen würde, was für uns selbst wichtig und richtig wäre, weisen wir als fehlbar ab und unterdrücken es.

Haben nicht der Vater, die Mutter, der Bruder, die Freundin oder der Chef mehr Kompetenz als unser doch so unzulängliches Ich? Selbstvertrauen, Selbstachtung und – wichtiger noch – unsere Integrität bleiben dabei auf der Strecke. Wir unterwerfen uns der Beurteilung anderer, deren Maßstäbe wir jedoch nie erreichen werden, da wir ja zu schlecht, fehlbar und unzulänglich sind. Und fühlen wir dennoch, dass wir ganz in Ordnung sind, stimmen wir trotzdem dem Urteil zu: *„Ich bin ein schlechter, böser, egoistischer Mensch"* – und arbeiten ganz automatisch gegen diesen vermeintlich schlechten Menschen.

Häufig verraten und bekämpfen wir uns selbst sogar noch unerbittlicher, als es die Angstmacher tun. Dieses Verhalten unter Zwang, dieser Zwiespalt zwischen Körper, Seele und Kopf macht uns schließlich krank. Und das kann sich ganz unterschiedlich äußern: Wir zucken zusammen, wenn das Telefon schellt – gehen oft schon gar nicht mehr an den Apparat. Denken wir nur an ein Pflichttreffen mit dem „Übermenschen", haben wir schon Wochen im Voraus Magenkrämpfe. Wir leiden an Durchfall, wenn wir montags wieder zur Arbeit gehen müssen. Unsere Hände können zittern, wenn der Chef in den Raum kommt; unser Herz rast, wenn wir nur die Schwiegermutter über den Hof kommen sehen. Fängt der Ehemann an zu schimpfen, wir würden ihn nicht genug lieben, bekommen wir Kopfschmerzen – weil wir den Kopf einziehen.

Wir sind ständig überfordert, mit der Zeit sogar mit den leichtesten Tätigkeiten, weil wir immer auf Hochtouren funktionieren wollen. Von solcher Versagensangst Betroffene, mit denen ich Kontakt hatte, sehen die Ursache für physische Erkrankungen eindeutig im Machtmissbrauch durch übermächtige Personen bzw. in der Angst vor solchen Personen. Betroffene berichten mir u.a. von folgenden Erkrankungen:

➤ *Herz-Kreislauf-Probleme bis zum Herzinfarkt*
➤ *Schlaganfall*
➤ *Magenbeschwerden bis zum Magengeschwür bzw. Magenkrebs*
➤ *Durchfälle und Darmbeschwerden bis zum Darmkrebs*
➤ *Kopfschmerzen bis zur Migräne*
➤ *Kreuzschmerzen bis zum Bandscheibenvorfall*
➤ *Unterleibsbeschwerden*
➤ *Nierenerkrankungen wie Nierensteine*
➤ *Blasenschwäche*
➤ *Hautkrankheiten, Neurodermitis, Schuppenflechte*
➤ *Allergien*
➤ *Kiefer- bzw. Zahnfehlstellungen*
➤ *Depressionen*
➤ *Verhaltenstörungen oder Auffälligkeiten*
➤ *Angst vor Nähe*
➤ *Unfähigkeit zur Partnerschaft*
➤ *Alkohol- oder Drogenmissbrauch*
➤ *Tablettensucht*

Auch der Volksmund kennt sich hier aus: „*Das liegt mir auf dem Herzen. – Das liegt mir schwer im Magen. – Das ist mir auf den Magen geschlagen. – Das geht mir an die Nieren ...*"

Wege, den „mentalen Angsthasen" in uns zu überlisten

Gefahr erkannt – Gefahr gebannt

Was habe ich nun für Möglichkeiten, wenn ich erkenne, wo ich stehe, was mich verunsichert, mir Angst macht? Und wie gehe ich dagegen an? Wie lerne ich mich selbst „umzuerziehen", mir wieder oder erstmals zu vertrauen und meine Wertigkeit selbst zu definieren? Wie bekomme ich mein überzogenes Pflichtgefühl unter Kontrolle?

Zunächst, indem ich eine Bilanz ziehe: Wo bin ich angreifbar und verletzlich? Wie wirken die „Täter" auf mich? Was bewirken sie? Wodurch wurde ich zum mentalen Angsthasen geprägt?

Habe ich darüber Klarheit, kann ich erste Gehübungen im „Böser-Werden" unternehmen. Das hat nichts mit defensiver Gegenwehr zu tun, sondern zielt darauf ab, das Vertrauen in meine innere Stimme aufzubauen, mich unabhängig zu machen von der Bewertung anderer, meine Wertigkeit selbst zu definieren.

Dann folgt das Einüben von Techniken: Was mache ich, wenn …? Wie verhalte ich mich, wenn …? Wie argumentiere ich, wenn …? Aus mir bekannten Situationen, die mich einst niedergedrückt haben, lerne ich für die angstfreie Zukunft. Hilflosigkeit macht Angst – Training bringt Sicherheit. Ich lerne, mir selbst in Notsituation Brücken zu bauen, um in Ruhe nachdenken zu können, denn der Feind des Angreifers, der alles sofort und auf der Stelle will, ist die Zeit. Gezielte Vorbereitung ist der Feind der Angst. (Siehe auch Kapitel „Wege aus der Krise", Seite 126)

Es geht nicht darum, im Gegenzug den anderen zu entmündigen. Sondern um **Reflektieren – Spiegeln**: *„Nicht mehr mit mir – ich habe dein Spiel durchschaut. – Das Problem bin nicht ich – das Problem hast oder bist du selbst."* Und das kann ich üben wie ein Schauspieler seine Rolle!

Die **Automatik** kann ich **verlernen**! Situationen, in denen ich vorher „über den Tisch gezogen wurde", trainiere ich für die Zukunft, damit ich auch motorisch sicher und standfest bleibe. Ich übe meine Schlagfertigkeit.

Ich nehme alles auf und an, was mir guttut: Therapien, Düfte, Massage, Bewegung. Gezielt unterstütze ich mein persönliches Wohlbefinden.

Ich entwickle einen **gesunden Egoismus**, indem ich erst frage: *„Was will ICH? Wie fühle ICH mich dabei?"*

Ich lehne Bewertungen durch Dritte ab – bin nicht mehr fremd definiert. Das mag SEINE Meinung über mich sein. Die steht ihm zu, ist dennoch nur eine subjektive Bewertung. Er wird mich immer so sehen, wie er mich sehen will, egal wie ich mich verhalte!

Ich ziehe **Grenzen**: *„Das will ich – das will ich nicht."* Selbst beobachten und immer wieder üben, ist die Devise, denn – wie bereits gesagt – eine gute und gezielte Vorbereitung ist der Feind der Angst. Ein Fehler, den ich mache, ändert nichts an meinen Charaktereigenschaften.

Ich frage mich: **Was ist die Liebe wert, die Bedingungen stellt?**

Was ist in einer bestimmten Situation **mein Problem?** Und wo entmündige ich den anderen? Indem ich versuche, seine Reaktion zu manipulieren. Sie darf weinen … Er hat das Recht, gekränkt zu sein … Sie kann sich im Stich gelassen fühlen. Hierbei ist es wichtig, den anderen zu reflektieren: *„Du bist der Meinung, ich bin unzuverlässig? – Du sagst, ich bin dumm."* Manches lässt sich schon auf diese Weise klären.

Nicht immer lässt sich ein Ausstieg auf eine harmonische und nette Art bewerkstelligen. Der „Täter" könnte sich veranlasst sehen, noch intensiver auf mich einzuwirken. Er wird sämtliche Register ziehen, vielleicht sogar aggressiv reagieren, um die Macht über mich nicht zu verlieren. Er kämpft um seine Position! Aber: Ich halte das aus, denn ich will das aushalten. Ich will raus aus der Opferrolle, will diese Fremdsteuerung beenden.

„Ich halte das aus!" Diesen Satz muss und werde ich mir in Zukunft mehrmals am Tag vorsagen und mich auch in extremen Drucksituationen geradezu an ihn klammern. Gerade dann, wenn wieder diese Sprüche kommen: *„Warum tust du mir das an? – Du machst mich krank. Ich dachte doch, in dir einen Freund zu haben. – Dabei habe ich gemeint, ich kann mich auf dich verlassen."* *„Ich halte das aus!"* Und : *„Nicht mehr mit mir – ich habe dein Spiel durchschaut. Das Problem bin nicht ich – das Problem hast oder bist du oder er oder sie selber."*

Wer andere niedermacht, will sich selbst aufwerten. Wie gut tut es doch, wenn ich besser bin als meine Kollegin. Wenn ich weiß, wie nachlässig meine Schwester in der Haushaltspflege ist. Wie mies sich doch die Nachbarn bekriegen! Die Maiers lassen ihre arme kranke Mutter im Stich. Wie schmeichelnd für das Ego, wenn die Mitmenschen viel schlechter sind. Und wie sehr kann jeder sich vom eigenen Verhalten ablenken, wenn er andere zensiert und selbstverständlich viel besser ist als die.

Habe ich diese Strukturen erst einmal durchschaut, kann ich für mich eine Taktik ausarbeiten. Sie einzuüben und zu erproben bringt mich weiter. Macht mich auch klarer anderen gegenüber. Mag sein, dass ich dann für manchen unbequemer werde, weil ich mich nicht mehr manipulieren lasse. Die meisten aber werden es schätzen, dass ich deutlich mache, wenn sie an meine Grenzen stoßen. Unser Miteinander wird unkomplizierter und der Umgang offener und viel ehrlicher. Auch brauche ich keine Angst zu haben, wenn ich sachlich kritisiere, dass sich mein Gegenüber infrage gestellt sieht und beleidigt reagiert.

Wenn Kritik anderer nicht mehr mein ganzes Sein infrage stellt, brauche ich auch keine Angst mehr davor zu haben. Wenn ich gelernt habe, Nein zu sagen, meine Grenzen zu behaupten, brauche ich auch keine Angst mehr zu haben, dass jemand bei mir eindringt und mich verletzt

Es ist ein freieres Leben, das ich uns allen wünsche und das wir auch unseren Kindern weitergeben müssen, um unsere Welt menschlicher zu machen. Eine Welt des Miteinander, ohne emotionale Erpressung. In der freiwillig gegeben wird, ohne Druck. Ein

Leben in und mit sich selbst, das nicht mehr krank macht, aus Angst die Zuwendung zu verlieren.

Achtung voreinander ist sehr wichtig. Noch wichtiger jedoch, eigentlich sogar die wichtigste Voraussetzung überhaupt ist Achtung vor sich selbst. Sich als eigenständige Person sehen – und nicht als Funktionsträger der Dressurleistung eines Mitmenschen. Hermann Hesse meint dazu: *„Wer eigensinnig ist, gehorcht einem anderen Gesetz, einem einzigen unbedingt heiligem, dem Gesetz in sich selbst, dem SINN des EIGENEN.“*

Enkelkinder als Waffe im Familienkrieg

Leider sind bei den Schikanen, denen die Schwiegertöchter ausgesetzt sind, immer deren Kinder mit betroffen. Nicht selten reagieren die Kinder auf den Zwist in der Familie mit Verhaltensstörungen. Sechs Jahre alt ist das jüngste Kind, von dem ich weiß, dass es durch den Konflikt mit der Oma in therapeutischer Behandlung ist. Viele Enkelkinder leiden noch im Erwachsenenalter unter massiven Störungen.

Das Enkelkind als Kampfmittel

Ohne die geringste Hemmung wird Kritik an der Schwiegertochter, aber auch an deren Herkunftsfamilie über die Enkelkinder angebracht. *„Deine Mutter kann überhaupt nicht kochen. – Ach, die ist zu blöde um dir bei den Hausaufgaben zu helfen. – Deine andere Oma ist doof, kein Wunder dass deine Mutter nichts kann ..."* Wir alle können uns gut vorstellen, wie sehr Kinder durch solche Aussagen verunsichert werden. Sie reagieren dann entweder, indem sie ihre Mutter nicht mehr respektieren, oder sie sträuben sich, die Oma zu besuchen, weil sie die Hetzereien gegen ihre Mutter nicht mehr ertragen können.

Klara: *Mein Sohn kam von einem Besuch bei meiner Schwiegermutter zurück. Wir setzten uns zum Essen, als mein Sohn sagte: „Mutti, ich möchte das Zeug nicht essen, das du wieder zusammengemanscht hast. Die Oma hat gesagt, du bist viel zu blöde, um anständig zu kochen." Mir verschlug es die Sprache. Sollte ich den Jungen für etwas bestrafen, das ihm die Oma beigebracht hatte? Auch ihm zu erklären, dass die Oma mit ihrem Geschwätz viel Unheil anrichten könne, sah ich als keine gute Lösung. Schließlich wollte ich ja nicht meinerseits über die Oma herziehen. Ich war in dieser Situation völlig hilflos.*

Hildegard: *Eine meiner Schwägerinnen lebte gerade mit ihrem Mann in Scheidung. Sie hatte das Sorgerecht für das gemeinsame Kind. Eines Tages rief unsere gemeinsame Schwiegermutter bei meinem Mann an. Da sie total aus dem Häuschen war, holte er mich dazu. Beide verfolgten wird über Lautsprecher die Story, die sie uns auftischte. Das Enkelchen habe völlig aufgelöst bei ihr angerufen und erzählt, dass seine Mutti und die andere Oma ihm verbieten würden, seinen Vater zu sehen. Daraufhin sei sie ungehalten geworden und habe über die Mutter der Schwiegertochter einige unbedachte Äußerungen gemacht. Das Enkelchen sei todunglücklich über das gemeine Verhalten von Mutter und Oma und sie selbst mit den Nerven am Ende. Das arme Enkelchen sei diesen beiden Frauen total ausgeliefert.*

Am nächsten Vormittag kam meine Schwiegermutter zu uns, damit wir die ganze Angelegenheit noch einmal durchsprechen konnten. Wir wollten ihr klarmachen, dass gerade in dieser schwierigen Trennungsphase das Enkelkind nicht mit Streitereien unter Erwachsenen belastet werden sollte. Aus diesem Grund wollten wir sie bitten, das Geschimpfe über die andere Oma zu lassen. In dem Moment, als ich den Ansatz machte, darüber zu reden, unterbrach mich die Schwiegermutter sofort. Wie aus der Pistole geschossen kam der Satz: „Der Enkel lügt!" Dabei hatten weder mein Mann noch ich mit dem Enkel gesprochen, sondern uns nur auf ihre eigenen Angaben vom Vortag bezogen. Durch diese Reaktion wurde ich stutzig und habe dann ganz vorsichtig mit dem Kind über das Telefonat mit der Oma, gesprochen. Und siehe da, nicht er hatte sie angerufen, sondern sie ihn. Auch hatte er sich nicht beschwert oder gar behauptet, man würde ihn nicht zum Papa lassen, wie es die Oma uns verkündet hatte. Nein, die Oma hatte ihrerseits seiner anderen Oma die Schuld für die Trennung gegeben. Im Anschluss prasselte eine ganze Litanei an Beschimpfungen, was ihr an der anderen Oma missfalle, auf den Enkel ein. Verängstigt und eingeschüchtert, dass die Oma mit ihm schimpfen würde, hat mich das Kind gebeten, ja nichts über unser Gespräch zu verraten. Es hat mich dann auch noch gefragt, ob es wirklich die Schuld der anderen Oma sei. Nie werde ich verstehen, wie jemand ein Kind so missbrauchen kann, um eigene Kritik anzubringen.

Viele Schwiegertöchter berichten mir, dass sie sich nicht trauen, den Kontakt ihrer Kinder zur Oma zu unterbinden. Aus Angst, wieder angeklagt zu werden, schlucken sie lieber alles, was die Kinder von der Oma gesagt bekommen, runter. Dabei wehren sich mache Kinder mit Händen und Füßen, noch einmal zur Oma zu gehen, weil diese so über die Mutter herzieht. Selbst dann zwingen viele Mütter ihre Kinder weiterhin zu Besuchen der Großmutter, nur um nicht neuen Anlass für Schimpfereien zu liefern. Der übermächtige moralische Druck, einer Oma das Enkelkind nicht entziehen zu können und dürfen, macht es schier unmöglich, sich aus diesen krank machenden Strukturen zu befreien, auch wenn diese zu Lasten der psychischen Gesundheit der eigenen Kinder gehen.

Ein Beispiel aus der Praxis

Bereits vor einem Jahr hatte sich Thekla Weihorn (Name geändert) telefonisch bei mir gemeldet. Sie hatte mein Buch gelesen und konnte nach der Lektüre endlich ihr eigenes Verhalten der Schwiegermutter gegenüber sanktionieren, unter deren Bevormundung und Schikanen sie fast 20 Jahre gelitten hatte. Vor etwa drei Jahren hatte sie sich gänzlich von ihr zurückgezogen. Aber immer wieder meldete sich ihr schlechtes Gewissen: Das dürfe sie doch nicht, die Schwiegermutter sei ja schon alt und außerdem die Mutter ihres Mannes ...

Mithilfe meines Buches konnte sie aber dann Frieden mit ihrem Gewissen schließen und sie fand sich darin bestätigt, dass sie nicht überreagiert habe. Nun rief sie mich erneut an. Es ginge ihr sehr gut mit ihrem persönlichen Weg und sie sei durch die Entscheidung, aus jahrelangem Leiden auszusteigen, persönlich gereift. Durch ihre Tochter Bettina werde sie jedoch ganz unerwartet noch einmal mit der Schwiegermutter negativ konfrontiert.

Was war geschehen? Bettina (23) studiert und leidet seid einigen Monaten an Bulimie, obwohl ihr das Studium Spaß macht und auch leicht von der Hand geht. Als in einer Psychotherapie auch nach den Ursachen der Bulimie geforscht wurde, stellte sich Folgendes heraus. Von klein auf wurde Bettina von der Oma gegen ihre eigene Mutter präpariert. *„Deine Mutter ist dumm. Sie kann nicht kochen, sie zieht dich nicht vernünftig und sauber an, sie kann nicht mit dem Geld umgehen"* usw. Solche und ähnliche Sprüche bekam Bettina ständig von der Oma zu hören. Total überfordert hatte sie diese Hetzereien in sich hineingefressen. Auch ihrer Mutter fiel nie das Geringste auf. Im Gegenteil: Sie war der festen Überzeugung, dass die Schwiegermutter, wenn schon nicht mit ihr selbst, dann wenigstens mit der Enkelin nett und korrekt umgehe. Deshalb wurde nie darüber gesprochen, was bei der Oma passierte, und das Mädchen war mit seinen Ängsten und Zweifeln allein. Die Auswirkungen muss sie heute, auf langem und mühsamem Weg, austherapieren.

Geld und Geschenke

Mit Geld hält die Oma die Enkel gefügig. Selbst wenn sie der Oma zum Geburtstag gratulieren oder einfach so zu Besuch kommen, werden sie dafür entlohnt. Schon drei Wochen vor den Zeugnissen gibt es Geld für die Noten, denn die Oma möchte die Erste sein, die bezahlt hat. Oma-Liebe und Zuwendung werden kurzerhand durch Geldgeschenke ersetzt. Dabei spielen der Inhalt der Geschenkpakete oder die Eignung für das Kind nur eine untergeordnete Rolle. Hauptsache das Paket ist größer als das der anderen Verwandten. So kann es vorkommen, dass einem Zweijährigen eine Eisenbahnanlage geschenkt wird, die laut Altersangabe erst für Kinder ab sechs Jahren geeignet ist. Natürlich wird erwartet, dass der Enkel nicht mit der Eisenbahn spielt und sie etwa kaputt macht. Spielt er trotzdem damit und zerlegt er sie in Einzelteile, die vorher nicht so zahlreich vorhanden waren, ist die Mutter schuld, da sie dem Kind nicht einmal beibringen kann, vernünftig zu spielen. Absichtlich untergräbt die Großmutter die Autorität der Eltern, indem sie Dinge schenkt, die zuvor von den Eltern abgelehnt wurden. Ignoranterweise werden auch strikte Verbote der Eltern unterlaufen und das Familienklima wird vergiftet.

Über finanzielle Zuwendungen wird versucht, sich die Liebe und Loyalität der Kinder zu erkaufen, was bei manchen Kindern auch fruchtet. So finden die Großmütter Fürsprecher in ihren Enkeln. Manche Enkel verhalten sich, wenn sie älter werden, oft nur neutral der Oma gegenüber, um die Zuwendungen, sprich: das Geld, nicht zu verlieren. Lassen sich die Kinder nicht mehr kaufen, kann die Oma sie kurzum nicht mehr leiden. Entfernt sich das Enkelkind von der Großmutter, liegt das natürlich niemals an ihrem eigenen Fehlverhalten, sondern immer an der schlechten Erziehung durch die Schwiegertochter. Für viele Enkel ist das Bezahlen für jeden Besuch so zur Gewohnheit geworden, dass sie nicht mehr aus dem Bedürfnis heraus kommen, die Oma zu sehen, sondern nur um abzukassieren, wenn wieder mal Ebbe in ihrer Geldbörse herrscht.

Ein solches Bezahlen für Liebe und Zuwendung schadet den Enkelkindern jedoch. Eltern, die ihr Kind mittels Taschengeld langsam an einen vernünftigen Umgang mit Geld gewöhnen möchten, verlieren jede Kontrolle. Die Kinder verfügen oft über große Bargeldbeträge, die sie dann leicht sinnlos verprassen. Manches Kind hat sich mit diesen Geld den ersten Drogenkonsum finanziert oder erpresserische Mitschüler damit besänftigt. Die Eltern kommen entweder gar nicht dahinter oder erst wenn es schon (fast) zu spät ist.

Konkurrenzkampf der Großeltern untereinander

Wer ist wohl die bessere Oma? Wen lieben die Enkel mehr? Anstatt sich zu freuen und zu genießen, dass Enkelkinder ihre Großeltern auf ganz natürliche Weise lieben, wird ein harter Konkurrenzkampf um die Gunst der Enkel ausgetragen – ohne Skrupel und auf dem Rücken der Kinder. Da machen sich Großmütter gegenseitig schlecht: *„Die ist ja geizig. – Na, die kann es sich ja leisten, mit ihrem Geld alles zu kaufen. – Pah, statt dir ein schönes Geschenk zu kaufen, musst du mit der Oma Fahrrad fahren. – Ich hab eben nicht so viel Zeit, um mit dir in den Zoo zu gehen, wie die andere Oma, die nichts zu tun hat."* Über Geschenkpakete, die grundsätzlich immer größer sein müssen, habe ich ja schon gesprochen.

Der Fantasie, mit der die andere Oma niedergemacht wird, sind keine Grenzen gesetzt. Nicht einmal davor, die Kinder direkt anzusprechen, schrecken diese Frauen zurück: *„Die Oma magst du viel lieber als mich. – Ich bin so traurig, dass ich nicht so viel Geld habe wie die andere Oma. Deshalb kann ich dir nicht so viel schenken."* Ständig wird das Enkelkind aufgefordert zu entscheiden und zu erklären, welche Oma die beste ist bzw. dass es eben die Oma ist, die fragt. Wenn die Kinder von der anderen Oma erzählen, werden sie sofort unterbrochen, und diese Oma wird negativ dargestellt. Schließlich erzählen

Kinder dann nichts mehr oder trauen sich nicht, von der Oma zu schwärmen oder ihre Freude kundzutun, wenn ihnen ein besonderer Wunsch erfüllt wurde.

Steffi: *Wir lebten im Haus der Mutter meiner Mutter. Sie war für mich eine Institution. Die Oma schlechthin. Meine Vertraute und für mich die liebste Oma der Welt. Immer am zweiten Weihnachtsfeiertag kam meine „Stadt-Oma", die Mutter meines Vaters, zu Besuch. Diese Oma sahen wir nicht sehr oft und sie hatte viele Enkelkinder und wenig Rente. Deshalb gab es immer Kleinigkeiten als Geschenk. Doch sie hatte Zeit und spielte den ganzen Tag mit uns. Es herrschte immer eine große Vorfreude, dass dann die Oma kam und ich meine neuen Spiele mit ihr spielen konnte. Es war schön mit ihr zusammen.*

Hinterher gab es jedoch immer Probleme. Sobald die Stadt-Oma wieder gefahren war, fing meine andere Oma schon am Abend an: „Gell, die Stadt-Oma hast du lieber als mich. Die hat ja auch Zeit mit dir zu spielen. Ich muss ja immer für alle kochen und arbeiten und habe nicht die Zeit, mit dir Spiele zu machen." Dabei war es für mich keine Sache. Ich war ja mit der Oma ständig zusammen. Sie hat mir Sticken, Nähen und Stricken beigebracht und ich durfte beim Kochen helfen. Außerdem hätte ich der Stadt-Oma nie mein Vertrauen geschenkt. Es war schön mit ihr, ich mochte sie gerne, doch die engere Beziehung hatte ich eben mit der „normalen" Oma. So fing ich dann sofort an, sie zu trösten. Mich zu entschuldigen, dass ich den ganzen Tag mit der anderen Oma zugebracht hatte. Kurz, ich hatte wochenlang ein schlechtes Gewissen und versuchte durch Brav-Sein die Oma von ihrer angeblichen Trauer abzubringen. Mit der Zeit hatte ich dann einen solchen Horror vor ihren Vorwürfen und meinem schlechten Gewissen, dass ich mich von der Stadt-Oma zurückgezogen habe. Keine Spiele mehr – was wiederum dazu führte, dass Stadt-Oma traurig war und mich fragte, was sie mir getan habe, dass ich nicht mehr mit ihr spielen wolle. Egal wie ich es machte, immer war eine traurig, immer hatte ich das schlechte Gewissen, das ich dann lieber der Stadt-Oma gegenüber in Kauf nahm, denn die fuhr ja wieder am Abend. Die „normale" hingegen ließ mich monatelang ihre Enttäuschung spüren.

Der Enkel als unerwünschter Bastard

„Es ist ja nicht erwiesen, dass das Kind wirklich von meinem Sohn ist!" Diese Aussage wird immer dann gebraucht, wenn die Schwiegertochter schon vor der Ehe abgelehnt wurde. Die Kinder einer unwillkommenen Schwiegertochter werden einfach als Bastarde im Familienverbund ignoriert. Handelt es sich bei dem Vater der Kinder um einen Sohn „minderer Güte" und hat der Liebling der Mutter auch Nachwuchs, werden die Kinder vom Nichtliebling und seiner Frau als Kinder zweiter Wahl behandelt.

Harald (ein „Zweite-Wahl-Enkel"): *Weihnachten war ein großes Familienfest. Die Mutter meines Vaters wohnte mit uns im selben Haus und meine Eltern hatten an Heiligabend die Bescherung für die ganze Familie auszurichten. Es kamen auch die Brüder meines Vaters, von denen jeder eigene Kinder mitbrachte. Wir Kinder waren gebannt vor Spannung, was es für Geschenke geben würde. Unter dem Weihnachtsbaum stapelten sich immer viele Pakete und Päckchen. Die Kinder meiner Onkel fanden von Oma große Pakete unter dem Tannenbaum. Mein Bruder und ich jeder eine Tafel Schokolade mit dem Kommentar: „Ihr habt ja alles!" Noch heute verfolgen mich die Szenen. Es tat sehr weh, denn wir wussten nicht, warum wir so behandelt wurden.*

Irene: *Wir waren mit unserer Tochter zu Ostern bei den Schwiegereltern eingeladen. Auch die Geschwister meines Mannes mit ihren Kindern waren da. Die Kinder rannten gemeinsam in den Garten, um ihre Osternestchen zu suchen. Meine Schwiegermutter war mit draußen und ordnete die gefundenen Nestchen den Kindern zu. Schnell kamen die Kinder der Geschwister mit ihren Nestchen ins Wohnzimmer zurück. Nur mein Mädchen suchte und suchte. Alle waren wieder im Wohnzimmer, nur meine Kleine suchte allein draußen im Garten. Die Tränen liefen, als sie zu uns zurückkam. Da meinte meine Schwiegermutter nur: „Für dich ist kein Nest da, du brauchst so was nicht!" Ich habe sehr lange gebraucht um meine Tochter zu trösten.*

Zu einem anderen Anlass war wieder der ganze Familien-Clan mitsamt Kindern versammelt. Die Kinder spielten im Garten. Nach und nach wurde jedem Kind ein großes Stück Kuchen auf der Terrasse serviert. Nur meine Tochter wartete vergeblich. Als die anderen Kinder ihren Kuchen schon gegessen hatten, kam sie ins Wohnzimmer und fragte die Oma, ob sie auch ein Stück Kuchen haben dürfte. „Warum willst du ein Stück Kuchen haben?", fragte mein Schwiegermutter barsch. Meine Tochter antwortete: „Ich habe Hunger und außerdem haben die anderen auch ein Stück bekommen." Daraufhin ging die Oma in die Küche, schnitt eine Scheibe trockenen Brots ab und sagte: „Da, für deinen Hunger ist das Brot gut genug! Und merk dir: Du bist nicht die anderen, da sei nur nicht so gierig." Inzwischen weigert sich meine Tochter mit Händen und Füßen, zur Oma zu gehen.

Es ist schlimm, wenn Schwiegertöchter nicht in der Lage sind, ihre Kinder vor solchen Demütigungen zu schützen.

In anderen Fällen wird die Schwiegertochter als gänzlich unfähig dargestellt. Schwiegermutter übernimmt ganz selbstverständlich die Enkel zur besseren Erziehung. Nur an den Wochenenden sind die Kinder dann bei ihrer leiblichen Mutter. Systematisch entfremdet die Schwiegermutter der Mutter ihr eigenes Kind und nutzt die Woche, das arme Kind nach dem Zusammensein mit seiner Mutter wieder umzuerziehen. Solchem Umerziehen begegnen wir in sehr vielen Familien. Kommt das Enkelchen zur Oma, geht es gleich los: *„Wie deine Mutter dich wieder mal rumlaufen lässt! Iss erst mal was Gescheites, den Schmarren, den deine Mutter kocht, kann man doch Kindern nicht vorsetzen!"* Sofort wird das Kind von Kopf bis Fuß anders eingekleidet. Auch Ernährungsregeln werden gebrochen. Selbst allergischen Kindern wird dann hemmungslos Süßes verabreicht. Oder Kinder vegetarischer Eltern bekommen große Portionen Fleisch, dass sie dann zu Hause nur noch „Fleisch" rufen, sobald es ans Essen geht.

Tanja: *Es war meine erste Schwangerschaft, und ich freute mich riesig auf unser Kind. Eines Tages sagte meine Schwiegermutter zu mir: „Warte nur ab, bis unser Kind erst mal da ist. Ich werde es dir sauber verziehen. Du und dein Mann, ihr werdet staunen, wie gut die Oma das Kindle bemuttern kann. Da habt ihr keine Chance gegen mich. Und außerdem ist es für eure finanzielle Lage sowieso besser, wenn du dir nach der Geburt so schnell wir möglich eine Arbeitsstelle suchst. Wie man ein Kind erzieht, davon hast du ja gar keine Ahnung! Keine Frage, dass ich unser Baby bestens aufziehen werde." Nach dieser Unterredung war ich wie im Schock. Meine ganzes Denke drehte sich nur noch darum: „Die will dir dein Kind wegnehmen!"*

Leidtragende Enkelkinder

Ständig leidende Schwiegermütter bombardieren bei jedem Besuch die Enkel regelrecht mit ihrer Krankengeschichte. Dabei wird nicht vergessen zu erwähnen, dass die Mutter ursächlich für jedes Leiden oder dessen ständige Verschlechterung verantwortlich ist. So bearbeitete Kinder können oft nächtelang nicht mehr richtig schlafen, weil sie sich um Oma sorgen. Manchmal versuchen sie sogar auf ihre Mutter einzuwirken, doch bitte das für Omas Heilung notwendige Wohlverhalten zu zeigen. Ständig plagt sie das schlechte Gewissen, vielleicht noch mehr für das Wohlergehen der Großmutter tun zu können oder gar selbst an ihrem schlechten Gesundheitszustand schuld zu sein.

Aggressionen der Oma gegenüber zeigen sich bei Kindern, die ständig unter Druck gesetzt werden, meistens erst im Erwachsenenalter. Von vielen Kindern wird verlangt, nicht laut zu lachen, nicht zu spielen, keinen Lärm und keinen Dreck zu machen. Bei jeder Kleinigkeit bekommen sie eine Standpauke gehalten. Jede Lappalie wird hergenommen, um den Kindern zu zeigen, wer der Chef ist. Auch Kinder, die ständig Angriffe seitens der Oma auf ihre Mutter mitbekommen, reagieren noch als Erwachsene aggressiv auf die Großmutter – was nicht weiter verwunderlich ist.

Oftmals wird den Kindern durch die Blume suggeriert, dass sie schuldig sind. Was können wir uns darunter vorstellen? Dem Kind wird z.B. andauernd erzählt, wie unfähig die Mutter ist, es zu erziehen. Irgendwann bringt das Kind dann sein Verhalten mit der Kritik der Oma in Verbindung.: *„Wenn ich mich besser benehmen würde, könnte die Oma nicht so viel über Mutti schimpfen."* So entsteht langsam ein Bewusstsein, durch das eigene „Versagen" verantwortlich zu sein. Das kann so weit gehen, dass ein Kind zu seiner Mutter sagt: *„Gell Mutti, wenn ich nicht auf der Welt wäre, hättest du mit Oma keinen Streit."* Die Kinder übernehmen nicht nur die Verantwortung, sondern auch die Schuld für etwas, das nur in ihrer kindlichen Logik existiert. Ein ungezwungenes Kind-Sein ist so nicht mehr möglich, und bei einigen Kindern führt diese Belastung zu teils massiven Verhaltens- und Persönlichkeitsstörungen. Manche Kinder wenden sich in ihrer Not deshalb an die Kindernotruftelefone. Auch sind mir Kinder bekannt, die wegen einer Behinderung „nicht in die Familie" der Schwiegermutter „gehören" und sich selbst dafür verantwortlich machen. *„Mit dir muss man sich ja schämen. Du beschmutzt den Ruf meiner Familie! Mein Sohn kann nicht dein Vater sein, wer weiß, was deine Mutter so getrieben hat!"* Was ein solches Gerede in einer Kinderseele anrichtet, ist leicht vorstellbar. Ist es da verwunderlich, wenn ein Kind sagt: *„Wenn ich nur tot wäre, dann brauchte sich die Oma nicht mehr zu schämen. Auch Mutti hätte ihre Ruhe vor ihr!"*

Gabriele: *Mein Kind hatte eine Hüftgelenksluxation. Mehrfache Operationen, bei denen das Hüftgelenk mit Nägeln fixiert wurde, waren notwendig. Das Kind musste über Jahre hinweg langwierige und schmerzhafte Behandlungen über sich ergehen lassen. Da die Schwiegermutter keinen „Behinderten" in der Familie zulassen wollte („Bei uns kommt so etwas nicht vor!"), hat sie ständig an dem Kind herumgenörgelt und geschimpft. Keine Gelegenheit hat Schwiegermutter ausgelassen, um dem Kind zu vermitteln, wie abstoßend und scheußlich so eine „Behinderung" auf sie wirkt. Wie oft war das Mädchen verzweifelt über die offene Ablehnung der Oma! „Was habe ich getan, dass mich die Oma überhaupt nicht mag? Bestimmt ist sie zu dir auch nur böse, weil ich da bin." Diese Frage habe ich fast täglich gestellt bekommen. Nicht enden wollende Tränen musste ich dem Kind trocknen und wieder und wieder habe ich ihr gesagt: „Du bist in Ordnung!" Die Angst vor diesen verbalen Angriffen jedoch konnte ich nicht wegreden.*

Wieder war die Kleine operiert worden und wir brachten sie aus dem Krankenhaus nach Hause. Die Ärzte hatten uns noch die Ermahnung mit auf den Weg gegeben, dass sie nicht springen und hinfallen dürfe, sich nicht stoßen und keinen Sport treiben. Wir haben die Verhaltensregeln im Kreis der ganzen Familie besprochen, damit jeder ein wenig Rücksicht und Vorsicht übte. Nach diesem Gespräch begleiteten wir die Schwiegermutter zur Treppe hinauf in ihre Wohnung. Da sagte sie mit einem schneidenden Unterton in der Stimme zu der Kleinen: „Na, dann pass nur gut auf, dass du nicht mal die Treppe runterfällst!" Zuerst dachte ich, das sei wieder so eine dumme Bemerkung und maß dem Ganzen nicht viel Bedeutung bei. Durch die Reaktion meiner Tochter änderte sich diese Auffassung jedoch grundlegend. Entmutigt durch die vielen Sticheleien hatte das Kind diesen Ausspruch als Drohung aufgefasst. Die Oma hatte ihr schon so oft wehgetan, dass sie jetzt in Panik geriet, wenn sie alleine die Treppe gehen sollte. Wenn sie meine Schwiegermutter nur im Flur hörte, versteckte sie sich in ihrem Zimmer, damit ihr die Oma keinen Schaden zufügen konnte. Am Ende traute sich das Mädchen alleine nicht mehr aus der Wohnung. Ständig musste sie jemand begleiten und vor dem möglichen Zugriff der Oma schützen. Der Gemütszustand meiner Tochter verschlechterte sich durch die quälende Angst so sehr, dass schließlich eine Psychotherapie notwendig wurde. Erst nach einem Jahr Therapie konnte sie wieder angstfrei leben.

Warum sich diese Schwiegertochter nicht aus den Klauen der bösartigen Schwiegermutter befreien kann, ist für Außenstehende nur schwer nachvollziehbar. Selbst als die Schwiegermutter die Kinder im Garten mit Blumentöpfen bewarf, war sie hilflos und hatte keinen Mut, sich gegen diese Frau zu stellen.

Ganz gleich, ob zu viel oder fanatische Liebe oder Ablehnung: Kinder verstehen nicht, was da geschieht. Sie werden zu Leidtragenden. Noch als Erwachsene haben sie mit den Folgen zu kämpfen. Einigen fehlt jegliche Fähigkeit, selbst eine Beziehung aufzubauen – zu sehr wurde das Urvertrauen in andere Menschen zerstört. Viele sind noch oder als Erwachsene in Therapie, um die Geschehnisse der Kindheit zu verarbeiten. Meist mangelt es den erwachsenen Enkeln an Selbstvertrauen. Kinder, die glauben sich schuldig gemacht zu haben, haben später oft Probleme im Berufsleben. Es fehlt ihnen an Durchsetzungsvermögen und im Umgang mit Vorgesetzten und Kollegen sind sie meist stark gehemmt.

Ständig „bezahlte" Kinder haben später oft Schwierigkeiten mit den eigenen Finanzen – weil Oma die Löcher in ihrer Kasse immer wieder gefüllt und ihnen jeden noch so abwegigen Wunsch erfüllt hat. Als Erwachsene haben sie dann kein Verhältnis zum Wert des Geldes und es fehlt ihnen jegliches Verständnis für Einschränkung und Einteilung: *„Auf nichts musste ich je verzichten. Natürlich will ich auch jetzt alles Wünschenswerte haben."* So sind sie schnell hoch verschuldet und haben ein Leben lang Mühe, ihre finanzielle Lage in den Griff zu bekommen.

Jungbrunnen Enkelkind?

Ein Enkelkind scheint für einige Großmütter ein wahrer Jungbrunnen zu sein. Schon vor der Geburt fangen sie an, das Kind zu „verwalten" – als wäre es ihr eigenes. Später geben sie das Enkelkind dann auch wirklich gerne als ihr Kind aus und verschaffen sich so vermeintliche Jugend. Die leibliche Mutter dagegen wird übergangen. In extremen Fällen legen diese Großmütter sich die Kinder an die eigene Brust oder sagen schon in der Entbindungsklinik: *„Komm zu Mutti"*, sobald sie das Kind aus dem Bettchen nehmen. Sie verhalten sich, als wäre das Kind ihr Besitz.

Die Mütter sind regelrecht geschockt, haben Angst um ihr Baby. Dass sie die richtige Mutter sind, geht völlig unter, zählen sie doch in Großmutters Denken gar nicht mehr. So unmittelbar nach der Geburt kann das traumatische Folgen haben. Die Mutter bekommt Panik, wenn die Schwiegermutter sich dem Kind auch nur nähert. Manche sind nicht mehr in der Lage, ihre Kinder ausreichend zu stillen. Es kann also ein enormer psychischer Schaden entstehen, wenn eine Schwiegermutter schon ab dem Wochenbett die Schwiegertochter auf die Seite schiebt und verkündet: *„Weg da – das ist MEINS!"*

Verborgene Gewalt: *„Gib der Oma mal ein Küsschen"*-Mentalität

In vielen Büchern und Untersuchungen finden wir Hinweise auf die negativen Folgen des „Küsschen-Gebens", dessen Auswirkungen häufig unterschätzt, verniedlicht oder erst gar nicht zur Kenntnis genommen werden. Da werden Kinder schon von klein an aus ihrer Wiege, vom Arm der Mutter, vom Platz, an dem sie gerade liegen oder krabbeln, hochgerissen und von den Omas gegen ihren Willen geküsst. Sie schreien herzzerreißend und haben Angst oder zeigen Abwehrverhalten. Doch anstatt auf die Gefühle des Kindes Rücksicht zu nehmen, wird es noch mehr gezerrt, gedrückt oder geknutscht. Schwiegertöchter bekommen zu allem Überfluss auch noch Sätze zu hören wie: *„Deine Mutter hat dich wohl gegen mich aufgehetzt* [und das – wohlgemerkt – bei einem Baby!] *– Ich bin doch die bessere Mama. – Oma hat dich doch sooo lieb, komm gib Küsschen."*

Dass jedes Kind Sympathien und Antipathien empfindet, vor manchen Personen schon allein durch deren Aussehen oder die Art und Weise, wie diese auf es zugehen, Angst bekommt oder einfach eine Phase des „Rühr-mich-nicht-an" durchlebt, spielt keine Rolle. Gegen seinen Willen wird das Kind zu Nähe und Zärtlichkeit genötigt.

Damit signalisieren die Großmütter: **Dein Gefühl bedeutet nichts. Dein Wille zählt nicht. Du musst, wenn ein Erwachsener will – egal wie du dich dabei fühlst.** Der Wille des Kindes wird gebrochen. Noch schlimmer, dem Kind wird damit signalisiert: **Dein Wille ist nichts wert! Dein Empfinden ist nichts wert!** Auf diese Weise wird auch eine natürliche Gegenwehr untergraben und das Kind erlebt die erste körperliche und seelische Gewalt. Egal wer dem Kind in welcher Absicht später zu nahe kommt: Es sieht es als normal an, genötigt zu werden, seinem eigenen Abwehrmechanismus nicht vertrauen zu können und dürfen. Ein Nein ist nicht akzeptabel. Und das auch noch verharmlosend und „neckisch" – Oma will ja nur schmusen.

Enkel – Großeltern: eine ganz besondere Beziehung

Oma und Opa sind für die Kinder wichtige Bezugspersonen. Der Umgang zwischen den Generationen und das familiäre Nest sind für Kinder eine Bereicherung. Oder sollten dies zumindest sein. Meist sind die Großeltern geduldiger, haben mehr Zeit für die Enkel als Mutter und Vater. Es ist außerdem das „Privileg" der Großeltern, ein Auge zuzudrücken, mal etwas mehr zu erlauben als die Eltern. Doch niemals (zumindest dann nicht, wenn die leibliche Mutter lebt) soll eine Oma die Position der Mutter einnehmen. Großeltern haben den Erziehungsauftrag der Eltern fortzuführen und niemals deren Erziehung zu torpedieren. Sind die Eltern z.B. Vegetarier und möchten nicht, dass ihr Kind mit Fleisch ernährt wird, müssen Großeltern diese Auffassung achten. Auch darf eine Oma nicht einfach Schokolade „füttern", wenn ihr gesagt wird, dass das Enkelkind auf Süßigkeiten allergisch reagiert und davon Ausschlag und Juckreiz bekommt. Mal fernsehen zu lassen ist sicher nicht übel, aber ein Kind, dessen Eltern den Fernsehkonsum einschränken und überwachen, stundenlang vor der Glotze sitzen lassen: Nein, das kann nicht toleriert werden.

Kinder lieben ihre Großeltern – auf ihre ganz persönliche Art, so wie sie eben sind. Und sie wollen auch von ihnen geliebt werden. Um ihrer selbst willen. Doch niemals können und dürfen Großeltern die Stelle der Eltern einnehmen. Es treibt die Kinder in große Nöte, wenn sie nicht wissen, wem sie vertrauen können. Sie wollen nicht entscheiden und unterscheiden, wer ihnen lieber ist, sondern einfach nur Kind sein und sich geborgen fühlen. Die Konflikte der Erwachsenen dürfen von keiner der beteiligten Parteien auf dem Rücken der Kinder austragen werden.

Der Schutz, die Unversehrtheit der Kinder steht über allem! Wenn ihre Kinder leiden, egal ob psychisch oder physisch, sind Eltern in der Pflicht, etwas zu tun. Da gibt es kein: *„Die ist halt so. Sie tut doch, was sie will."* Hier helfen nur klare Anweisungen und deutliche Grenzen. Der Umgang muss so geregelt werden, dass die Kinder nicht mehr allein den Manipulationen oder Machenschaften der Großmütter ausgeliefert sind.

Kinder und Jugendliche, die von der Oma buchstäblich als Waffe im Familienkrieg eingesetzt werden, tragen oft psychische und physische Schäden davon. Dazu gehören u.a.: Allergien, Essstörungen, Verhaltensauffälligkeiten, Konzentrationsschwäche, Magen-, Darm- oder Blasenstörungen.

Hilfe erhalten Sie:

➢ von Ihrem Kinderarzt
➢ vom Kinderpsychologen (wird Ihnen gerne vom Kinderarzt vermittelt)

- ➤ von Schulpsychologen in der vom Kind besuchten Schule
- ➤ vom Gesundheitsamt der Stadt oder des Landkreises, in dem Sie wohnen (zu erfragen bei der Stadtverwaltung oder beim Landratsamt)
- ➤ von Erziehungsberatungsstellen (regionale entnehmen Sie dem Telefonbuch oder erfragen Sie über die Auskunft). Es gibt sowohl staatliche Beratungsstellen (z.B. Jugendamt Stadt oder Land) als auch solche von kirchlichen Trägern
- ➤ vom Kinderschutzbund
- ➤ vom Kindernetzwerk e.V.

Mein Appell an alle Großeltern: Ihr braucht nicht um die Liebe der Enkel zu buhlen. Ihr braucht euch nicht als die Besseren darzustellen. Ihr braucht euch nicht zu Lasten der Eltern aufwerten. Eure Enkelkinder wollen und werden euch lieben, wenn ihr ihnen Zeit, Aufmerksamkeit und Achtung schenkt. Sie lieben euch, einfach weil ihr Oma und Opa seid.

Streit mit den Eltern, Unstimmigkeiten oder Unzufriedenheiten gehören niemals an die Adresse der Kinder oder zu ihren Ohren!! Macht das als Erwachsene bitte untereinander aus und niemals auf dem Rücken der Kinder.

Nicht immer lachen die Erben

Erben ist großartig – erben ist wunderbar – erben macht reich. So ungefähr ist die landläufige Meinung, wenn's ums Thema Erbschaft geht. Nichts tun müssen und dafür noch einen Batzen Geld oder ein eigenes Häusle kriegen. Wer von uns hat nicht schon davon geträumt, irgendwo einen alten unbekannten und natürlich reichen Onkel zu haben oder eine alleinstehende alte Erbtante? Wem so was nicht vergönnt ist, der hofft natürlich auf das Erbe von den Eltern.

Schon als Kind wird einem vorgeführt: *„Schau mal, das wirst du alles mal erben! Das haben deine Eltern nur für dich aufgebaut."* Grundbesitz, Häusle oder manchmal auch Bauernhof sind vermeintlich Anreiz genug, sich mit den Erblassern, den Eltern, gut zu stellen. Und dann gibt es noch den größten Feind des Erbnehmers: das Finanzamt. Warten die vom Finanzamt nicht schon gierig mit gespitztem Bleistift auf die Erbschaftssteuer vom elterlichen Besitz? Kein Problem, denen kann man leicht ein Schnippchen schlagen, indem man das Ganze schon vorher überschreibt. Und spätestens hier wird unumstößlich bewiesen, dass auch die schäbigste Immobilie eine prima Altersvorsorge sein kann.

Wie das funktioniert? Ganz einfach, man braucht dazu nur ein erbwilliges, gerade volljähriges Kind und einen Notar, der flugs einen Vertrag aufsetzt. Natürlich haben die Eltern das Wohnrecht auf Lebenszeit und müssen bei Bedarf versorgt und gepflegt werden! Die Kinder haben fortan für den Unterhalt und die Renovierungen des Erbgutes zu sorgen. Ist doch nicht schlimm, meinen Sie? Nun, die Jungen dürfen zwar zahlen, haben aber in der Regel wenig Möglichkeiten, ihren Besitz so zu gestalten, wie sie es wollen. Und die meisten dieser „Häusle" sind renovierungsbedürftig und somit die reinsten Geldschlucker.

Doch damit nicht genug. Sehen wir uns das Wohnrecht, die Pflege und die Versorgung genauer an, so kommt spätestens dann das böse Erwachen, wenn diese Klauseln zum Tragen kommen. Sehr jung, meistens im Alter zwischen 20 und 30 Jahren, unterschreiben die Jungen solche Verträge. Zu diesem Zeitpunkt können sie sich noch gar nicht vorstellen, wie das ist, wenn die Eltern mal gebrechlich oder krank sind. Oder wenn der Vater stirbt und die Mutter allein das Regiment führt. Wer macht sich schon Gedanken darüber, dass vielleicht eben diese Mutter, die nun gehegt werden will, schon 20 oder 30 Jahre die junge Familie schikaniert hat?

Oft verlieren die Älteren auch jedes Interesse an einer selbstständigen Lebensführung, denn schließlich sind jetzt ja die Jungen verpflichtet, sie zu versorgen! *„Wenn ihr euch nicht angemessen um mich kümmert, dann geh ich halt ins Heim – und ihr müsst zahlen!"* Diese Drohung wird sehr oft und gerne eingesetzt, um ständig wachsende Bedürfnisse bei den Kindern durchzusetzen. Können Sie sich vorstellen, wie ein Leben aussieht, wenn man ständig rennen und machen soll, wann und was einem anderen einfällt? Und wie man es auch macht, es ist sowieso immer falsch oder nicht schnell genug.

Viele dieser Übergabeverträge werden außerdem als Schenkung formuliert. Und gerade hier bin ich auf eine weitere Ungeheuerlichkeit gestoßen: Man kann solche Schenkungen wegen „groben Undanks" wieder rückgängig machen. Hierzu ein Artikel aus der Augsburger Allgemeinen:

> Geschenkt ist nicht immer geschenkt: Bei „grobem Undank" kann eine Schenkung widerrufen werden, so urteilte das Oberlandesgericht Frankfurt. So musste ein Ehepaar ein Haus, das ihnen der Vater der Frau geschenkt hatte, zurückgeben, weil es dieses gegen den Willen des Vaters verkaufen wollte. Der Kläger hatte sich ein Wohnrecht zusichern lassen, das Paar sollte ihn im Alter pflegen. Als sich die jungen Leute aber mit ihm stritten, wollten sie das Haus verkaufen. Der Vater widerrief seine Schenkung – und bekam recht. Die Richter meinten, ernste Verkaufsbemühungen genügten, um auf „groben Undank" zu schließen. Zudem bleibe die Erfüllung der Pflegepflichten ungewiss. (Az.: 8 U 172/94) dpa
>
> *Quelle: Augsburger Allgemeine vom 7. April 1997*

Auf Gedeih und Verderb ist man somit an die Gebenden und die Immobilie gebunden. Vielleicht war das oben genannte „Häusle" schon 30 Jahre alt und die jungen Leute haben renoviert, eventuell das Dach neu gedeckt. Pech gehabt, denn das investierte Geld ist verloren.

Ein weiterer Fallstrick für junge Menschen ist der Satz: *„Ach, ihr könnt bei uns wohnen. Müsst euch halt das Dach ausbauen oder einen Anbau machen."* Gesagt – getan, die Bank leiht € 150.000 für den Umbau. Die Jungen schaffen feste mit, wird es doch ihr eigenes Zuhause – und irgendwann erben sie das Ganze sowieso mal. Genau dieses Denken kann sich als verhängnisvoller Irrtum herausstellen.

Andrea: *Anfangs hatte ich ein sehr gutes Verhältnis mit meiner Schwiegermutter. Als wir beschlossen zu heiraten, meinte Sie: „Ihr braucht keine Wohnung zu suchen. Oben könnt ihr euch das Dachgeschoss ausbauen. Da habt ihr dann genug Platz, auch für Kinder." Gerne haben wir das Angebot angenommen. Für € 150.000 haben wir das Haus der Schwiegermutter aufgestockt und ausgebaut. Richtig stolz und glücklich waren wir anfangs über unsere gemütliche Wohnung. Das Drama aber begann schon kurz nach unserem Einzug. Ständig* *ging meine Schwiegermutter bei uns ein und aus. Jeden Schrank kannte sie in- und auswendig. Sie wusste, wo meine Briefe lagen, was ich für Unterwäsche hatte, welche Medikamente ich nahm.*

Die Belastung wurde so groß, dass ich ihr einmal richtig meine Meinung sagte: „Ich will nicht, dass du immer in unserer Wohnung herumschnüffelst. Auch dass du ständig unangemeldet reinmarschierst, werde ich nicht mehr dulden." Mein Mann hat das ebenfalls zu ihr gesagt und auch angedroht, neue Schlösser einzubauen, sollte sie weiterhin spionieren. Natürlich gab das einen Riesenkrach, aber wir ließen uns nicht einschüchtern. Immer wieder fing mich in der Folgezeit meine Schwiegermutter im Flur ab, um mich auszufragen, was ich koche, wo ich hingehe usw.

Während dieser Zeit bekam ich zwei Kinder. Der Druck durch die ständig lauernde Schwiegermutter wurde für mich immer unerträglicher. Andauernd mischte sie sich in Erziehungssachen ein und mein Mann und ich haben uns und die Kinder verteidigt. Natürlich wurde der Ton auch manchmal aggressiv, denn sie mischte sich sofort ein, wenn eines der Kinder nur einen kleinen Mucks machte. Alles machten wir angeblich verkehrt.

Wieder einmal war zu viel vorgefallen und wir suchten die Schwiegermutter zwecks einer Aussprache auf. Wir versuchten ihr klarzumachen, dass auch wir das Beste für unsere Kinder wollten und dass ihr ständiges Einmischen für uns sehr belastend sei. Darauf hat sie mich angeschrien: „Du, du bist doch an allem schuld. Bist aufmüpfig und parierst mir nicht! Du hättest meine Ratschläge befolgen müssen. Schließlich habe ich die Erfahrung und weiß, was gut für euch ist. Aber ihr werdet schon sehen, was ich mit so ungezogenen Gören mache." Drei Tage später lag in unserem Briefkasten ein Brief der Schwiegermutter an meinen Mann. Abends haben wir ihn zusammen gelesen. Da stand: „Aus disziplinarischen Maßnahmen kündige ich euch euer Mietverhältnis zum Ende des Jahres."

Wir haben uns natürlich sofort erkundigt, aber wir mussten gehen. Auch die gesamten Umbauten gingen zu unserer Lasten, wir konnten nichts zurückfordern. Jetzt sitzen wir in einer Mietwohnung und haben zwei kleine Kinder und € 150.000 Schulden und nicht den geringsten Gegenwert. Im Gegenteil, meine Schwiegermutter hat uns schon angedroht, dass sie das Haus verkauft und das Geld verjubelt.

Und dann wäre da noch die Sache mit dem Bauen auf dem elterlichen Grundstück. Kein Problem, irgendwann erbt das Kind sowieso, warum nicht gleich ein Stückchen abzwacken? Die Eltern sind dafür und so fangen Sohn oder Tochter an zu bauen. Wieder wird der Hauptbetrag von der Bank finanziert. Alle sind glücklich und zufrieden, bis ... ja, bis es Reibereien gibt oder bis andere Geschwister ausbezahlt werden sollen, damit das Grundstück endlich seinen Besitzer – bislang waren es ja noch die Eltern

– bekommt. Dem Sohn gehört nämlich das Haus gar nicht, obwohl er es voll bezahlen musste. Es gehört dem, der das Grundstück besitzt, den Eltern. Wann immer ihnen der Sinn danach steht, können sie den Sohn oder die Tochter aus ihrem Haus vertreiben, ohne jede Entschädigung. Sind noch Geschwister da, so zählt das neu gebaute Haus zur Erbmasse, was den Auszahlungsbetrag eben dieser Geschwister beachtlich in die Höhe schnellen lässt. Auch hier wird häufig die Pflege im Alter und das Auszahlen der Geschwister zur Bedingung gemacht. Und wer würde unter solchen Umständen nicht kommentarlos unterschreiben, wenn er sonst sein gesamtes Hab und Gut unwiederbringlich verliert?

Beate: *Meine Schwiegereltern wohnen in einem heruntergekommenen kleinen Häuschen. Als mein Mann und ich heirateten, haben sie uns angeboten, auf dem Grundstück ein Haus zu bauen. Das war eine tolle Sache und wir haben gerne angenommen. Mein Schwiegervater war ein sehr netter, ruhiger Mensch. Für meine Schwiegermutter allerdings war ich immer der Mülleimer. Alles an Bosheiten hatte ich zu schlucken. Mein Kind war nicht in Ordnung, mein Arbeitsplatz war schlecht, meine Freunde die falschen, meine Eltern zu einfach … Alles, was von mir kam, hat sie in den Dreck gezogen und jede Laune an mir ausgelassen.*

Nach einigen Jahren haben wir festgestellt, dass uns das Haus, an dem wir beide immer noch abbezahlten, gar nicht gehörte. Mein Mann hat mit seinen Eltern geredet und wir haben ihnen angeboten, den Grund zu kaufen. Viel Geld mussten wir bezahlen, einen Vertrag unterschreiben, dass wir die Eltern meines Mannes pflegen: „Da müssen sie halt ab und zu mal für die Eltern einkaufen", hatte der Notar uns erklärt.

Außerdem wurde uns auferlegt, die Geschwister meines Mannes angemessen auszubezahlen, natürlich nach dem Wert unseres Hauses. Jahrelang putze ich nun schon das ganze Haus der Schwiegermutter, der Schwiegervater ist inzwischen verstorben. Aber immer bekommen mein Mann und ich nur Vorwürfe, dass wir nichts richtig machen. In mir hat sich eine große Bitterkeit breitgemacht und ich habe Panik, wenn ich diese Frau mal anfassen muss.

Wenn Sie jetzt denken, dass das Einzelfälle sind, muss ich Ihnen sagen: Leider nicht! Im Lauf der Jahre habe ich von vielen solchen Fällen erfahren. Es gibt zwar zig Variationen, aber immer sind die jungen Leute die Betrogenen.

Erst kürzlich telefonierte ich mit Erika, die gemeinsam mit ihrem Mann sehr jung eine solche Vereinbarung unterschrieben hatte. Da inzwischen auch ihre Tochter von der Schwiegermutter stark attackiert wird, haben sie und ihr Mann sich entschlossen, aus dem Haus auszuziehen. Am Telefon erzählte ich ihr vom Undank-Fallstrick, woraufhin sie sich sofort mit dem Notar in Verbindung setzte, um zu erfragen, ob das bei ihrem

Vertrag auch darauf hinauslaufen könnte. *„Sie waren volljährig, als Sie den Vertrag unter-schrieben haben, da wussten Sie, auf was Sie sich einlassen"*, hat der Notar ihr gesagt. Als sie ihm entgegenhielt, dass sie eben das nicht gewusst und er sie auch nicht aufgeklärt habe, meinte er: *„Das ist auch nicht meine Pflicht und Aufgabe. Da muss jeder schon für sich selbst Erkundigungen einziehen."*

Auch wenn er damit durchaus recht haben mag: Woher, wenn nicht von einem vereidigten Notar, bekommt man solche Auskünfte? Auch über etwaige Folgen einer solchen Vereinbarung? Welches Kind geht schon zu einem Anwalt und erkundigt sich, ob es die eigenen Eltern vielleicht über den Tisch ziehen wollen! Oder hat gar der Notar ein berechtigtes Interesse daran, dass der Vertrag zustande kommt? Verdient er nicht anteils-mäßig an solchen Vereinbarungen? Meistens bekommt man solche Schriftstücke auch erst beim Notartermin, bei dem alle anwesend sind, zu sehen. Wer gibt sich da schon den Eltern gegenüber die Blöße und sagt: *„Den Vertrag lasse ich erst mal beim Anwalt prüfen"*?

Hier ist vieles im Argen und ich denke, der Gesetzgeber sollte wesentlich klarere Regeln schaffen, gerade auch was die Aufklärungspflicht eines Notars betrifft. Auch sollte es Möglichkeiten geben, dass auch der Erb- oder Schenkungsnehmer besser abgesichert ist, denn bei unserer derzeitigen Rechtsprechung steht dieser ohne Rechte da. Der Erb-lasser hingegen wird geschützt, egal wie er sich benimmt. Meines Erachtens ist es völlig in Ordnung, wenn das Eigentum für den Geber geschützt ist. Es kann jedoch nicht sein, dass die Nehmenden im Falle von „Undank" alles verlieren, was sie bis dato in das Haus gesteckt haben.

Auch fehlt es an Offenheit und Aufklärung über die möglichen Risiken eines herben Verlustes. Die Pflichten der Eltern sollten schriftlich fixiert werden, bevor die Jungen auch nur einen Cent investieren. Die Betroffenen, die mir über ihre Schwierigkeiten in so einer Sache erzählt haben, äußerten einhellig: „Das habe ich vorher nicht gewusst." Auch wenn es um einen Vertrag mit den eigenen Eltern geht, sollte vorher ein Anwalt konsultiert werden. Hierfür müsste es viel mehr Offenheit und Verständnis geben. Es darf nicht sein, dass wir als Kinder das Gefühl haben, gegen die Eltern zu intrigieren und ihnen im furchtbaren Maße zu misstrauen, wenn wir uns genau nach unseren Rechten und Pflichten den Eltern gegenüber erkundigen.

Oftmals wäre es viel billiger für die Erbnehmer, in aller Ruhe auf ihren Pflichtteil, ohne jede weitere Pflege- oder sonstige Verpflichtung, zu warten. Auch ohne Erbschaft müssen sie im gesetzlichen Rahmen und nach ihren finanziellen Möglichkeiten für die Eltern mit aufkommen, wenn diese z.B. in ein Pflegeheim kommen.

Bernhard: *Schon von Kind an haben meine Eltern gesagt, dass ich mal einen Bauplatz bekomme. Irgendwann wollte ich dann anfangen zu bauen. Meine Eltern haben mir den Platz zugewiesen, und ich begann mit dem Bau. Ein großes Haus mit zwei Wohnungen sollte es werden. Die ganze Zeit dachte ich: „Die Eltern werden schon mit mir zum Notar gehen wegen des Platzes." Mein Haus war fast fertig gebaut, als meine Mutter kam und mich aufklärte, dass mir das Haus ja gar nicht gehöre. Sie und mein Vater seien allerdings gerne bereit, mir den Platz und damit auch das daraufstehende Haus zu überschreiben, wenn sie das Wohnrecht in einer der beiden Wohnungen bekämen. Schweren Herzens musste ich ihnen dieses Zugeständnis machen, um nicht alles zu verlieren.*

Da meine Mutter ständig mit meiner Frau schimpft, war die Aussicht auf ein Zusammenleben in dem gemeinsamen Haus nicht gerade rosig. Wir hatten auch schon Unstimmigkeiten wegen der Nutzung diverser Räume. Ich ging deshalb zum Notar, der den Vertrag damals gemacht hatte, damit er mir meine Pflichten und Rechte genau erklärt. Das hat er auch getan, und als er zum Ende kam, meinte er: „Oh je, das habe ja ich verbrochen, aber da können wir schon noch was machen." „Des Brot ich ess, des Lied ich sing" – genau so hat sich dieser Notar verhalten. Jetzt war ich der zahlende Kunde und meine Eltern waren die Gegner. Es kam aber nur zu gewissen Einschränkungen in der Nutzung. Das Wohnrecht zurückzubekommen ist mir leider nicht gelungen. Nie wieder würde ich mich auf so etwas einlassen. Außerdem fühle ich mich von meinen Eltern hintergangen und betrogen.

Die wichtigsten Punkte zusammengefasst:

➤ Auch und gerade bei Geschäften mit den Eltern sollte jeder sich umfassend von einem Anwalt beraten lassen.

➤ Eine Vereinbarung zur Pflege sollte reiflich und mit allen Konsequenzen überlegt werden. Kann man überhaupt einen anderen Menschen anfassen und körperlich pflegen? Was ist, wenn der oder die zu Pflegende ungerecht und boshaft war und ist? Zu selbstverständlich wird hier außerdem die Ehefrau als die Pflegeleistende gesehen, obwohl sie oftmals keinen Eigentumsanspruch hat.

➤ Nie ohne Vertrag bei den Eltern im Haus oder auf dem Grundstück auf eigene Kosten Baumaßnahmen durchführen! Vom Gesetzgeber sollte hier eine viel detailliertere und ausführlichere Information zur Pflicht gemacht werden. Die finanziellen Aufwendungen der Kinder sollten diesen auch nicht vollständig verloren bzw. zu deren Lasten gehen. Es kann nicht sein, dass nur eine Seite alle Rechte genießt.

Gabriele: *Meine Schwiegereltern haben in einem kleinen Drei-Zimmerhaus gelebt. Als Toilette war nur ein Anbau mit Plumpsklo da, der nur von außen begangen werden konnte.*

Gebadet wurde in einer mobilen Wanne in der Küche. Als mein Mann und ich geheiratet hatten, haben uns die Schwiegereltern das Haus überschrieben. Wir haben es vergrößert, ausgebaut und aufgestockt.

Mein Schwiegervater war ein ganz lieber Mensch. Meine Schwiegermutter jedoch zeigte ein immer auffälligeres Verhalten. Sie hat mit Blumenstöcken nach unseren Kindern geworfen und ständig herumgetobt und geschimpft. Mir hat sie einmal die Wohnungstür eingeschlagen, und das gerade dann, als ich mit den Kindern alleine war. Irgendwann ist dann mein Schwiegervater gestorben. Ich glaube, es war aus Gram über das Verhalten seiner Frau. Damit wurde die Sache noch schlimmer, denn ab und zu war es ihm doch gelungen, seine Frau zu besänftigen. Schwiegermutter wurde so böse, dass es schier unerträglich wurde, in einem Haus mit ihr zu leben. Nun, sie hatte das Wohnrecht und wir hatten uns schon ziemlich verschuldet, um den Ausbau zu finanzieren. Wir haben verzweifelt nach einer Lösung gesucht, da wir uns einen Auszug und danach die Miete für eine Wohnung nicht leisten konnten.

Die Schwiegermutter hat auch immer lautstark verkündet, dass sie Mieter nicht dulden bzw. vertreiben würde. Schließlich konnten wir uns nach langen und zähen Verhandlungen einigen, ihr das Wohnrecht abzukaufen. Für die Summe, die wir für diese Freiheit bezahlen müssen, könnten wir noch ein zweites Haus bauen. Jeden Pfennig müssen wir dreimal umdrehen. Ich gehe trotz meiner drei Kinder (eines ist behindert) mit in die Arbeit und die obere Wohnung haben wir vermietet. Es geht uns finanziell sehr schlecht, aber trotzdem sind wir glücklich, dass wir und unsere Kinder endlich unbeschwert leben können.

„Immer die Eltern pflegen müssen"

Am Ende dieses Kapitels möchte ich mit einer kleinen Begebenheit ein Nachdenken über die moralische Verpflichtung, „immer die Eltern pflegen zu müssen", anregen:

Marianne und ich sind zusammen in dieselbe Grundschule gegangen. Nach über 26 Jahren habe ich sie neulich bei einem Treffen wiedergesehen. Sie saß die ganze Zeit sehr still da und hörte nur mit ganz großen und glanzlosen Augen den anderen zu. Sie war eine zierliche, verhärmt wirkende Person, die nicht wie Anfang 40 aussah, sondern eher als sei sie schon Mitte 50 – Gesicht und Haare grau.

Es begann das Übliche: *„Wie geht's dir? – Mir geht's gut."* Sie hat sich nicht an der Unterhaltung beteiligt und ist mir so auch weiter nicht aufgefallen. Als wir uns dann aber verabschiedeten, suchte sie auf einmal Schutz in meinen Armen. Sie fing an zu weinen und sagte mit bebender Stimme: *„Ich kann nicht mehr. Zu Hause habe ich meine gebrechlichen Eltern zu pflegen und auch noch meine geistig verwirrte Schwiegermutter. Die Frau war nie freundlich zu mir. Dazu kommt noch, dass ich zwei halbwüchsige Kinder habe. Das alles wird mir zu viel. Keine Minute, auch nicht bei Nacht, ist Ruhe. Urlaub oder Ausflüge* *haben wir noch nie unternommen. Zuerst hatten wir dazu kein Geld, weil wir ja bei meinen Eltern gebaut haben. Dann brauchten meine Eltern Pflege und die Schwiegermutter ist auch noch bei uns eingezogen, weil sie alleine nicht mehr zurechtkam.* "

Marianne ist krank, kaputt von der Arbeit und der ständigen Sorge. Sie hat zwei Häuser, drei alte Menschen, zwei Kinder und ihren Mann zu versorgen. Gewiss, für ihren Einsatz verdient sie unsere Hochachtung. Dennoch bleibt bei mir ein sehr bitterer Nachgeschmack. Vor lauter Pflichtbewusstsein hatte sie nie ein eigenes Leben. Sie hat das Lachen verlernt und ist am Ende mit ihrer Kraft. Und das im besten Alter.

Muss Pflichtbewusstsein so weit gehen? Kann man dieses Opfer von seinen Kindern verlangen?

Die Schwiegermutter – ein familienpolitisches Tabu?

In der Sendung „Brisant", die am 09.08.1995 in der ARD ausgestrahlt wurde, war der Schwiegermutterkonflikt Thema des Tages. Nach einem Beitrag über meine Initiative für Schwiegertöchter wurden die Zuschauer aufgefordert, per Telefonumfrage mitzuteilen, ob sie Probleme mit der Schwiegermutter hätten. Mehr als 20 000 Anrufer beteiligten sich an der Aktion, von denen 58,2 % sich mit „Ja" äußerten. Auch bei Ehescheidungen spielte nach dieser Befragung der Konflikt mit der Schwiegermutter eine nicht unerhebliche Rolle.

Die Kosten, die der Allgemeinheit durch psychosomatische Krankheiten infolge unerträglicher Familiensituationen entstehen, sind enorm. Deshalb habe ich mich in meiner Arbeit von Anfang an um Anerkennung und Beistand durch und von Politikerinnen bemüht. Außer Schulterklopfen und der lapidaren Aussage: *„Ja, das ist ein Problem"* waren meine Bemühungen bislang jedoch vergeblich.

Zwar gibt es mittlerweile ein Gesetz, das körperliche Züchtigung verbietet und unter Strafe stellt und auch psychische Misshandlungen mit einschließt. Doch wer achtet in der Praxis darauf? Oft hört man: *„Wir dürfen nicht in die Familien eingreifen."* Hallo!? Es geht um die Kinder. Um deren psychische Entfaltung. Wer schützt sie vor Eltern, die sie vernachlässigen? Wo bleibt die tätige Ächtung solcher Praktiken? Wann hört man schon mal, dass Kinder Rechte haben, die wir erfüllen müssen – ohne Wenn und Aber? Dass Kinder keine Erfüller oder Erfüllungsgehilfen für das Leben der Eltern sind? Selbst von Politikern werden Kinder doch in erster Linie als unsere Rentensicherer dargestellt und gesehen. Schon in der Wiege haben sie also eine Funktion.

Jeder, der einen Beruf ausüben will, braucht eine Ausbildung, eine Lehre. Jeder, der ein Auto fahren will, braucht einen Führerschein, eine Fahrausbildung. Für viele Berufe müssen wir studieren. Doch wenn es um das Wichtigste geht, das unsere Gesellschaft zu hegen und pflegen hat, die Kinder ... da kann jeder, wie er will. Ohne irgendeine Qualifikation, Aus- oder Vorbildung. Da sind die Eltern frei in dem, was sie tun – ihren Kindern antun!? Oft nicht einmal in böser oder schlechter Absicht. Sie machen einfach das weiter, was sie gelernt haben, behandeln ihre Kinder, wie sie behandelt wurden.

In Australien z.B. werden Mütter geschult, sobald sie ihre Kinder in den Kindergarten bringen. In skandinavischen Ländern werden Mütter nach der Geburt zunächst von einer Hebamme und später, bis zur Einschulung der Kinder, von Betreuungsstellen begleitet. Dies sind nur einige Beispiele, die zeigen, dass solche Hilfsangebote funktionieren können, ohne dass gleich „Überwachung" geschrien wird. Vielmehr kommen sie den Kindern zugute. Und wenn wir beinahe täglich in den Zeitungen von verwahrlosten, verhungerten, misshandelten oder totgeschlagenen Kindern lesen: Sind das nicht deutliche Signale für mehr Ausbildung und Unterstützung? Dazu Begleitung und Anleitung für junge Eltern. Oft wird gerade die psychische Verwahrlosung unterschätzt. Erst wenn Kinder „aus gut bürgerlichem Elternhaus" dann durchdrehen, hört man: *„Wir sind entsetzt, wissen gar nicht warum."* Dabei ist es doch offensichtlich – vorausgesetzt wir trauen uns hinzuschauen, dass Kinder zwar top gekleidet sind, alles Erdenkliche an Hightech besitzen, dabei jedoch seelisch einsam, ja verwahrlost sind. Von den Eltern unter Druck gesetzt, starkem Leistungsdruck ausgesetzt. Oder sie müssen ein ganzes Kinderleben als *„Du bist nichts wert"* erleben.

Mütter brauchen die Anerkennung und Unterstützung der Gesellschaft. Eltern brauchen Hinweise darauf, mit welchen Verhaltensweisen Kinder erdrückt und unterdrückt werden. Und vor allem: Kinder dürfen nicht dafür da sein, das Aufmerksamkeitsdefizit ihrer Eltern zu heilen.

Doch so ein Thema ist unpopulär. Auch das in diesem Buch beschriebene Problem, Schwiegertochter – Schwiegermutter, ist kein Thema, das man gerne aufgreift. Selbst Beratungsstellen und so manche Psychologen winken ab. Zu groß wären die Stürme der aufgebrachten *„Wir-sind-die-Guten"*. Bei öffentlichen (staatlichen und kirchlichen) Beratungsstellen ist der Punkt: „Probleme mit der Schwiegermutter" nicht einmal als Beratungsgrund vorgesehen. Man spricht von „Ehekrise" oder „Selbstwertkrise". Warum? Wäre es so furchtbar, wenn es Statistiken darüber gäbe, welcher Beratungsbedarf wegen übermächtiger Schwiegermütter bestehen könnte? Anscheinend ja, denn aus meinen jahrelangen persönlichen Erfahrungen in der Selbsthilfearbeit für Schwiegertöchter weiß ich zu genau, wie sehr Volkes Zorn da aufbrodeln kann. Mit welcher Lobby im Rücken die „Guten" ausgestattet sind. Wie ein Klima des *„Bei uns gibt es so etwas nicht"* jedes sinnvolle Arbeiten im Keim zu ersticken droht.

Doch deswegen nichts tun? Weil es tabu ist, Mütter als Menschen, die fehlbar sind, darzustellen? Eltern zu enttarnen, die Kinder psychisch misshandeln? So weit darf und kann es nicht gehen. Denn es sind die Kinder, denen wir schaden, wenn wir abwinken: *„Ach ja. Es sind ja nur zwei Frauen, die Stress miteinander haben."* Das ist nur die sichtbare Spitze, unter der manch leidvolle Kindheit zum Vorschein kommt. Das geht uns alle an und wir alle sind gefordert.

Es geht um weit mehr als darum, was wie vom Staat finanziert wird. Krippenplätze, Kindergartenplätze, Erziehungsgeld, Kindergeld – sicher alles wichtig und richtig. Doch darauf darf sich unsere Gesellschaft nicht beschränken. Ein Maximum an Wissen, wie Kinder frei erzogen werden und wie sie sich und ihre Fähigkeiten entfalten können, muss vermittelt werden.

Teil III.

Wie können Sie sich aus der
Schwiegermutter-Falle
befreien?

In diesem Teil des Buches möchte ich Ihnen einige Möglichkeiten aufzeigen, wie Sie aus Ihrem Konflikt aussteigen können, und Ihnen Anregungen dafür geben, wie Sie sich selbst helfen können. Denn es wird niemand kommen, um das Problem für Sie zu lösen – auch nicht Ihr Mann, als Prinz und Retter. Er muss an Ihrer Seite stehen, sich zu Ihnen bekennen und gemeinsam mit Ihnen agieren. Doch er kann niemals für Sie handeln. Das können nur Sie selbst. Ich betone dies so ausdrücklich, gerade weil viele Betroffene erwarten, dass ihr Mann das Problem für sie löst. Er kann seiner Mutter zwar sagen: „Hör auf damit", doch es wird immer wieder Situationen geben, in denen nur Sie selbst aktiv werden können. Und da, wo Sie zusammen mit Ihrem Partner agieren, ist es wichtig, eine gemeinsame Strategie festzulegen, miteinander eine Linie zu verfolgen.

Doch Sie werden sehen und vor allem spüren, wie erleichternd es ist zu handeln und nicht mehr hilflos ausgeliefert zu sein. Wie schnell dann auch die Probleme innerhalb der Partnerschaft verschwinden: all der Streit und die Unzufriedenheit, dass der Partner nicht richtig zu Ihnen hält. Dieser wird anfangs in der Auseinandersetzung sogar noch hilfloser sein als Sie, ist er die Manipulationen und das Fehlverhalten der Mutter doch von klein an gewohnt. Auch wenn er manchmal spürt, dass nicht alles in Ordnung ist, wird er das Verhalten seiner Mutter weitestgehend als „normal" empfinden. Also liegt es an Ihnen, ihm zu zeigen, wo es ein Zuviel an Demütigung, ein Zuviel an Einmischung ist. Gemeinsam können und werden Sie Ihre Hilflosigkeit überwinden.

Indem Sie miteinander an die Lösung gehen, werden Sie eine ganz neue Lebensqualität für sich und in Ihrer Partnerschaft entwickeln. Sie werden sich näherkommen, die gegenseitige Achtung und der Respekt vor den Grenzen des anderen werden tiefer. Sie können nur gewinnen. Es lohnt sich!

20 Jahre Hoffen sind zu viel

In diesem Kapitel werde ich Ihnen Möglichkeiten aufzeigen, wie Sie sich aus der Krise mit Ihrer Schwiegermutter lösen und wie Sie selbst aktiv werden können. Hierfür werde ich die wichtigsten und am häufigsten gestellten Fragen aus meiner täglichen Praxis im Umgang mit Betroffenen aufgreifen und beantworten. Auf diese Weise erhalten Sie Tipps und Anregungen, wie Sie mit bestimmten Situationen, die sich immer wieder ergeben, umgehen können. Auch dafür, wie Sie gemeinsam mit dem Partner eine neue Basis und eine neue und tiefere Lebensqualität für Ihre Partnerschaft finden können. Falls Sie sich der Situation alleine nicht gewachsen fühlen, gibt es ein breit gefächertes Angebot für Hilfe von außen. Hier werde ich Ihnen Adressen nennen, damit Sie das für Sie passende Angebot auswählen können. Allein Informationen können helfen, aus der Lethargie auszusteigen. Können Mut und Zuversicht schaffen, damit Sie, liebe Leserin, aufstehen und für sich ein selbstbestimmtes und von respektvollem Umgang geprägtes Leben einfordern und erarbeiten.

Ein uns Frauen anerzogener Hang – besser noch Drang – zu Harmonie lässt viele von uns manchmal 20 oder 30 Jahre darauf hoffen, dass wir – wenn wir nur genug dafür tun – irgendwann mal anerkannt werden. Denn nur wir persönlich sind für die Familieneintracht verantwortlich, und gibt es sie nicht, so liegt die Schuld selbstverständlich bei uns: *„Wenn ich mich nur genug anstrenge, wird mich die Schwiegermutter schon noch anerkennen!"* Von klein auf haben wir gelernt, wie sich ein liebes Mädchen verhält. Unsere weiblichen „Tugenden" versuchen wir in Vollendung bei der Schwiegermutter anzubringen, haben wir über dieses Weibchenverhalten doch früher immer die lebensnotwendige Zuwendung und Anerkennung erhalten. Doch jetzt laufen wir gegen eine Wand aus Ablehnung.

Das ist der Zeitpunkt, um zu erkennen, dass ich, solange ich so bleibe, wie ich jetzt bin, keine Chance habe. Ganz gleich, was ich tue, egal, wie ich es tue: Schwiegermutter will mich einfach nicht. So schwer es auch fällt, muss ich zugegen, dass ich durch mein Verhalten keinen Einfluss auf die Gefühle der Schwiegermutter nehmen kann. Es gelingt nicht, ihr zu vermitteln, dass ich in Ordnung bin.

Koche ich wie ein Vier-Sterne-Koch persönlich, heißt es: *„Bubi, du bist aber so dünn geworden, bekommst wohl kein ordentliches Essen."*

Hole ich die Wäsche super strahlend und fleckenrein von der Fünfkilometer-Leine, mäkelt sie: *„Igitt Bubi, mit diesen Schmutzrändern kannst du aber nicht ins Büro gehen."*

Beherrsche ich die hohe Schule des Putzens und strahlt die Wohnung in einem streifenfreien Wochenglanz, muss ich mir anhören: *„Bubi, kein Wunder, wenn du immer husten musst, bei dem Dreck, den DIE hat."*

Habe ich den IQ von Zweistein und jongliere nur so mit Börsengeldern, tönt es: *„Bubi, die kann aber mit Geld nicht umgehen! Die ist so dumm, dass eure Kinder sicher mal verblöden und verwahrlosen."*

Stand meine Wiege in einem Palast aus Tausendundeiner Nacht, nörgelt sie: *„Bubi, aus welchem Loch kommt DIE denn?"*

Eines ist Ihnen hoffentlich deutlich geworden: Sie will meine Persönlichkeit und meine Fähigkeiten gar nicht wahrhaben. Diese Erkenntnis ist zwar schmerzhaft, dennoch gibt sie mir Kraft. Ganz deutlich sehe ich, dass die Schuld nicht bei mir liegt. Es ist schlicht unmöglich, eine Frau, die mich ablehnt, von mir zu überzeugen oder zufriedenzustellen. Mein antrainiertes Wohlverhalten greift nicht mehr.

Braves „Magdele"

Um diese Erkenntnis zu veranschaulichen, möchte ich einen Ausflug in meine Kindheit machen. Eine Kindheit, die von der Geborgenheit einer Großfamilie geprägt war. Drei Generationen lebten im Haus meiner Großeltern unter einem Dach. Meine Mutter war berufstätig, und Oma übernahm tagsüber meine Betreuung. Schon früh spürte ich, mit welchem Verhalten ich Zustimmung fand und mit welchem ich Kritik einheimste. Die Reaktion der anderen Familienmitglieder zeigte sich auf zwei Ebenen. Das konnte Lob oder Tadel direkt und persönlich vom jeweils beteiligten Erwachsenen bedeuten, z.B.: *„Du bist ein Schatzilein, das hast du fein gemacht. – Wenn du so böse bist, machst du mich ganz traurig."* Zärtlichkeit und Kritik folgten sozusagen auf den Fuß.

Die zweite Ebene lief über diese Person zu allen anderen Erwachsenen in der Familie. Im Klartext soll das heißen: Wenn ich etwas ausgefressen hatte, wurde ich verpetzt. War ich hingegen ein artiges Kind, wurde ich vom ganzen Clan belobigt. Hatte ich etwas Größeres ausgefressen, kam der geballte Tadel von allen. Natürlich war das sehr unangenehm, denn es war nicht nur einer sauer, sondern gleich der ganze Familienverbund.

Bei kleineren Artigkeiten hieß es: *„Du warst aber ein liebes Mädchen!"* Bei so großen Gelegenheiten wie den ersten Schritten oder der ersten kompletten Sitzung auf dem Töpfchen waren alle aus dem Häuschen, und jeder sagte zu mir: *„Du bist aber ein braves Magdele*!"* Die strahlenden Augen und die glücklichen Gesichter waren das Größte für mich. In keiner anderen Situation hatte ich so viel Anerkennung und Aufmerksamkeit. Das hat mir selbstredend sehr gut gefallen.

---

* Schwäbischer Begriff, verniedlichend für Magd; wird nur gegenüber kleinen, sehr braven Mädchen gebraucht.

Schnell hatte ich gelernt, wie ich durch mein Verhalten diese fantastische „Magdele-Reaktion" hervorrufen konnte. „Magdele" bei der ganzen Familie zu sein war meine größte Erfüllung und mein Glück. Denn die andere Seite, von allen geschimpft oder bestraft zu werden, gefiel mir überhaupt nicht. Ich begann also, auf „Magdele" zu trainieren. Ob in der Schule, unter anderen Kindern oder zu Hause, nie wollte ich den Zorn der Erwachsenen heraufbeschwören. Nein, mein Eifer und Streben galten dieser Medaille, dem Pokal „Magdele". Also war ich duldsam, folgsam, willig, fleißig, nur um diesen Titel und die damit verbundene Anerkennung nicht zu verlieren. Und um dieses Bloßstellen meiner Unzulänglichkeit im Familienrat zu verhindern. Denn es war peinlich, am Abend dann vor allen meine Vergehen zu hören. Und die Schimpfe, manchmal auch Schläge zu bekommen. Die Trauer in den Augen meiner Mutter zu sehen. Den Zorn meines Vaters zu spüren bekommen.

Auch als junger Mensch und im Erwachsenenalter habe ich mich weiter nach diesem Muster verhalten. Deshalb war ich äußerst pflegeleicht und leicht auszunutzen. Für meine eigenen Belange, meine Wünsche und Bedürfnisse einzustehen brachte ich nicht fertig. Fürchtete ich doch immer das Abkanzeln vor Publikum. Zu widersprechen habe ich mich höchstens getraut, wenn es darum ging, für andere etwas zu tun. Meine Selbstachtung jedoch beruhte allein drauf, mit mir einigermaßen zufrieden zu sein, wenn andere mit mir zufrieden waren.

Die ständigen Bemühungen, die Erwartungen meiner Mitmenschen – oft schon im vorauseilenden Gehorsam – zu erfüllen, haben mich im Laufe der Jahre ziemlich erschöpft. Schließlich wollte ich keine Fehler machen, niemandem wehtun, nicht unangenehm auffallen. Perfektes braves Frauchen und brave willige Mitarbeiterin! Sicher, manchmal wurde es auch mir zu viel, und ich habe aufbegehrt. Doch diese Versuche endeten immer damit, dass ich ein schlechtes Gewissen bekam, mich unmöglich fand und die Schuld bei mir suchte. Im Großen und Ganzen aber hatte ich genau das, worauf es mir ankam: keine Feinde, freundlichen Umgang mit jedermann, ein Minimum an Tadel und sogar Anerkennung als „Magdele". Bis …

Ja, bis ich bei einem Menschen trotz aller Bemühungen keine Gnade fand. Mein Verhaltensmuster, mit dem ich bisher gut gefahren war, funktionierte nicht mehr. Verhielt ich mich als brave Frau, wurde ich trotzdem als böse hingestellt. Bot ich meine ganze Kraft auf, um zu verwöhnen und meine Sympathie zu zeigen, so war das auf einmal nichts mehr wert. Keine Anerkennung und kein „braves Magdele" kamen zurück. Dabei war mir diese Anerkennung, laut meiner Moralvorstellung die einzige erstrebenswerte, so wichtig und alltäglich, ja lebensnotwendig geworden wie die Luft zum Atmen.

Das Grundgerüst meiner Persönlichkeit oder das, was ich dafür hielt, brach mir nichts, dir nichts in sich zusammen. Ich fühlte mich vollkommen wertlos. Dabei hatte ich mich bzw. meine braven Eigenschaften doch gar nicht verändert. Im Gegenteil, ich hatte diese Frauchen-Rolle inzwischen zur Perfektion ausgebaut. Die erste Zeit glaubte ich verrückt zu werden. Warum kam ich mit der ganzen Welt zurecht, nur mit dieser einen Person nicht? Langsam erkannte ich, dass genau diese gefügige und willige Art meines bisherigen Lebens sich jetzt mit aller Macht gegen mich richtete und mich zu zerstören drohte. Wenn ich mein Verhalten nicht änderte, hatte ich keine Chance. Um zu überleben, blieb mir nichts anderes übrig, als etwas zu tun, was ich mir mein ganzes Leben verboten hatte: Ich musste „Nein" sagen. Nein zu einem nahestehenden Menschen! Nein zu einer (Schwieger-)Mutter! Nein zu meinen inneren „Magdele".

Wie ein Abenteurer kam ich mir vor, als ich dieses unumgängliche, lebenswichtige „Nein" aussprach. Meine Gefühle waren im Chaos. In mir tobte ein schwerer Kampf. Der Kampf zwischen Verstand und Gefühl, zwischen Vernunft und Moral. Eine Moral, deren Regeln und Zwänge mein Leben zu zerstören drohten. Zittrig war ich, aufgewühlt, ängstlich, aber auch neugierig und gespannt, was sich nun ereignen würde. In Albträumen sah ich mein unrühmliches Ende nahen. Meine Erwartung war, dass sich der Boden unter meinen Füßen auftat und ein schwarzes Loch mich mit Haut und Haaren verschlang. Manchmal sah ich mich einem wahren Weltuntergangsszenario gegenüber: Bei Blitz und Donner, alleine mitten im Orkan stehend, zermalmten mich die Naturgewalten. Vielleicht würde mich auch ganz einfach nur der Herzschlag treffen.

Und es passierte ... nichts! Kein Blitzschlag und auch kein Herzinfarkt. Langsam fand ich wieder Halt und meine Kraft kam zurück. Stärker als je zuvor spürte ich sie: „Es war richtig, was du gemacht hast!" Zum ersten Mal bewertete ich mich persönlich gut. Das „Magdele" entpuppte sich nach und nach zur Herrin. Nicht die Herrin über irgendwas oder irgendjemand: Von dem Tag an war ich die Herrin über mich selbst.

In Folge habe ich dann meine neue Technik des Neinsagens ausgiebig geübt. Beim Metzger z.B. antwortete ich auf die Frage: *„Darf's ein bisschen mehr sein?"* erstmals, wenn auch mit klopfendem Herzen, mit Nein. Über das irritierte Gesicht der Verkäuferin habe ich mich köstlich amüsiert. Wenn ich heute feststelle, das etwas mir Unbehagen verursacht, so sage ich Nein. Klar, dass ich anfangs auch mal über mein Ziel hinausgeschossen bin.

Für manche Zeitgenossen gelte ich mittlerweile als schwierig. Sie können nicht damit umgehen, wenn ich klare Vorstellungen habe und klare Grenzen setze. Früher hätte mich das unglücklich gemacht. Inzwischen freut es mich. Niemand kann mich mehr einlullen oder eine erdrückende Moral gegen mich einsetzen. Kein einfaches Nachgeben, Einlenken oder Anpassen von meiner Seite mehr. Das ging immer voll zu meinen Lasten und war nicht einmal auf halbem Weg entgegenkommend. Klar und deutlich habe ich gelernt zu sagen, was ich will und was ich nicht will. Ehrliche Kritik empfinde ich nicht mehr als persönliche Ablehnung, sondern als sehr anregend. Inzwischen kann ich auch zwischen ehrlicher Kritik und blindwütigem Niedermachen unterscheiden. Dass ich nicht mehr für jeden das brave, liebe Fraule bin, stört mich nicht im Geringsten. Mein „Magdele" wurde durch Selbstachtung und Selbstvertrauen ersetzt.

Mithilfe der Transaktionsanalyse konnte ich meinen Werdegang rückverfolgen. Auf die brennende Frage: *„Warum gerade ich?"* fand ich endlich für mich schlüssige und akzeptable Lösungen. Ich erkannte, woran die sogenannte Moral krankt und wann und wie sie dazu benutzt wird, eigene Bedürfnisse durchzusetzen oder das Verhalten Dritter zu manipulieren.

Den ersten Schritt tun

Eine solche Besinnung auf den eigenen Werdegang, die Strukturen, die einen fesseln, ist der erste Schritt, um das Problem Schwiegermutter sinnvoll anzugehen. Statt mit sinnlosen Anstrengungen weiter Ihre Kräfte zu vergeuden, ist es jetzt an der Zeit, sich klarzumachen, dass Sie Ihrer Schwiegermutter durch Ihr gut gemeintes Wohlverhalten ständig Stoff für neue Attacken liefern. Sie liefern ihr sozusagen eine „Gebrauchsanweisung" dafür, wie Sie ticken. Durch Erklärungen, Entschuldigungen und ständiges Erdulden zeigen Sie, wo Sie verletzlich sind und wo angreifbar. Ihre Schwiegermutter kann dann einschätzen, wie sie Sie am effektivsten bearbeiten und gefügig halten kann.

Zeigen Sie Gefühl! Gefühle zulassen – Gefühle leben

Viele können mit Wut, Zorn oder Aggression nichts anfangen. Mehr noch, sie lehnen diese Gefühle als verwerflich ab. Dabei: Auch wenn uns Frauen immer vermittelt wird, dass wir solche Gefühle nicht haben dürfen, dass sie schlecht sind, sind sie eigentlich ganz normal. Doch unterdrückte Wut macht aggressiv. Und irgendwann – weil wir uns nicht wehren dürfen, weil uns die Hilflosigkeit krank macht – entwickelt sich ein unbändiger Hass auf die Schwiegermutter.

Doch Wut ist zunächst ein ganz normales Gefühl, wie Liebe. Erst zu viel Wut kann schädlich werden, wenn sie sich zum Hass gegenüber Dritten steigert. Dieser Hass und die Wut machen uns schließlich innerlich krank, nagen und fressen an der Seele. Irgendwann, wenn wir kein Ventil finden, kann sich die Wut auch gegen uns selbst richten. Oder wir leben sie an „Schwächeren" aus. Grundlegende Gefühle sollten nie geleugnet werden. Viel besser ist es, sie zu akzeptieren und zu lernen, vernünftig mit ihnen umzugehen.

Gefühle werden einem auch gerne abgesprochen. *„Du reagierst über. – Sei nicht so empfindlich. – Es ist nicht so, wie du meinst.“* Doch jeder Mensch hat das Recht auf seine persönlichen Gefühle. Lassen Sie sich da nicht kirre machen. Sie selbst wissen, was in Ihnen vorgeht. Zweifeln Sie deshalb nicht an Ihrer Fähigkeit, die Gefühle auch zu benennen oder richtig zu empfinden. Kurz, bestehen Sie darauf, dass Ihre Gefühle respektiert und geachtet werden.

Sie werden auch feststellen: Wenn Sie die Wut über das Verhalten der Schwiegermutter zulassen, wird der Hass verschwinden, genauso wie Ihre geheimen Vorstellungen, was sie ihr gerne antun würden. Von nun an brauchen Sie nicht mehr im Geheimen zu agieren, sondern können für sich einstehen und „STOPP“ sagen.

Wege aus der Krise

Ihre persönliche Bilanz

Wollen Sie sich von den Mobbing-Attacken Ihrer Schwiegermutter befreien, so ziehen Sie Ihre persönliche Bilanz. Sie erhalten so eine gute Übersicht über den Ist-Zustand, Ihre Wünsche und persönlichen Grenzen. Ziehen Sie ruhig häufiger diese Bilanz – und Sie werden bald positive Entwicklungen feststellen.

Erstellen Sie ein Arbeitsblatt mit sieben Spalten (siehe das nebenstehende Muster) und schreiben Sie in die erste Spalte alles, was Sie stört, verletzt oder demütigt. Das ist Ihre Bestandsaufnahme dessen, was geschieht und was Sie zu ertragen haben.

In der zweiten Spalte Ihrer Bilanz halten Sie fest, was Sie künftig nicht mehr haben wollen. Was Sie nicht mehr ertragen können.

Dann überlegen Sie, zu welchen Kompromissen Sie eventuell bereit sind.

In der nächsten Spalte setzen Sie sich mit Ihren Schwächen auseinander: Wo sind die wichtigsten Angriffspunkte für Ihre Schwiegermutter? Wo kann sie Sie immer wieder verletzen oder „über den Tisch ziehen"? Wie laufen diese Routinen ab?

Schließlich listen Sie auf, welche Vorteile Sie haben werden, wenn Sie etwas änderten. Wie wird sich Ihr Leben verändern, sobald Sie anfangen, sich zu wehren? Vergessen Sie auch die möglichen Nachteile nicht, denn Veränderungen haben nicht nur positive Konsequenzen. Im Laufe Ihrer Weiterentwicklung werden Sie jedoch feststellen, dass diese Spalte immer weniger enthält. Dass Sie gelernt haben, über vielem zu stehen und nicht mehr alles persönlich zu nehmen. Und dass manches auch aufgehört hat, weil Sie konsequent waren und die Schwiegermutter jetzt einfach nachgibt, um den Kontakt nicht ganz zu verlieren.

Ihre erste Bilanz ist gleichzeitig auch Ihr persönliches Programm, um zu genesen. Was Sie überhaupt nicht mehr ertragen können, müssen Sie abstellen. Natürlich passiert das nicht automatisch. Doch wenn Sie Ihre Wünsche unter: „So wird es sein" auflisten, wird Ihnen das sehr helfen. Ganz wichtig: Verwenden Sie positive Formulierungen.

Meine persönliche Bilanz

Was stört/ver-letzt/demütigt mich?	Was will ich ab-solut nicht mehr hinnehmen?	Zu welchen Kompromissen wäre ich bereit?	Welches sind die Angriffspunkte meiner Schwie-germutter?	Welche Vor-teile habe ich, wenn sich etwas ändert?	Welche Nach-teile habe ich, wenn sich etwas ändert?	So wird es sein.
Sie steht fast jeden Tag unangemeldet vor meiner Tür.	Daheim sein müssen, weil sie nicht mehr geht. Meine Zeit diktieren lassen.	Nach Absprache oder Voranmeldung bis zu zwei Besuchstermine pro Woche.	Ich lasse mich schnell kleinkriegen, sobald Krankheit oder Hilflosigkeit ins Spiel kommen.	Kein überfallartiges Vor-der-Tür-Stehen mehr.	Schwiegermutter wird ständig jammern, wie schlecht ich doch bin.	Ich werde mich im eigenen Haus endlich wohlfühlen.
Alles weiß sie besser und sie mischt sich immer und überall ein.	Ständig Ratschläge annehmen müssen und als die Dumme hingestellt werden, die nichts alleine kann.	Um Rat fragen, wenn ich ihn wirklich brauche oder möchte	Ich lasse mich verunsichern, weil ich jünger und uner-mütigungen mehr.	Eigene Erfahrungen machen, keine De-mütigungen mehr.	Ich muss aushalten, dass die Schwieger-mutter in düstersten Farben ausmalt, was ohne ihren Rat Schlimmes gesche-hen wird.	Ich werde frei nach meinen Vorstel-lungen leben.

Raus aus der Opferrolle!

Sie haben bis zu dieser Stelle mein Buch gelesen und haben erfahren, dass in Ihrem Konflikt nicht Sie die „Unmögliche" sind. Auch bilden Sie sich nichts ein – schwarz auf weiß konnten Sie über Ihre Empfindungen, Gefühle und Wahrnehmungen lesen. Sie konnten hoffentlich nachvollziehen, was Sie und Ihren Partner bislang angreifbar machte und durch welche Mechanismen im eigenen Werdegang Sie geprägt wurden. Warum Sie so lange lieber an sich zweifeln und die Schuld bei sich selbst suchen. Eben haben Sie Ihre Bilanz-Liste geschrieben. Doch was nun?

Die Erfahrung zeigt, dass viele Betroffene eigentlich wissen, was sie gerne tun würden. Wie sie ihre Grenzen ziehen möchten und wo. Da kann ich Ihnen nur raten: **Tun Sie es!** Fangen Sie an, gleich hier und jetzt für sich einzustehen. Nehmen Sie Ihr Leben und Ihr Glück selbst in die Hand. Das können Sie, auch wenn Sie sich momentan schwach, ausgehöhlt und kraftlos fühlen. Denn bedenken Sie: Die Kraft, die Sie das Leiden, die Demütigungen, das „In-sich-Hineinstopfen" kostet – die können und werden Sie ab sofort für sich nehmen. Um sich zu befreien. Sie werden spüren, wie schnell Sie wieder Auftrieb bekommen. Neue Lust und Freude am Leben. Schon nach dem ersten Mal, bei dem Sie nicht mehr wie ein „geprügelter Hund" davonschleichen.

Helfen Sie sich selbst, Sie können das!

Es gibt eine Fülle von Möglichkeiten für Sie, etwas zu tun. Hier werde ich Ihnen die wichtigsten vorstellen. Gerne gebe ich Ihnen auch Anregungen für Situationen und Hemmnisse, die bei der Loslösung immer wieder passieren können. So haben Sie Werkzeuge an der Hand, um aktiv und souverän zu agieren. Anhand typischer Aussagen, Widrigkeiten und Stolperfallen, mit denen Schwiegertöchter immer wieder zu kämpfen haben, werde ich Ihnen im Folgenden die am häufigsten gestellten Fragen beantworten. Wenn Sie nach Anregungen und Tipps suchen, werden Sie sicher fündig werden. Doch ob Sie nun meine Ratschläge befolgen oder sich Tipps aus anderen Büchern holen: Kopieren Sie nicht einfach die vorgegebenen Texte, sondern entwickeln Sie daraus Ihre eigenen, Ihrem Wesen entsprechenden Formulierungen. Die Texte sollen nur eine Richtung aufzeigen, wie etwas machbar ist und was überhaupt machbar ist. Für Sie und Ihr sicheres Auftreten ist es allerdings wichtig, Ihre eigenen Worte zu finden. Sonst wirken Sie aufgesetzt und unecht.

Wie weit kann ich gehen, ohne unverschämt zu sein?

Jahrelang haben sie geschluckt und geschwiegen. Ihnen wurde beigebracht und abverlangt, sich ergeben zu zeigen. Sich alles gefallen zu lassen. Da fällt es schwer, zu ermitteln, wie weit Sie jetzt gehen können ohne unverschämt zu sein. Zu klein fühlen Sie sich. Zu verunsichert, um zu wissen, was angebracht ist.

Deswegen rate ich Ihnen: **Stellen Sie sich vor, eine Arbeitskollegin, eine Bekannte oder Freundin hätte Sie schlecht behandelt. Wie würden Sie da reagieren?** Wenn Sie ein wenig über diese Frage nachdenken, merken Sie vielleicht, dass Sie sich schon viel früher gewehrt und sich gar nicht erst hätten verstricken lassen. Und so können und dürfen sie auch Ihrer Schwiegermutter gegenüber auftreten. Sie kennen also den richtigen Ton und den richtigen Weg. Es ist ganz einfach – wenn Sie die „Mütterleinverklärtheit" weglassen und sich auf einen normalen und achtsamen zwischenmenschlichen Umgang besinnen.

Von dieser Basis ausgehend – *„Wie würde ich mich einem anderen Menschen gegenüber in einer vergleichbaren Situation verhalten?"* – können Sie Ihre ganz persönliche Sicherheit von jetzt ab in den Kontakt mit Ihrer Schwiegermutter übernehmen. Sie werden dann nicht mehr hilflos sein und gleichzeitig das richtige Maß wahren.

Nein sagen – wie und wo kann ich das lernen?

Kurse, z.B. an Volkshochschulen, sind hier sehr zu empfehlen. Dort werden in der Regel Fertigkeiten unabhängig von bestimmten Problemstellungen vermittelt. Sie müssen also nicht Ihr Schwiegermutterproblem öffentlich ausbreiten. Auch Kurse zu Themen wie Selbstachtung und Selbstvertrauen werden regelmäßig angeboten. Schauen Sie sich um und lassen Sie sich unterstützen und stark machen.

Über den Umgang mit dummen Sprüchen oder über Gewaltfreie Kommunikation gibt es zahlreiche Bücher, die Ihnen weiterhelfen. Viele solcher Bücher enthalten z.B. Übungen, sodass Sie ausprobieren könne, wie Sie künftig auf bestimmte Angriffe reagieren wollen.

Auch zu Themen wie emotionale Erpressung, krank machende Beziehungen oder eine vergiftete Kindheit gibt es jede Menge Literatur. Am Ende dieses Buches finden Sie eine Auswahl von empfehlenswerten Titeln. Eine kommentierte Form dieser Liste finden Sie unter der Rubrik „Bücherliste" auf meiner Website www.ruth-gall.de.

Spontan? Erst hinterher fällt mir die richtige Antwort ein!

Sicher haben auch Sie sich schon oft darüber geärgert: Sie wurden wieder einmal verbal „platt gemacht" und waren völlig perplex. Erst hinterher fiel Ihnen die passende Reaktion ein und Sie haben sich fürchterlich über sich selbst geärgert. Doch dieses Hinterher-Ärgern ist destruktiv und bringt Ihnen überhaupt nichts. Es macht das Erlittene nur schlimmer und führt dazu, dass Sie sich noch hilfloser vorkommen.

Wandeln Sie deshalb diese „Schlappe" in einen positiven Erfahrungswert um!
Sollten Sie künftig in eine vergleichbare Situation geraten, kennen Sie jetzt den Ausgangspunkt und – viel wichtiger – Sie wissen außerdem, wie Sie optimal reagieren könnten. Wenn Sie die Antwort, die Ihnen verspätet eingefallen ist, nicht vergessen und Sie sogar noch einüben, haben Sie für den nächsten Angriff ähnlicher Art schon eine „spontane" Reaktion in Ihrem Fundus. Wandeln Sie also Ihren Ärger in Energie und Erfahrung um – in Ihre erste Abwehrreaktion, die Sie ab sofort immer dann parat haben, wenn wieder so eine Situation auftaucht.

Wie ein begossener Pudel bin ich dagestanden

Wie schon im vorhergehenden Tipp geht es auch hier um das Einüben von für Sie wünschenswerten Reaktionen.

Sicher kennen Sie genügend Szenen, in denen Sie wieder mal über den Tisch gezogen wurden oder sich haben übertölpeln lassen. Immer wieder sind Sie zu gutmütig, sprachlos oder Sie geben klein bei – ohne dass Sie es eigentlich wollen. Immer wieder greifen dieselben eingeschliffenen Mechanismen. Doch Sie können lernen, auch solche Szenarien künftig nach Ihren Vorstellungen zu gestalten.

Denken Sie an diese Szenen und schauen Sie sich eine nach der anderen noch einmal als Betrachter an. Wie war der genaue Ablauf?

Dann wählen Sie zunächst eine Szene aus (später können Sie mit allen anderen Szenen genauso verfahren) und beginnen damit, deren Verlauf mental umzugestalten, bis Sie zufrieden sind mit Ihrer Reaktion, mit Ihrer Aktion. Bis Sie das Gefühl haben: *„So hätte ich reagieren sollen, so hätte es mir nicht geschadet, mich nicht geärgert."* Und nun üben Sie – laut vor dem Spiegel, mit Gestik und Mimik – Ihre neue Reaktionsweise. Trainieren Sie so oft und so lange, bis alles sitzt. Sie werden sehen: In einer vergleichbaren Situation wird Ihnen nichts Nachteiliges mehr geschehen, denn Sie können den Prozess steuern und für sich eintreten. Ruhig, gelassen und freundlich. „Gegenwehr" wird dann für Sie nichts Neues und Bedrohliches mehr sein, sondern erscheint Ihnen nun geläufig und vertraut.

Unterstützend können Sie auch noch Zettel an wichtige Stellen kleben, sodass Sie immer wieder an Ihre neue Haltung und Ihr neues Bewusstsein erinnert werden. Wenn Sie z.B. von Ihrer Schwiegermutter immer wieder am Telefon überrumpelt werden, bringen Sie dort einen Zettel mit Ihrem persönlichen „Nein" an: *„Dein Sohn ist nicht da. Ich richte ihm aus, dass du angerufen hast."*

Falls die Schwiegermutter gerne mal überraschend und unangemeldet vor der Wohnungstür steht, klebt dort ein Zettel mit: „Tut mir sehr leid, ich muss gleich weg. Leider habe ich heute keine Zeit. – Bitte melde dich doch das nächste Mal vorher an. – Schade, ich habe nicht damit gerechnet, dass du kommst. Jetzt habe ich schon etwas anderes ausgemacht. Sag doch vorher Bescheid, wenn du kommen möchtest. Dann können wir gemeinsam Kaffee trinken." Und dann die Tür wieder zu! Üben Sie das! Es wird Ihnen anfangs nicht leichtfallen, doch Training hilft!

Auch für Situationen, die Sie nicht vorher einüben konnten, gibt es „Hilfsbrücken" – Ablenkungen oder Entschärfungen, damit Sie nicht wieder überrumpelt werden. Eine solche Hilfsbrücke kann z.B. sein, den Raum kurz zu verlassen. „Entschuldigung, ich gehe mal schnell ins Bad. – Darüber möchte ich erst nachdenken. Wir sprechen später noch einmal." Überlegen Sie für sich, welche Hilfen Ihnen gerecht werden. Wichtig ist, Zeit für sich zu gewinnen. Zeit, um nachzudenken, sich zu beruhigen und das weitere Vorgehen zu planen.

Subtile Bosheiten – niemals direkte Kritik

Sicher kennen Sie das: Die Schwiegermutter ist immer nett. Mit einem Lächeln treibt Sie Ihnen jedoch immer neue Dornen in die Seele. So kleine Spitzfindigkeiten und größere Bosheiten, schön verpackt und durch die Blume. *„In dem Kleid wirkst du direkt schlank.* (Du bist zu fett.) *– Junge, du siehst wieder blass aus. Ich mache dir mal ein gutes Essen.* (Deine Frau kann nicht richtig kochen.) *– Ich nehme immer Strahlglanz für die Fenster, damit kriegst du auch die Schlieren weg.* (Du hast dreckige Fenster.) *– Ich hab für Bub ein neues Hemd gekauft, damit er schön adrett in die Firma gehen kann.* (Du pflegst seine Hemden nicht richtig, die sind vergilbt und ausgewaschen.) *– Deine neue Bluse ist so schön. Also ich finde ja, die Farbe macht ein wenig alt.* (Die Bluse steht dir nicht, du siehst alt aus.) *– Ich muss immer weinen, weil ihr so weit weg wohnt.* (Besucht mich gefälligst öfters. Oder besser: Zieht bei mir ein.) *– Ich will immer eine gute Schwiegermutter sein."* (Also trau dich ja nicht, an mir zu zweifeln.)

Anfangs denken Sie sich vielleicht nichts bei solchen Spitzen. Mit der Zeit jedoch sind es Pfeile, die mitten in die Seele treffen und wehtun. Wie können Sie sich nun gegen solche Angriffe verteidigen, die ja „so harmlos" sind? Bei denen Sie – sollten Sie sich darüber aufregen – Gefahr laufen zu hören: *„Du bist aber empfindlich! Das bildest du dir aber ein."*

Oft lassen sich solche subtile Bosheiten durch Nachfragen enttarnen bzw. sogar ganz abstellen: *„In dem Kleid wirkst du direkt schlank"* – *„Meinst du, ich bin zu dick?"* Bzw.: *„Willst du mir damit sagen, dass ich zu viel wiege?"* So zwingen Sie Ihre Schwiegermutter, über ihre achtlose Bemerkung nachzudenken und zu erklären, was sie wirklich gemeint hat und das auch direkt zu sagen oder eben: *„Tut mir leid, das hast du falsch verstanden."* In jedem Fall werden Sie nicht auf und mit der Behauptung und dem Ärger darüber sitzen bleiben.

Sie können sich aber auch „gezielt verhören". Auf den Spruch mit dem Kleid könnten Sie dann etwas entgegnen, das mit der Bemerkung überhaupt nichts zu tun hat: *„Ach, du hast kalte Füße? Ich nehme da immer ein warmes Fußbad. – Ich gebe dir recht, es gibt nichts Schöneres als eine blühende Bergwiese."* Sie werden sicher Erstaunen ernten und können dann vergnügt in sich hineinschmunzeln. Die Aggressorin werfen Sie auf jeden Fall total aus der Bahn. Für Sie selbst ist jedoch noch wichtiger, dass Sie diese Kritik nicht annehmen und sie durch Ihre Reaktion wie an einem Schutzschild abprallen lassen, ohne bei Ihnen seelischen Schaden zu hinterlassen.

Wenn ich was sage, kommen Vorwürfe oder Heulen

Reaktionen der Schwiegermutter wie Vorwürfe, Heulen oder Krankheit nehmen uns häufig den letzten Rest unseres Wagemuts. Zu sehr fürchten wir uns vor diesen Konsequenzen. Lieber ertragen wir dann, machen uns selbst hilflos.

Es ist vollkommen normal, dass die Schwiegermutter mit starken Geschützen auf unsere Standhaftigkeit reagiert, schließlich nehmen wir ihr den gewohnten Erfolg. Also versucht sie uns wieder klein zu machen. Doch damit kommt sie ab jetzt bei Ihnen nicht mehr durch. Sie darf schon reagieren, sie darf traurig sein, wütend oder eben alles, was sie gerne möchte. Doch sie darf keinesfalls mithilfe emotionalen Drucks Ihre Grenzen überschreiten. Sie wird lernen müssen, dass Sie künftig konsequent auf die Wahrung eben dieser Grenzen achten werden: *„Ich bedaure, dass du traurig bist, doch bitte achte x und y. – Es ist verständlich, dass du wütend bist. Gerne spreche ich mit dir später noch einmal darüber, wenn du dich beruhigt hast."*

Schon oft habe ich sie darum gebeten, doch sie macht es einfach nicht

Immer und immer wieder haben Sie sich verbeten, dass die Schwiegermutter bestimmte Grenzen überschreitet. Haben sie um Achtsamkeit gebeten – doch sie macht munter weiter. Das liegt daran, dass Sie zwar geredet, an ihr Gewissen und ihre Bereitschaft appelliert haben, jedoch nie eine Konsequenz gezogen haben. Von einer erwachsenen Person hatten Sie erwartet, dass sie begreift und sich auf Sie einstellt. Leider gibt es viele Menschen, die nur sich und ihre Belange sehen und keine Empathie für andere empfinden. Da hilft nur eine freundlich bestimmte Konsequenz. Wenn – dann. Machen Sie sich deshalb zunächst einmal klar, was Sie wollen und wie Sie das durchsetzen können.

Nehmen wir als Beispiel das unangemeldete Auftauchen zu jeder Tages- und Nachtzeit. Schon oft haben Sie die Schwiegermutter gebeten, sich vorher anzumelden. Doch sie tut es einfach nicht. Wird sie auch nicht, denn dann müsste sie vorher planen, hätte keine Macht über Ihr Leben und keine uneingeschränkte Kontrolle. Deshalb bleibt Ihnen nur die Möglichkeit, ihr konsequent zu zeigen: *„So nicht mehr!"* Sprich, sie einfach nicht mehr hereinlassen, sie vor der Tür abwimmeln. (Wie Sie das tun können, habe ich schon in „Wie ein begossener Pudel bin ich dagestanden" ausgeführt.) Nur wenn Sie konsequent dafür sorgen, dass sie draußen bleibt, hat Ihre Schwiegermutter keine andere Möglichkeit mehr, als sich anzumelden.

Es werden sich sicher viele Gelegenheiten finden, wo Sie mit Ihren Bitten auf taube Ohren gestoßen sind: unerwünschte Geschenke z.B. Es hilft nicht, wenn Sie darum bitten, nichts mehr mitzubringen – und dann heimlich das aufgedrängte Zeug wegschmeißen. Geben Sie es ihr stattdessen mit freundlichen Worten zurück: *„Es ist nett von dir. Doch wir brauchen das nicht. Bitte nimm es wieder mit."* Erst und nur dann werden Sie Erfolg mit Ihrer Bitte haben, merkt und spürt die Schwiegermutter doch, dass sie nicht einfach über Ihren Wunsch und Willen hinwegtrampeln kann.

Auch wenn es nicht beim ersten Mal funktioniert: Verlieren Sie nicht vorschnell die Geduld, sondern bleiben Sie zielstrebig und kontinuierlich auf Ihrer Linie und tun und sagen Sie in bestimmten Situationen immer wieder dasselbe. Bis sich alte eingefahrene Verhaltensmuster ändern, braucht es seine Zeit. Und mit der Zeit wird sich auch der Erfolg einstellen. Ihre Schwiegermutter wird nämlich merken, dass sie Ihren Willen nicht mehr unterlaufen kann, egal wie geschickt sie es auch anstellen mag.

Rechtfertigungen – erklärende Aussprache oder Brief

Wenn Sie bislang versucht haben, mit Rechtfertigungen und Erklärungen Ihre Gefühlslage deutlich zu machen, wurde Ihnen möglicherweise jedes Wort verdreht und dann gegen Sie verwandt. Sie haben Ihre Gefühle offengelegt – und bieten jetzt noch mehr Angriffsfläche. Hören Sie also auf sich zu rechtfertigen. *„Ich möchte das nicht, bitte unterlasse das künftig"* genügt vollkommen. Damit haben Sie die Grenze klar gezogen. Fangen Sie hingegen an mit: *„Das tut mir weh ..."* dann heißt es: *„Nicht mal das darf ich zu der*

Dame sagen. – Ist das eine Mimose. – Die ist ja so empfindlich, dabei habe ich doch NUR ...". Oder Sie hören: *„Ah, das passt dir also auch nicht an mir."*

Je mehr Sie erklären und rechtfertigen, umso mehr wird man Sie in Widersprüche verwickeln und „missverstehen". Ihre Aussagen so lange verdrehen, bis Schwiegermutter das Opfer ist und Sie die Böse.

Dies gilt auch für Briefe. In meiner langjährigen Praxis habe ich noch nicht erlebt, dass eine Aussprache oder ein Brief auf einer gefühlsmäßigen Ebene erfolgreich gewesen ist. Auch wenn Sie Ihr Herzblut in einen solchen Brief legen: Sie werden damit nichts erreichen, kein Mitgefühl erzeugen. Machen Sie sich vor solchen Aktionen klar, dass Ihre Schwiegermutter erst gar nicht so gehandelt hätte, Sie nicht so verletzt und gedemütigt hätte, wenn sie sich wirklich darum kümmern würde, was in anderen Menschen vorgeht. Sie wäre nicht so wie sie ist, wenn sie Empathie empfinden könnte.

Bleiben Sie deshalb bitte in solchen Aussprachen oder Briefen auf der Ebene des WENN – DANN. *„Künftig möchte ich nicht mehr, dass ... Ansonsten werde ich ..."* Geben Sie knapp und präzise an, wie es künftig zu sein hat. Was Sie erwarten und was Sie tun werden, wenn Sie nicht mit Respekt und Achtung behandelt werden. Dann gibt es keinen Raum für „freie Interpretationen" und weitere Verletzungen.

Der Schwiegermutter sage ich mal richtig die Meinung

Oh ja, irgendwann „juckt" es einen, mal so richtig auf den Tisch zu hauen! Dieser Frau unseren Frust und ihr schäbiges Verhalten ins Gesicht zu schreien. Verzichten Sie darauf! Es befreit nicht. Sie werden sich vielleicht im ersten Moment entlastet fühlen, doch dann kommt das „schlechte Gewissen", zu grob gewesen zu sein. Zu sehr ausgerastet zu sein. Und vor allen Dingen wird diese Explosion die Demütigungen nicht erträglicher oder ungeschehen machen. Die Fronten werden sich nur noch mehr verhärten und Ihre „Unverschämtheit" kommt schließlich wie ein Bumerang zu Ihnen zurück.

Wenn Sie unbedingt, und das kann reinigend und erfrischend sein, mal so richtig „vom Leder" ziehen wollen, dann schreiben Sie einen Brief. Einen deftigen. Mit all Ihren Anklagen und Vorwürfen – und auch mit dem, was Sie jetzt liebend gerne mit der Schwiegermutter anstellen würden. Trauen Sie sich, Ihre geheimsten Wünsche um Rache und Vergeltung einmal aufzuschreiben. Sie sich selbst zuzugestehen. Doch dann nehmen Sie den Brief und zerreißen ihn. Oder verbrennen Sie ihn oder vergraben ihn an einer bestimmten Stelle. Egal wie, doch machen Sie ein Fest daraus. *„So meine Liebe – jetzt bin ich fertig mit dir. Ab heute hast du keine Macht mehr über mich und meine Gedanken".*

Sie sind Ihre negativen Gefühle, Ihren Frust losgeworden. Haben es zugelassen, Ihrer Wut und Verzweiflung ein Ventil zu geben. Genießen Sie nun dieses Gefühl, nicht mehr hilflos ausgeliefert zu sein. Den Trost, den es bringt, für sich selbst einzustehen und zu sich zu stehen – ohne schlechtes Gewissen. Natürlich dürfen Sie Ihre Rache nur denken, niemals umsetzen (was Sie aufgrund Ihrer freundlichen und friedlichen Persönlichkeitsstruktur auch nie tun würden). Doch diese Form der Psychohygiene wird Ihnen ganz einfach guttun. Sie zieht zudem keine negativen Folgen, keine Revanche nach sich, da Sie alles mit sich selbst ausmachen und keine Dritten Ihnen etwas absprechen oder Sie verurteilen können.

Die Schwiegermutter wird sich nie ändern

Das ist vollkommen richtig. Es ist nicht der Sinn und Zweck dieses Buches, einen Menschen ändern zu wollen. Doch Respekt und Anstand, das können und sollen wir von jedem Menschen erwarten und einfordern, bilden sie doch die unverzichtbare Grundlage eines jeden Miteinanders. Ohne diese Grundvoraussetzung ist kein vernünftiger Umgang möglich. Es wird Ihnen vielleicht nicht gelingen, die Schwiegermutter von sich zu überzeugen, doch indem Sie ihr konsequent und klar die Grenzen aufzeigen, kommt sie nicht umhin, Ihre Grenzen anzuerkennen bzw. zu wahren.

Um das zu erreichen, sollten Sie Ihre Schwiegermutter nicht aburteilen, beschimpfen oder niedermachen. Wahren Sie auch der Schwiegermutter gegenüber Respekt und Achtung – sie ist so, wie sie ist. Dazu hat Sie jedes Recht der Welt. Stellen Sie sich vor, Sie haben im Bekanntenkreis einen Raucher, möchten allerdings nicht, dass in Ihrem Haus geraucht wird. Ganz selbstverständlich werden Sie diesen Raucher bitten, draußen zu rauchen und nicht in Ihren Räumen. Ist er nicht bereit dazu, werden Sie ihn nicht mehr hereinlassen oder ihn gar hinauswerfen. Dabei verlangen und erwarten Sie nicht, dass der Raucher sich ändert. Doch Sie schützen Ihre Privatsphäre. Der Raucher kann für sich entscheiden, ob er zu Ihnen kommen möchte – zu Ihren Bedingungen – oder eben nicht. Sie haben ihn nicht beschimpft, verunglimpft oder verurteilt. Er darf bleiben, wie er ist. Sie haben ihm nur deutlich gemacht, wo bei Ihnen die Grenze ist.

Oder vielleicht haben Sie eine Bekannte, die zwar nett und hilfsbereit ist, doch leider ständig Ratschläge erteilt. Zu allem und jedem weiß sie, wie es geht oder wie es besser geht. Sobald das nervig wird, werden Sie ihr vielleicht sagen: *„Du möchtest, dass bei uns alles gut geht. Auch schätze ich dein Wissen. Allerdings frustriert es mich sehr, wenn ich deine Ratschläge ständig ungefragt bekomme. Gerne frage ich dich, wenn ich einen Rat brauche."* So kann die Bekannte ihr Gesicht wahren – und doch haben Sie ihr deutlich die Grenze aufgezeigt. Sie hat nun die Wahl, sich zurückzunehmen oder über Ihre Grenze hinwegzutrampeln.

Genauso selbstverständlich können Sie der Schwiegermutter Grenzen aufzeigen und Respekt und Achtung von ihr erwarten. Sie kann dann entscheiden, ob sie das möchte. Ihre Persönlichkeit, ihre Charaktereigenschaften werden hierbei nicht infrage gestellt.

Mit zwölf Regeln für Schwiegertöchter möchte ich den Selbsthilfeteil dieses Buches abschließen.

Zwölf Regeln für Schwiegertöchter

Kein Mensch ist in der Lage, es allen recht zu machen. Immer wieder werden wir auf Mitmenschen stoßen, die uns nicht mögen oder die wir durch unsere Position an der Seite des Sohnes oder im Beruf einfach nur stören. Gerade aber in der Familie meinen Frauen, sie müssten um jeden Preis für Harmonie und eitel Sonnenschein sorgen. Jedes Familienmitglied soll uns anerkennen und lieben – so jedenfalls erwarten es die meisten von uns oder halten das für den erstrebenswerten Idealzustand. Doch gerade durch dieses immerwährende Buhlen um Anerkennung verlieren viele Frauen ihre Selbstachtung und jegliches Selbstwertgefühl. Doch auch – und gerade – innerhalb einer Familie ist es wichtig, Grenzen zu ziehen und ein selbstbestimmtes Leben zu führen.

Vor der Ehe

1. Gehen Sie an die Mutter des Partners vorsichtig heran, nicht nach dem Motto „Mutter – immer gut und lieb". Gehen sie mit ihr wie mit anderen Fremden (z.B. Kollegin, Nachbarinnen) um: vorsichtig und nicht zu vertrauensvoll.
2. Lassen Sie sich durch ein scheinbar inniges Verhältnis Mutter – Sohn nicht beeindrucken. Dass der Mann dann auch mit Ihnen so liebevoll und zuvorkommend umgeht wie mit seiner Mutter, kann ein fataler Denkfehler sein.
3. Wenn sich in der Zeit des Kennenlernens schon Schwierigkeiten ergeben, ziehen Sie auf keinen Fall in das Haus oder auf das Grundstück der Schwiegereltern.

Bei Verheirateten

4. Die Schwiegermutter muss Sie nicht lieben, genauso wenig wie Sie Ihre Schwiegermutter! Ein Umgang, geprägt von menschlichem Respekt reicht völlig aus bei dieser „Zwangsverwandtschaft".

5.   Nicht Sie allein sind zuständig dafür, dass sich in der Familie jeder wohlfühlt und dass Harmonie herrscht. Harmonie – Gleichklang – kann es nie geben, wenn nur Sie „richtig spielen". Es bedarf aller, damit die Melodie stimmt. Also liegt es auch an den anderen, den Ton zu halten.

6.   Wenn Sie abgelehnt werden, nehmen Sie das als Tatsache an und versuchen Sie nicht, um Liebe und Anerkennung zu buhlen. Wer Sie nicht mögen will, ändert an dieser Haltung nichts, selbst wenn Sie sich noch so brav und willig benehmen.

7.   Verfallen Sie nicht in den Irrglauben, dass sich der Ehemann zu Ihnen bekennt, wenn erst mal ein Kind, dann zwei, drei, vier oder fünf da sind. Ein reiner Muttersohn wird sich nie zu Ihnen bekennen, sondern als wichtigste Frau immer nur seine Mutter anerkennen.

8.   Ziehen Sie konsequent Ihre Grenzen. Es ist seine Mutter und nicht Ihre. Kein Mensch kann von Ihnen verlangen, dass Sie sich selber dazu zwingen, Dinge zu tun oder geschehen zu lassen, die Ihnen psychisch und in Folge physisch schaden. Sie sind nicht für die Schwiegermutter und deren Befinden verantwortlich.

9.   Schämen Sie sich nicht dafür zu sagen: „Das möchte ich nicht mehr." Das ist völlig legitim und Sie haben das Recht dazu – auch das Recht, sich von der Schwiegermutter ganz zu trennen, wenn sie Ihnen nicht guttut.

10. Übernehmen Sie bei Ihrem Mann nicht die Stellung seiner Mutter. Schreiben Sie ihm nicht vor, was er zu tun hat. Aber versuchen Sie auch nicht, ihn so zu respektlos zu behandeln, wie es seine Mutter tut (*„Das hat er nie gelernt. – Das kann er nicht."*).

11. Vertrauen Sie auf Ihr Gefühl. Viele Frauen haben im Laufe der langen Auseinandersetzungen und Demütigungen die Verbindung zu ihren eigenen Gefühlen verloren. Sie sind sich nicht mehr sicher, ob sie emotional handeln oder „normal". Deshalb fällt es ihnen schwer, Grenzen zu ziehen und diese zu verteidigen, da sie immer meinen, sie könnten überreagieren.

12. Es geht nicht gegen Ihre Persönlichkeit. Wir Schwiegertöchter sind austauschbar. Wir werden einzig und allein wegen unserer Position an der Seite des Sohnes angegriffen. Zweifeln Sie deshalb nie an sich selbst Auch 50 beliebige andere Frauen würden von der Mutter dieses einen Sohnes genauso übel dargestellt und abgelehnt.

Im Fokus: das jüngere Ehepaar

„Mein Mann und ich verstehen uns sehr gut – nur wenn es um seine Mutter geht, kommt es ständig zu Spannungen und wir haben Streit.“ Sie nicken, denn auch bei Ihnen trifft diese Aussage zu? Dabei muss das nicht sein. Ehepartner können gemeinsam Strategien entwickeln. Miteinander reden, ohne Vorwürfe und vor allem: ohne die Mutter anzuklagen. Denn genau deshalb scheitert häufig ein befriedigendes Miteinander. Schimpfen Sie nämlich über die Schwiegermutter, sieht Ihr Mann sich gezwungen, seine Mutter zu verteidigen. Vielleicht wird er auch schnell wütend, da er sich selbst nicht helfen kann und Ihren Manipulationen ebenso hilflos gegenübersteht wie Sie denen Ihrer Schwiegermutter.

Doch es geht auch miteinander! Und wenn Sie die Krise gemeinsam bewältigen, kann gleichzeitig eine innigere und tiefere Paarbeziehung entstehen.

Der Sohn und Ehemann kann sich nicht aus seiner Verantwortung stehlen!

Genau wie wir Ehefrauen sind auch unsere Männer auf bestimmte Wertvorstellungen und Verhaltensweisen getrimmt. Gilt bei den Mädchen das Ideal des „braven Frauchens“, werden Jungen zu Verantwortungsträgern gemacht. Werte-Vokabeln wie gehorsam, sittsam, fleißig, demütig, aufopferungsvoll und verantwortlich werden bestimmend für das Verhalten. Es gibt gegen diese Tugenden auch nichts einzuwenden, solange niemand, der nach ihnen lebt, durch sie zu Schaden kommt und niemand sie benutzt, um andere gefügig zu halten oder zu schädigen.

Was ich damit sagen will ist Folgendes: Nehmen wir als Beispiel die Verantwortung. Zuerst tragen wir für uns selbst die Verantwortung. Übernehmen wir nun aber die Verantwortung für eine andere Person, kann und wird dies zu Komplikationen führen. Ist es die Verantwortung für ein Kind, trägt man die selbstverständlich und nach bestem Wissen und Gewissen. Handelt es sich jedoch um Erwachsene, wird es schon schwieriger. Zwischen Eheleuten sollte die gegenseitige Verantwortung von einem Miteinander geprägt sein. Wie sieht es jedoch mit der Verantwortung für die Eltern aus? Als Kind ist man keinesfalls in der Lage, Verantwortung für Erwachsene zu übernehmen. Oftmals wird jedoch gerade dies anerzogen oder abverlangt. *„Mir geht es nicht gut, mach du das. – Mama muss sich immer so aufregen und kann nicht schlafen, wenn du unartig bist. – Sei ein braver Junge und besorge mir das. Ich habe heute extra für dich gekocht.“* Mit solchen Aussagen wird dem Kind eine Verantwortung und moralische Pflicht übertragen, die es eigentlich noch gar nicht tragen kann. Von klein auf wird das Kind dadurch überfordert und mit zunehmendem Alter kann die Verantwortung ins schier Unermessliche wachsen. Wer jedoch die Verantwortung an sein Kind abgibt, reduziert sich selbst immer mehr. So entsteht ein für alle Beteiligten äußerst ungesunder Teufelskreis. Ist die Verantwortung hingegen frei und nicht erzwungen, kümmert man sich um den anderen und steht ihm zur Seite. Daraus folgt jedoch nicht, dass sich der andere zurücknimmt und alle Eigenverantwortung abgibt.

Es gibt also eine normale, gesunde Form der Übernahme von Verantwortung, Anteil zu nehmen und Beistand zu gewähren – freiwillig und ohne dass jemand eingeschränkt wird. Und dann finden wir diese erzwungene, verheerend wirkende Variante, bei der einer alle Verantwortung übernehmen und tragen muss, der andere sich selbst reduziert, beinahe entmündigt. Der Verantwortungsträger ist in der Folge auch schuld, wenn es dem anderen, z.B. der Mutter oder dem Vater, nicht gut geht.

Zwischen normaler und anormaler Verantwortung gibt es nur einen schmalen Grat, den es gilt für sich zu finden und darauf zu balancieren. Das trifft auch auf Begriffe zu wie: Dankbarkeit, Demut, Hilfsbereitschaft, Ehre und Fürsorge. Durch Fehlinterpretation wird hier nur allzu oft der Grat überschritten, was unwillkürlich zum Absturz und damit zu Schäden führt.

Um für sich selbst die eigene Sichtweise und Interpretation dieser Wertewelt zu klären, empfehle ich die Transaktionsanalyse. Mithilfe dieser Methode kann man feststellen, wie und woraus sich Schwächen und Überreaktionen entwickelt haben. Hierzu möchte ich konkret zwei Bücher empfehlen: Rüdiger Rogoll: *„Nimm dich, wie du bist"* und *„Werde, der du werden kannst"* (von Werner Rautenberg & Rüdiger Rogoll). Gerade für Söhne oder Töchter übermächtiger Eltern ist es wichtig, sich bewusst zu machen, welchen Formen der Manipulation oder gar Dressur sie ausgesetzt waren. Ohne dieses Wissen ist eine Loslösung und Befreiung aus ungesunden Verstrickungen kaum möglich oder erfolgreich.

Prof. Dr. K. schreibt treffend in einem Brief an mich:

Meine Mutter konnte bei mir praktisch bis vor drei Jahren aufgrund der von ihr geforderten „Dankbarkeit" ALLES erreichen!! Im letzten Moment bin ich von dem fahrenden Zug gesprungen; meine Frau und ich wären aufgrund des Terrors körperlich (und seelisch) „draufgegangen". Ich merkte dann aber glücklicherweise, dass meine Mutter – außer meiner Dummheit – nichts gegen uns „in der Hand" hatte. Ich will und muss es wirklich DUMMHEIT nennen, denn die Trennung fiel mir (uns) nach dieser Erkenntnis nicht schwer, ganz im Gegenteil.

Unsere moralischen Wertvorstellungen will ich nicht infrage stellen. Was ich ablehne und als äußerst schädlich erachte, ist der Missbrauch dieser Moral. Falsch interpretiert und angewandt, hinterlässt sie schwere Störungen, die uns ein normales und freies Leben unmöglich machen und jede Entwicklung zu einer eigenständigen Persönlichkeit hemmen.

Robert: *Bitte helfen Sie mir und meiner Frau! Wir werden mit meiner Mutter nicht mehr fertig. Ständig soll ich nur für sie da sein. Sie wohnt in unserem Haus und führt sich auf, als würde das Ganze ihr gehören. Alles soll nach ihrer Pfeife tanzen. Schon oft habe ich versucht, mit ihr darüber zu sprechen: Dass wir unser eigenes Leben haben, dass wir nicht bereit sind, für ihre Unterhaltung zu sorgen, dass sie sich nicht einzig und alleine an uns orientieren soll und kann. All das habe ich wieder und wieder mit ihr besprochen. Es ist gerade so, als würde ich gegen eine Wand reden. Das Verhalten meiner Mutter bringt mich wirklich auf die Palme. Andererseits bekomme ich ein schlechtes Gewissen, dass ich mich vielleicht doch mehr um sie kümmern sollte. Meiner Frau gegenüber weiß ich oft nicht, wie ich es richtig machen soll. Gebe ich meiner Mutter nach, gefällt das meiner Frau nicht, gebe ich meiner Frau nach, bekomme ich von meiner Mutter Druck. Dabei sind die Forderungen meiner Mutter nach Beistand so hoch, dass 24 Stunden nicht reichen würden, um sie zu erfüllen.*

Über 400 km Fahrt haben Robert und Melanie in Kauf genommen, um mit mir zusammen einen Lösungsweg für ihr Problem zu finden. Folgende Lösung konnten beide vertreten: Melanie hat sich von ihrer Schwiegermutter ganz zurückgezogen. Für das Zusammenleben im Haus wurden feste Regeln aufgestellt, ähnlich wie bei einer Wohngemeinschaft: Wann z.B. die Waschküche benutzt werden kann oder wer für den Garten zuständig ist. Was nun den direkten Umgang mit der Mutter betraf, so musste Robert sich darüber klar werden, was er verantworten konnte und wollte. War es richtig, die Mutter von sich abhängig zu machen, indem er ihre Freizeit gestaltete und ihr durch ständige Fürsorge die Eigenverantwortung nahm? Robert selbst hatte eine starke Ablehnung dagegen entwickelt, dass seine Mutter ständig versuchte ihn zu bevormunden und für ihre Zwecke einzuspannen. Deshalb lernte er schnell zu differenzieren, ob die Mutter wirklich Hilfe brauchte oder ob sie nur ihren Willen durchsetzen wollte. Er wurde hellhörig und ließ sich nicht mehr so leicht mit seiner eigenen Gutmütigkeit übertölpeln. Der Mutter gegenüber signalisierte er deutlich, dass er für sie da ist, doch nicht als ihr Unterhalter. Gemeinsam haben er und Melanie darauf geachtet, dass die Mutter keinen Einfluss mehr auf ihr Zusammenleben nehmen konnte. Weil sie genau ihre Grenzen abgesteckt haben und auch bereit sind, diese der Mutter gegenüber zu verteidigen, ist in ihre Partnerbeziehung Ruhe eingekehrt.

Anfangs versuchte die Mutter mit sämtlichen Tricks, die Regeln zu unterlaufen. Wurde noch massiver in ihren Forderungen. Doch ruhig und gelassen, vor allem immer freundlich, blieben Robert und Melanie konsequent bei ihren Abmachungen. Nach drei Jahren, in deren Verlauf sich die Lage langsam entspannt und die Mutter angefangen hatte, eigene Interessen zu entwickeln, teilte sie den beiden mit: *„Ich komme nie ganz davon los, mich einzumischen oder zu fordern. Dabei sehe ich ein, dass ich zu viel verlangt, zu viel erwartet habe. Gerne würde ich in eine eigene Wohnung ziehen, damit es zu keinen Reibungen mehr kommt. Auch passiert in meinem Leben jetzt so viel, dass ich gerne selbstständig sein möchte. Daher werde ich mir eine passende Wohnung suchen."* Da Robert und Melanie sowieso geplant hatten, zur Alterssicherung eine Wohnung zu kaufen, setzten sie dieses Vorhaben gleich in die Tat um und boten diese Wohnung der Mutter an.

Tobias: *Meine Mutter hat meine Freundin von Anfang an abgelehnt. Mit den angeblichen Mängeln und Fehlern meiner Freundin hat sie mich regelrecht bombardiert. Vor einer Woche nun hat sie mir geschrieben: „Wenn du diese Frau heiratest, habe ich keinen Sohn mehr!" Dabei hatte ich gehofft, dass sich meine Mutter mit der Zeit an Petra gewöhnen würde.*

Er wollte es nicht, hatte gehofft sich durchmogeln zu können. Jetzt allerdings lässt ihm seine Mutter keine Wahl mehr. Tobias wird nicht umhinkommen, eine – seine Entscheidung zu treffen. Natürlich möchte er weder die Freundin noch die Mutter verlieren. Ein Versuch, heimlich mit der Freundin zu leben, wäre beiden Frauen gegenüber äußerst unfair und würde auch nicht lange gut gehen. Seine Mutter im Stich lassen (merkwürdigerweise empfindet er sich als Täter, obwohl ihm die Mutter deutlich gemacht hat, dass er dann nicht mehr für sie zählt), ist für ihn moralisch nicht vertretbar. Gerade hier liegt der entscheidende Denkfehler: Seine Mutter ist eine erwachsene Frau, deren Willensäußerungen ernst genommen werden sollten. Tobias lässt seine Mutter nicht im Stich, er akzeptiert ihren Willen. Und dieser Wille ist eindeutig: Sie oder ich. Die Mutter wird ihre schwerwiegenden Worte konsequent umsetzen – denn sie selbst hat sich für diese Konsequenz entschieden.

Tobias hat sich von seiner Mutter nicht erpressen lassen und ist bei Petra geblieben. Er hat keinen Kontakt mehr zu seiner Mutter, weshalb er anfangs mit einem schlechten Gewissen kämpfen musste. Doch dann kam er zu der Überzeugung: *„Meine Mutter hat mir gedroht. Jetzt muss sie die Konsequenzen aus ihrer eigenen Drohung tragen. Es tut mir zwar leid, doch sie hat sich entschieden!"*

Eine klare Position ist gefragt – kein Racheengel

Wir sehen: Irgendwann ist es unumgänglich, dass der Sohn Position bezieht. Sich entscheidet, wo er hingehört. Vorausgesetzt die Söhne gehören nicht zum Typ Muttersohn

(s. Seite 73), haben alle Ehen durchaus gute Aussichten, bestehen zu bleiben. Wenn das junge Paar zusammenhält und den Konflikt gemeinsam löst. Die oft zitierten Sprüche: **„Die Männer halten nicht zu ihren Frauen"** und: **„Die Söhne sind schuld, da sie sich nicht richtig von ihrer Mutter gelöste haben"** kann und will ich nicht gelten lassen. Ausnahme – wie gesagt: Muttersöhne!

Jede von uns Schwiegertöchtern, und ich schließe mich hier nicht aus, durchlebt eine Phase, in der sie davon überzeugt ist, dass ihr Mann nicht richtig zu ihr hält. Wie kann es dazu kommen? Weil wir irgendwann an einem Punkt anlangen, an dem aus angestauter Wut und aus unserem Zorn beinahe Hass auf die Schwiegermutter geworden ist. Vom Ehemann erwarten wir, dass er wie ein Racheengel zu seiner Mutter rast und sie bestraft. Wir fordern geradezu, dass er sie so sehr verletzt, wie wir uns gedemütigt fühlen. Natürlich wird und kann der Ehemann unserem Ansinnen nicht nachkommen, selbst wenn er noch so wütend auf die Mutter ist. Und wenn wir ihn jedes Mal fragen: *„... und, was hast du mit ihr gemacht?"* wird er genervt darauf antworten: *„Ich habe ihr gesagt, dass das, was sie macht, so nicht geht und dass wir unser eigenes Leben führen."* Er hat getan und gesagt, was er konnte – doch für uns ist es nicht genug. Es kann jedoch nicht funktionieren, dass er Dinge klärt, über die wir bisher geschwiegen haben. Dass er rächt, was wir nie angeklagt haben. Dass er für uns Grenzen zieht und uns Rehabilitation verschafft.

In solchen Zeiten ist eine Ehe einer harten Belastung ausgesetzt und viele Ehen zerbrechen dann auch. Zu diesem Zeitpunkt muss nur jemand zu uns sagen: *„Dein Mann hält nicht zu dir, er ist zu schwach, sich gegen seine Mutter durchzusetzen"*, und die Gefahr ist groß, dass wir die Ehe aufgeben. Doch ehrlich: Was sollte er denn tun? Seine Mutter schlagen? Sie einsperren und misshandeln? Die Mutter ist eine erwachsene Frau und mehr als an sie zu appellieren, achtsam mit ihm und seiner Frau umzugehen, kann er nicht. Freilich begeht er den gleichen Fehler, den auch wir selber machen: **Wir fordern zwar ein, bitten und flehen – doch wir zeigen keine Konsequenz. Wir hoffen und erwarten, dass die Schwiegermutter einsichtig ist, dass sie das Gesprochene wahrnimmt, ernst nimmt und sich danach richtet.**

Beginnen wir jetzt, in Ruhe unsere Lage zu analysieren. Wie können wir erwarten, dass unser Mann die gleichen Gefühle entwickelt hat wie wir? Selbst ihm gegenüber haben wir oft jahrelang die Situation mit seiner Mutter geschönt oder haben ganz geschwiegen. Lieben wir nicht diesen Mann und wollen wir nicht verhindern, dass unsere Ehe wegen des Verhaltens seiner Mutter zerstört wird? Die Aussage viele Männer: *„Ich kenne halt meine Mutter und bin daran gewöhnt, wie sie ist"* sollten wir durchaus ernst nehmen, bedeutet sie doch noch lange nicht, dass er das Verhalten seiner Mutter gut findet. Im Gegenteil, schon als Kind hat er aufgehört, die Kapriolen seiner Mutter hinzunehmen.

Er hat für sich Strategien entwickelt, wie er damit umgehen kann, ohne großen Schaden an der Seele zu nehmen.

Jetzt muss er allerdings mit ansehen, wie die eigene Mutter versucht, in seine Familie einzudringen, um Macht auszuüben. Durch seine Heirat hat er den Anlass für die Übergriffe seiner Mutter geliefert. Schmerzlich muss er nun erkennen, wie viel Dankbarkeit und welch sklavische Unterordnung seine Mutter von ihm erwartet – eine Rolle, die ihm von Kind an zugedacht war. Er wurde zum „Mach-tu-spring-Sohn" erzogen. Und erst jetzt begreift er, dass er lernen muss, sich dagegen zur Wehr zu setzen. Genau wie wir als Schwiegertöchter muss er nun Strategien und Mut zur Gegenwehr entwickeln, muss lernen, das schlechte Gewissen nicht überhandnehmen zu lassen. Sie sehen also: Ihr Mann hat dieselben Probleme, denn ihm wurde auch eingetrichtert, brav zu erdulden und auf Harmonie zu achten. Auch er braucht Zeit zu lernen, sich zu trauen für sich einzustehen und das Verhalten der Mutter anzugreifen.

Tanja: *Mein Mann hatte bereits unseren Umzug, weg aus der Nähe seiner Mutter, eingeleitet. Trotzdem ließ mich der Gedanke nicht mehr los, er würde nicht genug zu mir halten. Hatte ich nicht von ihm erwartet, ja geradezu gefordert mir Genugtuung und Rehabilitation zu verschaffen? Er sollte seiner Mutter ordentlich den Kopf waschen. Es erschien mir lächerlich und feige, dass er nur immer sagte: „Was soll ich denn tun? Auf mein ganzes Reden hört sie nicht!" Meine Enttäuschung war so groß, dass ich ernsthaft in Erwägung zog, die Ehe zu beenden. Bei jeder Gelegenheit habe ich meinem Mann Vorhaltungen über sein Versagen gemacht. Ständig bearbeitete ich ihn, indem ich ihm das Fehlverhalten seiner Mutter immer und immer wieder vorwarf. Wir waren auf dem besten Weg, uns gegenseitig zu zermürben. Das ging so lange, bis ich mich an die Selbsthilfe-Initiave für Schwiegertöchter wandte. Hier lernte ich, meinen Mann nicht zu überfordern. Durch den Umzug hatte er sich eindeutig zu mir bekannt. Langsam begriff ich, dass er seinen und nicht meinen Weg gegangen war, dass aber diese beiden Wege zusammenführten. Langsam ist es mir dann gelungen, ihm nicht mehr ständig unter die Nase zu reiben, wie schwer es mir seine Mutter gemacht hat.*

Inzwischen sind wir uns näher als je zuvor. Es stört mich nicht mehr, dass mein Mann Kontakt zu seiner Mutter hält. Im Gegenzug hat er akzeptiert, dass ich nichts mehr mit ihr zu tun haben möchte. Seit wir eine klare und sachliche Regelung gefunden haben, ist unsere Liebe wie neu und sogar noch gewachsen. Die Schwiegermutter hat keine Macht mehr über unsere Partnerschaft.

Christine: *Mein Mann war für seine Mutter der Sohn fürs Grobe. Deshalb hat er sich bemüht, dafür auch mal ihre Anerkennung zu bekommen. Das hat sie schamlos ausgenützt. Es war für mich schlimm, wenn ich mit ansehen musste, wie abfällig sie mit ihm umging.*

Es gab bei uns mal eine Phase, in der ich es am liebsten gesehen hätte, wenn er seine Mutter durch den Fleischwolf gedreht hätte. Oh ja, ich wollte Rache! Natürlich hat mein Mann seine Mutter nicht, wie von mir erwartet, an die Wand geklatscht. Er hat versucht mit ihr zu reden. Als alle Gespräche keinen Erfolg brachten, hat er sich von seiner Mutter zurückgezogen. Zuerst haben wir viel gestritten, weil ich mich im Stich gelassen fühlte. Doch sah ich immer wieder, wie auch mein Mann litt. Mehr und mehr wurde es ihm deutlich, wie sehr ihn seine Mutter ausgenutzt hatte. Langsam dämmerte ihm, das er viele Jahre vergebens gehofft hatte, die Anerkennung und Liebe seiner Mutter zu erhalten. Alle Anstrengungen und Mühen, das ganze Wohlverhalten waren umsonst. Für seine Mutter blieb er der Lakai. Der, der nie was richtig macht. Der, der blöde ist und nichts wert. Diesen schweren Weg der Erkenntnis habe ich hautnah miterlebt. Auf einmal wusste ich, dass die Probleme meines Mannes mindestens genauso wichtig wie meine eigenen waren. Schnell habe ich damit aufgehört, ihn für das Verhalten seiner Mutter verantwortlich zu machen. Gemeinsam sind wir dabei, die Vergangenheit zu bewältigen.

Konstruktives Miteinander – zusammen mit dem Partner aus der Krise

Wir werden immer dann scheitern, wenn wir nur schimpfen und lamentieren. Uns ständig über seine Mutter bei ihm beschweren – und dabei erwarten, dass er die Probleme löst, wir uns selbst hingegen scheuen, in direktem Kontakt mit der Schwiegermutter für uns einzutreten. Nach dem Motto: *„Feigling geh weg, lass mich hinter den Baum."* Das wird nicht funktionieren und wir tun gut daran, den Anfang zu machen: einstehen für das, was wir fordern. Wir werden feststellen, wie wohltuend es ist, für sich etwas zu tun. Unabhängig davon, wie sehr der Mann dann auch angespornt wird, seinerseits die Belange seiner Familie zu vertreten und zu regeln. Solange sich keiner traut, geschieht auch nichts. Dann aber wird Ruhe einkehren und Sie werden gemeinsam an der Problemlösung arbeiten.

Mit Martina hatte ich bereits telefoniert. Sie hatte angerufen, um sich auszusprechen und Trost zu finden. 15 Jahre lang war sie verleumdet worden. Kein gutes Haar hatte die Schwiegermutter an ihr gelassen. Inzwischen war der Kontakt zur Schwiegermutter von ihrer Seite aus auf das Notwendigste reduziert worden. Nur ihr Sohn besuchte die Oma regelmäßig, das wollte Martina ihm nicht vorenthalten. Nun war sie wieder am Telefon, total aufgelöst und verzweifelt.

Martina: *Es ist etwas Furchtbares passiert. Gestern war mein Sohn bei seiner Oma. Als er zurückkam, musste ich erfahren, dass die Oma ihn peinlich genau über uns ausgefragt hat: „Dein Papa ist so mager geworden. Kriegt er auch genug zu essen oder vergönnt ihm das dei-*

ne Mutter wieder nicht?" Mein Sohn war verwirrt durch diese Art der Fragestellung. „Jetzt reicht es mir aber", dachte ich bei mir. Heute bin ich gleich am Morgen zur Schwiegermutter gegangen, um mit ihr darüber zu sprechen: „Wenn du Fragen zu unserem Leben hast, richte sie doch bitte an mich oder deinen Sohn. Doch bitte, lass das Kind aus dem Spiel!" Weiter kam ich nicht. Wie eine Furie ist meine Schwiegermutter auf mich los und hat mich unter wüsten Beschimpfungen aus der Wohnung geworfen. Nun ist alles aus! Jedes Mal, wenn es um seine Mutter geht, habe ich seit 15 Jahren nur Streit mit meinem Mann. Ich habe große Angst, ihm die Sache zu gestehen, wenn er heute Abend von der Arbeit heimkommt. Bitte hilf mir!

Nach dieser Schilderung fragte ich Martina, wie sie bisher mit ihrem Mann über seine Mutter gesprochen habe. Ich war nicht erstaunt, als sie mir sagte, sie habe ihm immer wieder gesagt, wie schlecht und gemein sich seine Mutter benehme. Er habe dann sofort abgeblockt und sei sauer geworden. „Weder eine Patentlösung noch eine Vorgabe, was du tun sollst, kann ich dir bieten", habe ich Martina erklärt. „Ich kann dir allerdings sagen, was ich aufgrund meiner Erfahrungen tun würde. Nimm es als Denkanstoß! Vielleicht hilft es dir, eine Lösung zu finden."

Dass die ganzen Jahre kein Meinungsaustausch stattgefunden hat, ist für mich ein Zeichen, dass bisher falsch kommuniziert wurde. Richtig miteinander reden, heißt die Devise. Dabei ist es wichtig, dass keine Vorwürfe erhoben werden. Sachlich miteinander umgehen. Für mich als Frau bedeutet es, dass ich meinen Mann nicht mit meinen Gefühlen überrumpeln darf. Wenn ich nur schimpfe und lamentiere, fühlt sich der Partner in die Enge gedrängt. Im Endeffekt versuche ich genau das, was ich der Schwiegermutter vorwerfe, nämlich den anderen unter Druck zu setzen, indem ich ihm ein schlechtes Gewissen mache. Ruhig und sachlich sollte ich nur die Fakten vortragen. Was ist passiert und welche Konsequenzen werde ich daraus ziehen? Nun hat der Partner die Möglichkeit, selbst zu entscheiden, wie er sich weiterhin verhalten will. In die Praxis umgesetzt bedeutet das für Martina und für jede Partnerin, die ernsthaft ihr Problem angehen will:

1. **Eine freundliche Atmosphäre für das abendliche Gespräch schaffen** (gemütlich essen, Kerzenlicht, eine Flasche Wein usw.).

2. **Eine sachliche Schilderung der Vorkommnisse des Tages:**
   ➤ Sie Schwiegermutter hat den Enkel ausgehorcht und nebenbei noch die Mutter in einem schlechten Licht dargestellt.
   ➤ Martina wurde es zu viel und sie stellte die Schwiegermutter ruhig und freundlich zur Rede.

> Die Schwiegermutter hat getobt, sich nicht auf ein klärendes Gespräch eingelassen und Martina aus der Wohnung geschmissen.

3. **Ohne wie sonst üblich über ihre Schwiegermutter zu lamentieren und ins Gefühlschaos auszubrechen, würde Martina nur die aus diesem neuerlichen Vorfall resultierenden Konsequenzen vortragen.** Nur die Fakten, was sie will, was sie nicht will, kein Warum und Wieso.

> „Ich möchte nicht mehr mit der Schwiegermutter in Kontakt treten, will auch nicht, dass sie zu uns in die Wohnung kommt, wenn ich zu Hause bin. Du kannst sie gerne einladen, doch informiere mich bitte vorher, damit ich den Tag woanders verbringen kann."

> „Ich akzeptiere es, wenn du dich weiterhin um deine Mutter kümmerst. Ich habe Verständnis für eure Sohn-Mutter-Bindung."

> „Ich werde es tolerieren, dass unser Sohn weiterhin die Oma besucht, sofern er das möchte."

> „Ich möchte nicht mehr in deinen Umgang mit der Mutter hineingezogen werden."

Ich legte Martina nahe, nach diesem Muster zu agieren. Vielleicht könnte sie Erfolg haben, wenn sie ihr Verhalten und ihre Art, auf den Ehemann zuzugehen, ändern würde. Bereits am nächsten Morgen rief eine ganz andere, gelöste Martina bei mir an:

Martina: *Stell dir vor, es hat geklappt! Zum ersten Mal seit 15 Jahren haben mein Mann und ich in aller Ruhe über seine Mutter gesprochen. Nachdem ich gestern den ganzen Nachmittag nachgedacht hatte, entschloss ich mich am Abend, deine Anregung auszuprobieren. Nach dem Essen habe ich eine gute Flasche Wein aufgemacht. Auf dem Tisch brannte eine Kerze. Zitternd habe ich meinem Mann die Vorkommnisse des Tages berichtet. Es hat mich anfangs große Überwindung gekostet, nicht in den alten Trott zu verfallen und meinen Mann mit meiner Gefühlslage zu überschütten. Er hat sich meinen Bericht in Ruhe angehört. Wie du es angeregt hast, habe ich ihm dann auch gesagt, dass für mich jetzt der Punkt erreicht ist, an dem ich mit seiner Mutter absolut keinen Kontakt mehr haben möchte. Jedes Warum und Wieso habe ich dabei weggelassen. Zuerst war mein Mann ganz still, aber dann hat er angefangen zu reden. Ebenso ruhig und sachlich, wie ich vorher mit ihm geredet hatte. Dass er mich versteht, dass ihm das Verhalten seiner Mutter schon lange missfällt, dass er zu mir hält und meine Entscheidung akzeptiert. All das hat er mir gesagt und noch viel mehr. So nahe waren wir uns schon lange nicht mehr. Viele Missverständnisse konnten wir ausräumen und es wurde ein kuscheliger Abend. Die Schwiegermutter kann uns keinen Grund* *mehr geben, uns gegenseitig zu zermürben. Und weißt du was? Ich komme mir vor wie frisch verliebt. Und das, obwohl ich meine Ehe schon fast aufgegeben hatte.*

Es ist wichtig, die eigenen Gefühle zu ordnen und sie nicht dem Partner aufzuzwingen. Nur mithilfe von Fakten und klaren Aussagen lässt sich dieses Problem gemeinsam lösen. Hat das Paar erst einmal gelernt, sich gegenseitig zu respektieren und zu akzeptieren, was der jeweils andere für sich entscheidet, ist die größte Arbeit getan.

In der Praxis sieht eine Lösung meist so aus: Die Schwiegertochter zieht sich ganz oder größtenteils von ihrer Schwiegermutter zurück. Der Sohn entscheidet selbst, wann, wie und wie oft er Kontakt zu seiner Mutter haben möchte.

Und für die Schwiegertochter ganz wichtig: Wenn Sie sich von Ihrer Schwiegermutter zurückziehen, mischen Sie sich auch nicht mehr ein! Erinnern Sie ihren Mann z.B. nicht mehr an die Geburtstage seiner Mutter, an Anrufe zu Feiertagen usw. Er allein bestimmt und trägt die Verantwortung. Es ist wichtig, dass er sich selbst der Mutter in allem und mit allem stellt. Besorgen Sie keine Geschenke mehr für ihn, damit er sie der Mutter geben kann. Fragen Sie ihn nicht aus, wenn er von einem Besuch heimkommt oder telefoniert hat. Lassen Sie auch nicht zu, dass er Sie als Müllschlucker benutzt, wenn er frustriert über das Verhalten der Mutter schimpfen will. Kurz – geben Sie ihm die Verantwortung für den Umgang zurück. Mit allem, was dazu gehört. Puffern Sie nicht ab – und lassen Sie los, indem Sie auch nicht nachbohren. Das ist anfangs schwierig – aber lassen Sie Raum für Erholung und Raum für Abstand.

Gemeinsam beleuchten Sie Ihre Vergangenheit. Lernen dadurch den Partner besser kennen und verstehen. Nach meinen Erfahrungen zieht sich der Sohn, wenn er einmal angefangen hat, aktiv sein Verhältnis zu seiner Mutter zu analysieren, immer mehr zurück. Er ist nicht mehr willens, ihr Diktat zu ertragen. Und durch unsere Verweigerungshaltung muss er die Konfrontation alleine aushalten. Viele Söhne reduzieren dann den Kontakt auf ein Minimum. An dieser Stelle passt ganz gut ein Kommentar einer Schwiegermutter über Problem-Schwiegermütter: *„Wissen denn diese Frauen nicht, dass sie mit ihrer beherrschenden Art ihren Sohn im Endeffekt ganz verlieren werden?"*

Zwischen zwei Stühlen kann man auf Dauer nicht sitzen

Es gibt keine Patentlösung und auch ich sehe mich außerstande, eine solche zu liefern. Alle Betroffenen müssen ihren ganz eigenen Weg selbst ausloten, geht es doch gegen das eigene eingefahrene Verhalten. Wem es jedoch gelingt, sich aus seinem ganz persönlichen Wust von überzogenen Wertvorstellungen herauszugraben, dem wird es auch gelingen, dieser „Extrem-Mutter" Paroli zu bieten. Wenn diese nicht einlenkt oder sich zumindest darauf einlässt, ein Mindestmaß an achtsamem Umgang zu wahren, bleibt – wie bereits beschrieben – in letzter Konsequenz nur eine dauerhafte Trennung von diesem Typ Mutter. Manche jüngeren Paare werden vielleicht „nur" zu einem halbherzigen Kompromiss fähig sein, der weiteres, wenn auch abgeschwächtes Leid nach sich zieht. Andere werden in ihrem Befreiungsversuch über moralische Ketten stolpern. Dennoch, die Aussicht auf Freiheit und ein selbstbestimmtes Leben lohnt alle Mühen.

Es gibt kein „Zwischen-den-Stühlen-Sitzen", was so viele Söhne gerne als Entschuldigung oder Rechtfertigung anführen. Es gibt nämlich auch keine Rechtfertigung dafür, dass eine Mutter klammert, demütigt oder die eigenen Kinder in die Pflicht für ihr Leben nimmt. Ein Kind auf die Welt gebracht zu haben ist kein Freibrief für Unterdrückung und Beleidigung. Hören wir von Frauen, die ihre Kinder misshandelt oder im Extremfall sogar umgebracht haben, dann empfinden wir vermutlich Verachtung. Doch auch diese verachteten und geächteten „Rabenmütter" stellen möglicherweise irgendwann einmal Ansprüche an ihre Kinder. Berufen sich auf ihre Mutterschaft. Auf die Dankbarkeit, die die Kinder ihnen schulden. Und dann hört niemand mehr die Kinder weinen oder schreien. Die Zeit des Mitleids für die Kinder ist vorbei und nur noch eines zählt: *„Du musst sie versorgen. Sie ist doch deine Mutter!"* In einer solchen Situation kann man nur sagen: *„Also Sohn, Kind, entscheide dich für dein Erwachsenenleben und entscheide dich für einen Stuhl. Auf zweien zu sitzen ist auf Dauer unbequem."* Auf welchen Stuhl er sich setzt, entscheidet immer derjenige, der sich setzen will. Weder die Mutter noch die Ehefrau sind dafür verantwortlich, wenn der Sohn sich nicht entscheiden kann und will und die Frauen möglicherweise noch seinen Entscheidungskampf austragen lässt.

Es liegt also an uns, nicht mehr zuzulassen, dass der Sohn sich nicht länger mal dahin und dann wieder hierhin setzt. Am Ende entscheidet er sich nämlich fast immer für den selbst gesuchten Stuhl, für die Ehefrau und das gemeinsame Leben als Paar.

Gemeinsame Strategien

Hat der Sohn Position bezogen und befindet er sich an der Seite seiner Frau – also an Ihrer Seite –, gestalten Sie jetzt gemeinsam den Rahmen für den künftigen Umgang. Wie und wann die Schwiegermutter durch ihr Verhalten für Ärger sorgt, wissen Sie nur zu gut. Nehmen Sie sich einzelne Szenarien vor (für Schwiegertöchter habe ich das bereits ausführlich auf Seite 126 beschrieben), bereiten Sie diese nach und legen Sie anschließend Ihre Strategie fest. Das ist wichtig, denn daran können Sie sich künftig halten und auch aufrichten. Auch für klärende Gespräche ist es sinnvoll, sich vorher einen Plan zu machen: Was wollen wir klären? Wie wollen wir das vermitteln? Wie reagieren wir, wenn die bekannten Retourkutschen kommen? Im Folgenden möchte ich Ihnen Lösungsmöglichkeiten für die am häufigsten auftretenden Probleme aufzeigen. Ebenso Anregungen, wie Sie sich gemeinsam stärken und vorbereiten können.

Genaue Absprachen treffen – (Re-)Aktionen einüben

Wurden Sie bisher „über den Tisch" gezogen oder sahen sich gezwungen, grummelnd klein beizugeben, dann spielen Sie solche Szenarien jetzt einmal durch. Stellen Sie die Szenen um, bis Sie Ihre eigene Reaktion so ausfällt, dass sie für Sie erträglich und machbar ist. Gemeinsam das neue Vorgehen einzuüben verschafft Ihnen Sicherheit.

Auch für anstehende Gespräche machen Sie sich am besten ein Skript: Welche Punkte sollen angesprochen werden? Wie wollen wir das tun? Wie reagieren wir auf die Reaktionen? An welchem Punkt sollten wir das Gespräch beenden? Verabreden Sie ein Zeichen, dass Sie wissen, wann es dem Partner zu viel wird. Überlegen Sie sich Ihren Rückzug: *„Wir verstehen, dass du wütend bist. Gerne geben wir dir Zeit, dich zu beruhigen. Wir sprechen morgen noch einmal darüber."*

Wichtig ist: Die Mutter darf reagieren. Doch nehmen Sie ihre Reaktion nicht persönlich. Lassen Sie sich nicht moralisch unter Druck setzen, sonder nehmen Sie einfach nur wahr: *„Es tut mir leid, dass ..."* Stellen sie sich vor, jemand wirft Ihnen einen Ball zu – Sie haben jedoch keine Lust zum Ballspielen. Wenn Sie den Ball auffangen, sind Sie schon mitten im ungewollten Spiel. Lassen Sie ihn jedoch weiterfliegen, kann Ihr Gegenüber Sie nicht zwangsweise in sein Spiel einbinden.

Kommunikationstraining

Eventuell kann ein Kurs, z.B. an der Volkshochschule, für Sie sinnvoll sein. Wenn Sie lernen miteinander zu reden und konstruktiv zu streiten, wird sich das sowohl positiv auf Ihre Partnerschaft als auch im Umgang mit der Problemmutter auswirken. Es gibt außerdem spezielle Seminare, die sich mit Konflikten in der Kommunikation beschäftigen. Ein gemeinsames Seminar kann in jedem Fall dazu beitragen, dass Sie sich besser kennenlernen und sich stärken. Außerdem gibt es sehr viele Bücher zur Vertiefung der Lerninhalte und zum Selbststudium (siehe die Liste mit den Buchempfehlungen am Ende dieses Buches).

Killerphrasen und Totschlagargumente: Was hilft dagegen?

Kennen Sie das auch? Sprüche, auf die es anscheinend keine Antworten gibt? Wenn jeder verbale Einwand mit Argumenten „erschlagen" wird? Ich möchte einige der gängigsten Killerphrasen vorstellen und gleichzeitig Möglichkeiten, sich dagegen zu wehren

Phrasen, die vom Partner kommen

„Meine Mutter meint es ja nur gut!"

Ist Gut-Meinen denn nicht etwas Schönes? Oh nein, denn gut gemeint ist noch lange nicht gut gemacht. Zwar ist das Wort *„gut"* mit dabei – doch dann folgt „meinen". Also definiert die oder der gut Meinende, was für den Begünstigten gut zu sein hat. Psychoterror, wie ich meine, der schlimmsten Form: Mir wird etwas aufgezwungen – und ich soll das auch noch wertschätzen! Ein Zuviel an Gut-Meinen kann einer Entmündigung gleichkommen. Jede Einmischung, jede Maßregelung, alle Vorschriften, wie etwas zu geschehen hat – alles ist ja nur gut gemeint. Wir haben zu gehorchen, eigenes Denken und Handeln soll, ja es muss ausgeschaltet werden, denn es zählt nur noch das Diktat des „Gut-Meinens".

Was tun? Wenn von Ihrem Partner immer wieder dieser Spruch kommt, dann zeigen Sie ihm doch einfach mal, wie gut ihm ständiges „Gut-Meinen" tun könnte.

Mein Vorschlag: Schenken Sie ihm einen Gutschein für einen „Gut-tu-Tag". Ein Tag an einem Wochenende, an dem Sie selbst die Aufgabe übernehmen, ihm nur Gutes zu tun. Und dann starten Sie morgens fröhlich und hemmungslos mit Gut-Meinen. Statt Kaffee – der tut nicht gut – gibt es Kräutertee. (Falls er morgens lieber Tee trinkt, dann eben Kaffee, so richtig zum Wachmachen.) Statt der gewohnten Wurst- oder Käsesemmel – Müsli. Statt Müsli – Wurst oder Käse. Faulenzt Ihr Partner gerne, gibt es vormittags Sport – das tut ihm doch so gut. Sportelt er gerne, gibt es halt eine Einkaufstour für *seine* neuen Klamotten. Oder es geht ins Museum – denn Bildung und Kultur tun ja nur gut. Mittags geht es weiter: schöne frische Rohkost statt Schweinebraten. Nachmittags ein Äpfelchen anstelle von Kaffee und Kuchen. Sagen Sie ihm auch, was er wann anziehen soll. Denn zu warm, zu kalt, zu kurzärmelig oder zu langärmelig ... ist einfach nicht gut. Oder packen Sie ihn mit einer selbst gerührten Creme-Pampe im Gesicht auf die Couch, bereiten Sie ein lauwarmes Gesundheitsbad ... Und das Wichtigste, bleiben Sie dabei lieb und freundlich. Erklären Sie ihm ständig: *„Das ist gut, weil ..."* Wie schön es ist, dass er endlich mal was Gutes für sich zulässt. Wie gerne Sie ihm mal guttun.

Sie werden sehen, irgendwann begreift ihr Gegenüber, wie lästig „Gut-Meinen" sein kann. Wie sehr es einschränkt und wie schwer es ist, dem anderen ein Nein zu sagen, wenn der so freundlich, lieb und immer gut ist.

Dann ergibt sich für Sie die Gelegenheit freundlich zu sagen: *„Siehst du, dir gefällt es nicht mal einen Tag, dass ich es so gut mit dir meine. Ich leide unter dem Gut-Meinen deiner Mutter: Es bekommt mir nicht und tut nicht gut. Vielleicht hast jetzt auch du gespürt, wie das ist, und kannst meine Gefühle besser nachvollziehen und ernst nehmen. Nun können wir sicher gemeinsam eine Lösung finden."*

Variante: Falls Sie sich einen ganzen Wohlfühl-Tag nicht zutrauen, dann versuchen Sie es halt mit einzelnen Elementen: z.B. am Abend statt der gewohnten Brotzeit Rohkost servieren. Stellen Sie einfach eine alltägliche Gewohnheit um und er wird begreifen, dass es nicht besonders schön ist, etwas Gutes diktiert zu bekommen.

„Meine Mutter ist halt so."

Prima. Eine unbekannte Größe. Ein gestörtes Verhalten wird sicher nicht besser, weil jemand halt so ist. Lässt sich damit alles entschuldigen? Demütigungen, Beleidigungen, Einmischung, Neugier? Es ist schon richtig: Der Mensch ist, wie er ist. Doch wenn andere durch das „Halt-so-Sein" in ihrer Persönlichkeit verletzt oder eingeschränkt werden, dann ist es nicht tolerierbar – und schon gar keine General-Entschuldigung.

Im Zusammenleben ist es unerlässlich, dass jede und jeder sich an gewisse Umgangsformen hält. Es kann und darf nicht sein, dass eine einzelne Person – egal ob jung oder alt – durch ihr Verhalten andere dominiert oder ihnen Schaden zufügt. Es gibt auch Dinge, die gesetzlich geregelt sind, z.B. das Briefgeheimnis.

Sicherlich, Menschen können vom Typ her ganz verschieden sein: introvertiert, extrovertiert, bescheiden, eitel, nett oder barsch ... um nur einige Beispiele zu nennen. Dadurch allein wird noch niemandem geschadet. Doch verlangt z.B. eine eitle Schwiegermutter von ihrer Schwiegertochter, ständig auf ihren Partys oder Kaffeekränzchen mit zu erscheinen – eventuell noch mit einem Enkelkind –, dann sieht die Sache schon anders aus. Dann nämlich geht es ums reine Präsentieren und Angeben mit der Schwiegertochter, darum, dass die Schwiegermutter ihr Ansehen mehren kann – auf Kosten der Schwiegertochter.

Das eigene Kind, der Sohn also, hat sich vermutlich an die Unarten seiner Mutter gewöhnt und gelernt, die negativen Auswirkungen ihrer Verhaltensweisen nicht mehr allzu nah an sich rankommen zu lassen. Doch Sie sind noch nicht so abgestumpft.

Deshalb sollten Sie folgendermaßen auf diese Phrase antworten: *„Du empfindest das als normal. Doch für mich ist es demütigend und verletzend. Bitte nimm meine Gefühle ernst, auch wenn du anders empfindest. Es ist keine Entschuldigung, dass sie so ist wie sie ist, denn auch sie hat sich korrekt zu verhalten. Ich möchte in Zukunft, dass sie .... tut und .... unterlässt, weil mir das schadet. "*

„Mutter meint es nicht so."

Toll, wie meint sie es dann? Und wenn sie es angeblich anders meint, warum tut oder sagt sie es dann nicht so, wie sie es wirklich meint? Kann sie nicht nachvollziehen, dass sie genau das Gegenteil meint von dem, was sie sagt oder tut? Im Normalfall bezeichnen wir solche Menschen als nicht voll zurechnungsfähig. **Hier gilt die Regel: Wenn Mutter es nicht so meint, dann soll sie es auch nicht so sagen oder tun.**

Antworten Sie Ihrem Mann: *„Was meint sie also? Wie soll ich das interpretieren? Bitte erkläre es mir."* Er wird wahrscheinlich Schwierigkeiten haben, ein solches Um-die-Ecke-Denken zu erklären. Fragen Sie ruhig immer wieder nach. Und fragen Sie Ihren Partner auch, was seiner Mutter helfen könnte, ihre Störung zu heilen. Denn jemand, der so doppelseitig agiert, benötigt doch fachärztliche Behandlung.

Eine verletzende Äußerung oder Handlung tut weh – auch wenn jemand es nicht so gemeint haben sollte. Und spätestens, wenn als Reaktion kommt: *„Du, bitte sag das/ mach das nicht (mehr). Das verletzt mich"*, müsste eigentlich ein Umdenken stattfinden. Stellen Sie sich vor: Jemand geht immer ganz knapp an dem anderen vorbei und tritt ihm dabei jedes Mal auf die Füße. Von einem denkenden Menschen kann man wohl erwarten, dass er künftig etwas mehr Abstand hält, wenn er mehrmals zu hören bekommt: *„Das tut mir weh, ich möchte das nicht. "* Nimmt er das jedoch überhaupt nicht zur Kenntnis und steigt dem anderen weiterhin auf die Zehen, muss der davon ausgehen, dass dies absichtlich geschieht. Oder dass der Zehentreter geistig nicht in der Lage ist, sein Handeln zu beeinflussen.

Auf dieses Totschlagargument ist deshalb eine praktikable Antwort: *„Gerade wenn sie es nicht so meint, fällt es ihr sicher nicht schwer, es zu ändern. "*

Phrasen, die von der Schwiegermutter kommen

„Ich meine es doch nur gut!"

Zum Thema „Gut-Meinen" habe ich oben schon einiges gesagt. Erkennen Sie ruhig die Grundbotschaft an: „Gutes tun". Signalisieren Sie allerdings auch deutlich, dass es für

Sie nicht gut ist. Und bieten Sie gleichzeitig eine Lösung an, dass Sie nämlich künftig nachfragen werden. Kommt diese Phrase von der Schwiegermutter, können Sie ihr also wie folgt begegnen: *„Es ist nett von dir, dass du dich so kümmerst. Doch ich fühle mich nicht gut, wenn du ungefragt Ratschläge erteilst. Ich werde dich aber gerne um Rat fragen, wenn ich ihn benötige."*

„Dann bringe ich mich um!"

Viele Schwiegertöchter haben diese Drohung schon oft zu hören bekommen – wenn sie nicht wunschgemäß funktionierten und die Schwiegermutter ihren Willen nicht hat durchsetzen können. Und wie erschreckend ist so eine Drohung. Sofort passen wir unser Verhalten an, um ja diese arme Frau nicht zur Tat schreiten zu lassen. Dabei handelt es sich in der Regel um den „letzten Trumpf", den die Schwiegermutter ausspielt, um ihre Macht zu erhalten, nicht um einen Hilferuf.

Bei einer solchen Drohung hilft nur eines: Ernst nehmen. Ja, sie hat tatsächlich eine Botschaft, auf die Sie sofort reagieren sollten. Lassen Sie sich also nicht in Angst und Schrecken versetzen, rufen Sie nach einer solchen Aussage sofort den Notarzt. Es könnte ja eine ernsthafte Erkrankung oder Depression vorliegen. Sie als Laie können das nicht einschätzen oder gar behandeln. Sorgen Sie dafür, dass die Lebensmüde gründlich untersucht wird. Danach haben Sie Gewissheit, ob es sich tatsächlich um einen Hilferuf handelt oder um den Wunsch zu sterben. Oder ist diese Drohung einfach nur gegen Sie gerichtete massive psychische Gewalt?

Anmerkung: Es gibt Kinder und Schwiegerkinder, die diesen Rat angenommen haben. In diesen Fällen wurde die Mutter meist für eine Nacht auf einer psychiatrischen Station beobachtet und untersucht. Fast immer stellte sich heraus, dass keinerlei psychische Erkrankung vorlag.

Nach einer Nacht und den Untersuchungen in der Klinik ist diese Drohung fast immer dauerhaft vom Tisch. Wenn Sie selbst in einer solchen Situation sind, können Sie guten Gewissens von sich behaupten, angemessen reagiert und die Lage ernst genommen zu haben. Sie haben die bestmögliche Hilfe geleistet. Das ist für beide Seiten fair und verhindert künftig diese üblen Drohungen.

Wer kann helfen? Was kann helfen?

Zum Schluss möchte ich nochmals die wichtigsten Punkte zusammenfassen, die Ihnen helfen können, sich selbst zu helfen. Außerdem finden Sie hier einige Empfehlungen, wer Ihnen helfen kann und wo Sie Unterstützung bekommen, um sich selbst helfen zu können.

Hilfe bzw. Selbsthilfe ist immer mit Trennung von alten Wertigkeiten und Denkmustern (damit meine ich keinesfalls eine räumliche Trennung) verbunden, mit Loslassen und mit einem Neuanfang in Ehrlichkeit und Achtung, auch und gerade sich selbst gegenüber. **Ohne Achtung vor sich selbst gibt es niemals Achtung vor dem Nächsten.**

Die wichtigsten Schritte auf dem Weg aus der Schwiegermutter-Problematik

1. **Raus aus der Isolation!** Nehmen Sie Kontakt mit anderen Betroffenen auf. Erwägen Sie, eine Familien- und Lebensberatungsstelle aufzusuchen; eventuell auch eine Psychotherapie.
2. **Wo sind meine Schwachstellen?** Bin ich zu gutmütig, harmoniesüchtig, fehlt es mir an Selbstwertgefühl und Selbstachtung ...?
3. **Welcher Typ Sohn ist mein Partner?** Muttersohn oder manipulierter Sohn?
4. **Was will ich? Was kann ich?** Notieren Sie diese Dinge auf: z.B. persönlichen Kontakt abbrechen, Gefühl der übermächtigen Verantwortung ablegen, Kinder schützen, wegziehen, aus dem Leidensdruck aussteigen.
5. **Was erwarte ich von meinem Partner?** Notieren Sie auch hier Ihre Erwartungen: z.B. Beistand, Rache, dass er mir Genugtuung verschafft, Trennung von seiner Mutter; dass er meine Entscheidung akzeptiert, Abstand zu seiner Mutter zu halten.
6. **Was kann mein Partner leisten?** Auch hier empfiehlt es sich, aufzuschreiben, was Ihnen zu dieser Frage einfällt, z.B.: Wann fange ich an, ihn meinerseits unter Druck zu setzen? Ist er in der Lage, meine Gefühle nachzuvollziehen? Verletze ich ihn mit meiner Art, seine Mutter ihm gegenüber darzustellen? Wo können wir gemeinsam lernen?
7. **Ziehen Sie Ihre persönliche Bilanz:** Wie sieht meine derzeitige Lage aus? Was möchte ich? Wie kann ich dann leben, wenn ich frei bin?
8. **Wie geht es meinen Kindern?** Notieren Sie, was Ihnen wichtig erscheint, z.B.: Muss ich sie schützen? Brauchen sie eventuell therapeutische Behandlung?
9. **Wer kann mir helfen?** Z.B. Therapie, die Selbsthilfe-Initiative mit ihrem Forum, Arzt, Seelsorger, Rechtsanwalt, Literatur?

10. **Therapieangebote sondieren und vergleichen:** Was liegt mir? Wo habe ich Vertrauen?

11. **Raus aus der Leidensbereitschaft!** „Ich Arme, warum passiert das mir?"; „Für meine Kinder muss ich das ertragen."

12. **Wut und Zorn zulassen:** „Es ist in Ordnung, wenn ich die Schwiegermutter nicht mehr gern haben kann."

13. **Aus der Problematik heraus wollen:** Bereit sein auszusteigen; andere Verhaltensweisen lernen; konsequent an sich selbst arbeiten.

14. **Informationen einholen:** Z.B. bei einer Rechtsanwältin, bei Erziehungsberatungsstelle, beim Jugendamt, Kinderschutzbund, Sozialamt, Frauenhaus.

Wo finde ich Hilfe und Unterstützung?

Für den Notfall bieten sich die evangelische und die katholische Telefonseelsorge an. Dort erfahren Sie auch, wo es in Ihrer Umgebung Beratungsstellen und andere Hilfestellen gibt.

Selbsthilfe-Initiative für Schwiegertöchter: Besuchen Sie meine Seiten im Internet: http://www.ruth-gall.de Dort habe ich weitere Informationen zusammengestellt. Sie finden auf der Homepage auch die Möglichkeit, sich für unser Forum anzumelden. Dort können Sie sich, im geschützten Rahmen, mit anderen betroffenen Frauen und Männern austauschen. Des Weiteren bekommen Sie im Forum Rat, Hilfe und Anregungen, wie Sie Ihr Problem aktiv angehen können. Zusammen mit drei Weggefährtinnen stehe ich mit Rat und Tat und meiner 13-jährigen Erfahrung im Forum ehrenamtlich zur Verfügung.

Sie haben auch die Möglichkeit, sich persönlich von mir beraten zu lassen. Die Beratungen können persönlich oder telefonisch und per Mail vereinbart werden. Hierzu können Sie unter der Telefonnummer 08 21-66 25 64 immer mittwochs von 8:00 bis 14:00 Uhr einen Termin vereinbaren – alleine oder zusammen mit Ihrem Partner. Des Weiteren stehe ich für Kurse und Workshops zur Konfliktlösung zur Verfügung.

Psychologische und/oder sozial-therapeutische Beratungsangebote: Dort gibt es geschulte Ansprechpartner/innen und Angebote, z.B. zur Paartherapie, Verhaltenstherapie und anderen Psychotherapieformen. Das Diakonische Werk, Pro Familia, Beratungsstellen der Diözesen oder Frauenverbände sind nur einige der Stellen, an die man sich wenden kann.

Auch eine Nervenärztin oder ein Psychologe können weiterhelfen, z.B. bei Depressionen oder anderen psychischen Störungen. Sprechen Sie mit Ihrem Hausarzt oder, falls Sie davor Scheu haben, gehen Sie einfach gleich zum Facharzt.

Wichtig: Die Chemie zwischen Ihnen und dem Therapeuten muss stimmen. Vereinbaren Sie also zunächst eine Probestunde. Erst dann entscheiden Sie, ob Sie mit dieser Therapeutin die Behandlung fortsetzen wollen. Haben Sie Vertrauen? Fühlen Sie sich nicht angenommen? Wenn das nicht der Fall ist, wenn nichts „rüber"kommt, haben Sie bitte keine Scheu, zu einem anderen Therapeuten zu wechseln. Seriöse Therapeutinnen werden Ihnen immer Probestunden anbieten.

Resümee

„Was ich in dem Buch geschildert habe, passiert tatsächlich jeden Tag. Es sind, darauf möchte ich nochmals hinweisen, Extremfälle." Mit diesen Worten begann das Resümee der ersten Auflage dieses Buches. Mittlerweile habe ich jedoch so viele Rückmeldungen erhalten, dass ich feststellen muss: Es passiert oft – zu oft. Dabei ist „es" eigentlich kein Konflikt zwischen Schwiegermutter und Schwiegertochter. Vielmehr haben wir es mit einer Eltern-Kind-Problematik zu tun, die den Schwiegertöchtern nun übergestülpt wird. Sie bekommen es mit sämtlichen überzogenen Erwartungshaltungen der Eltern zu tun. In ein System der gnadenlosen Unterwerfung sollen sie mit einsteigen, sich einpassen. Oder sie werden bekämpft dafür, dass sie lieben, sich für den Sohn entschieden haben, mit ihm eine gemeinsame Zukunft planen.

Schauen wir uns nur an, was Kindern oft angelastet wird. Schon bei der Geburt rechnet man den Anteil eines Babys an der Staatsverschuldung aus. Eltern bestimmen sie schon im Mutterleib zu Haus- und Hoferben. Zu Verantwortlichen für ihr Glück und ihre Versorgung. Sie werden dann nicht als Kinder gesehen, die lernen wollen, sich entwickeln und die allesamt ein Recht auf ein freies und selbstbestimmtes Leben haben. Als Versorgungsträger, Rentensicherer, Schuldner, Verantwortliche plant man sie ein.

Eltern, die Haus und Hof bewirtschaftet haben und ihr Lebenswerk dann an die nächste Generation weitergeben, fällt das oft nicht leicht. Oder es ist auch nicht einfach, wenn jemand von heute auf morgen in Rente gehen muss, keine Wahl mehr hat, als sich mit dem Ruhestand zu arrangieren. Es kann und darf jedoch nicht sein, dass dann die Schwiegertochter oder der Sohn dafür die Verantwortung bekommen, für einen Vorgang, der jeden von uns einmal trifft.

Wir Schwiegertöchter haben euch Schwiegereltern gerne um uns. Wir sind nicht auf die Welt gekommen, um euch um euer Hab und Gut zu bringen. Ich kenne keine einzige Frau, die nicht gesagt hätte: *„Es soll meiner Schwiegermutter, den Schwiegereltern gut gehen. Ich will ihnen nichts Böses. Nur mein und unser Leben leben."* Es ist halt irgendwann die Zeit da, in der die nächste Generation weitermacht. Und gerade da liegt eine große Chance der Vielfalt, des Vermischens von Familienkulturen. Etwas Neues kann und wird so entstehen.

Es ist uns Schwiegertöchtern nicht damit geholfen, die „böse Schwiegermutter" zu verurteilen. Wir sollten uns vor allem eines deutlich machen: Das Verhalten der Schwiegermutter ist genauso durch ihren Werdegang geprägt wie unseres. Viele ältere Frauen sind nicht glücklich mit dem Verlauf ihres Lebens, was sich in Verhaltensauffälligkeiten und -störungen äußern kann. Terror und Demütigungen entschuldigt und rechtfertigt ein solches Schicksal jedoch nicht. Wir Schwiegertöchter sind auch nicht dazu da – und vor allem nicht dazu in der Lage –, unsere Schwiegermütter zu therapieren. Sie müssen uns nicht lieben – und wir müssen sie nicht lieben! Das ist völlig in Ordnung. Doch wir können und müssen achtsam miteinander umgehen.

Noch ein Wort an alle betroffenen Schwiegertöchter: Verlasst eure Isolation und helft euch oder lasst euch helfen. Heraus aus dem Dramadreieck von Verfolger, Retter und Opfer und heraus aus der Leidensbereitschaft. Gemeinsam können wir Aufmerksamkeit wecken, aber auch gezielte Hilfe möglich machen. Je mehr wir werden, die wir aufstehen und nicht mehr bereit sind zu leiden, umso mehr muss man sich mit uns befassen, desto qualifizierter und professioneller wird auch die Hilfe. Damit wächst die Chance für die uns nachfolgenden Generationen, nicht mehr unsere Fehler zu machen. Alle Eltern, die gelernt haben, die Dressur- und Manipulationssysteme in ihrem Elternhaus zu durchschauen, stellen sich im Verhalten ihren eigenen Kindern gegenüber um. Aufgrund ihrer eigenen Erfahrungen können sie achtsamer mit den Seelen ihrer Kinder umgehen. Das bedeutet Hoffnung für uns alle. Wir können die eingefahrenen Gleise verlassen und die Weichen stellen für ein freundschaftliches Miteinander der Generationen.

Abschließen möchte ich mit einem Vers von Khalil Gibran:

Eure Kinder sind nicht Eure Kinder.
Sie sind die Söhne und Töchter der Sehnsucht
des Lebens nach sich selber.
Sie kommen durch euch, aber nicht von euch,
und obwohl sie mit euch sind, gehören sie euch doch nicht.
Ihr dürft ihnen eure Liebe geben, aber nicht
eure Gedanken,
denn sie haben ihre eigenen Gedanken.

(Khalil Gibran, Der Prophet © 1973 Walter Verlag, Freiburg)

Buchempfehlungen

Forward, Susan & Frazier, Donna: Emotionale Erpressung. Wenn andere mit Gefühlen drohen. München: Goldmann 1998.

Forward, Susan: Vergiftete Kindheit. Goldmann: München 1993.

Braiker, Harriet: Giftige Beziehungen. Wenn andere uns krank machen. Fischer: Frankfurt 1995.

Hirigoyen, Marie-France: Die Masken der Niedertracht. Seelische Gewalt im Alltag und wie man sich dagegen wehren kann. München: Beck 2002.

Berckhan, Barbara: Die etwas gelassenere Art, sich durchzusetzen. Ein Selbstbehauptungstraining für Frauen. München: Kösel 1995.

Cicero, Antonia & Kuderna, Julia: Clevere Antworten auf dumme Sprüche. Killerphrasen kunstvoll kontern. Paderborn: Junfermann 2001.

Cicero, Antonia & Kuderna, Julia: Die Kunst der „Kampfrhetorik". PowerTalking in Aktion. Paderborn: Junfermann 1999.

Skynner, Robin & Cleese, John: ... Familie sein dagegen sehr. Paderborn: Junfermann 1988.

Rosenberg, Marshall B.: Gewaltfreie Kommunikation. Eine Sprache des Lebens. Paderborn: Junfermann, 5. überarb. und erw. Auflage 2004.

Rogoll, Rüdiger: Nimm dich, wie du bist. Wie man mit sich selbst einig werden kann. Freiburg: Herder, 37. überarb. Aufl. 2006.

Rautenberg, Werner & Rogoll, Rüdiger: Werde, der du werden kannst. Persönlichkeitsentfaltung durch Transaktionsanalyse. Freiburg: Herder 1994.

Emotionale Kompetenz

160 Seiten, kartoniert • € (D) 12,90 • ISBN 978-3-87387-668-2

GABRIELE MICHEL & HARTMUT OBERDIECK

»Die Kunst, sich miteinander wohl zu fühlen«

Mit einem Märchen von Claude Steiner

»EK« – die Zauberformel, das Glücksversprechen für zwischenmenschliche Beziehungen. Was sich dahinter verbirgt? Emotionale Kompetenz.
Wie ein emotional kompetentes Verhalten dazu führt, dass sich in einer Familie alle wohl fühlen können und sich Erwachsene und Kinder durch Geben und Nehmen gegenseitig unterstützen, zeigen die Autoren mit diesem Buch.

Gabriele Michel, geb. 1955, Literaturwissenschaftlerin. Sie studierte in Freiburg Germanistik und Romanistik, ist als freiberufliche Autorin tätig und Mutter zweier Kinder.

Hartmut Oberdieck, Ausbildung in Transaktionsanalyse, Facharzt für Psychotherapeutische Medizin. Er arbeitet seit mehr als 20 Jahren mit Claude Steiner zusammen.